大学生心理健康

（第2版）

DAXUESHENG
XINLI JIANKANG

宛 蓉 主编

北京师范大学出版集团
BEIJING NORMAL UNIVERSITY PUBLISHING GROUP
北京师范大学出版社

图书在版编目（CIP）数据

大学生心理健康／宛蓉主编 . —2 版 . —北京：北京师范大学出版社，2021.7（2022.8 重印）

ISBN 978-7-303-26707-1

Ⅰ . ①大… Ⅱ . ①宛… Ⅲ . ①大学生－心理健康－健康教育 Ⅳ . ① G444

中国版本图书馆 CIP 数据核字（2021）第 003386 号

营　销　中　心　电　话 010-58807651

北师大出版社高等教育分社微信公众号 新外大街拾玖号

出版发行：北京师范大学出版社 www.bnup.com

北京市西城区新街口外大街 12-3 号

邮政编码：100088

印　　刷：	天津旭非印刷有限公司
经　　销：	全国新华书店
开　　本：	710 mm×1000 mm　1/16
印　　张：	19
字　　数：	328 千字
版　　次：	2021 年 7 月第 1 版
印　　次：	2022 年 8 月第 2 次印刷
定　　价：	46.00 元

策划编辑：沈英伦		责任编辑：周　鹏　王思琪	
美术编辑：李向昕		装帧设计：李向昕	
责任校对：陈　民		责任印制：马　洁	

序

近年来，党中央、国务院高度重视心理健康服务和社会心理服务体系建设工作。2016年8月，习近平总书记在出席全国卫生与健康大会时指出："要加大心理健康问题基础性研究，做好心理健康知识和心理疾病科普工作，规范发展治疗、心理咨询等心理健康服务。"2017年10月，习近平总书记在党的十九大报告中再次强调："加强社会心理服务体系建设，培育自尊自信、理性平和、积极向上的社会心态。"大学生心理健康教育是根据学生生理心理发展的规律，运用心理学的教育方法，培养学生良好的心理素质，促进学生整体素质全面提高、身心健康和谐发展的教育，在大学生的成长过程中有着十分重要的意义。

心理健康教育课程作为高校心理健康教育工作的主渠道，是集知识传授、心理体验与行为训练为一体的公共课程，该课程旨在使学生明确心理健康的标准及意义，增强自我心理保健意识和心理危机预防意识，切实提高心理素质，促进全面发展。师范院校是培养师范生的阵地，师范生肩负着教书育人的未来使命，因此提高师范生心理健康水平尤为重要。本教材依据师范院校近年来学生心理健康状况的调研结果，邀请长期从事学生心理咨询、心理健康教育教学工作的教师作为编写者细致分工，科学统筹，分章编写。教材始终围绕大学生心理健康教育这一主题，针对大学生学习生活中常见的心理困惑进行阐述，提出了有助于大学生心身和谐发展的多种调适途径与心理异常防治方法。编写组精心选取与大学生心理健康密切相关的自我认知、人际沟通、自我调节、危机干预等方面的内容，从理论和实践两个维度进行合理编排。本教材做到了重点突出、深入浅出、通俗易懂，在强调基础理论、基本知识、基本技能的前提下，编写过程中还突出了启发性、自助性与体验性等特点，适用于师范类院校使用。

在编写本教材时，我们查阅和参考了大量的文献资料，借鉴了很多优秀研究成果，在此深致谢意！由于编者水平有限，书中一定还存在不少的缺点和不足，我们诚挚欢迎广大读者多多批评指正。

目　录

第一章

大学生常见心理问题及心理咨询

只有优异的成绩，却不懂得与人交往，是个寂寞的人；

只有过人的智商，却不懂得控制情绪，是个危险的人；

只有超人的推理，却不了解自己，是个迷惘的人；

只有心理健康的人，才能真正走向成功，获得幸福。

第一节　大学生心理活动的特点和实质

一、心理

心理是指生物对客观物质世界的主观反映，人们在活动的时候，通过各种感官认识外部世界事物，通过头脑的活动思考着事物的因果关系，并伴随着喜、怒、哀、乐等情感体验等。

二、心理活动

（一）什么是心理活动

心理活动是大脑的特殊运动形态，是一种运动或活动，是一种过程。人的心理活动有很多种，在不同的环境下每个人各自的心理活动也是不一样的。心理活动没有完全相同的，多是相似，或是具有共同的出发点。为了更好地理解心理活动，可以从以下词汇中感觉一下：心平气和、平心静气、暴跳如雷、心如刀割、心乱如麻、心花怒放、欢天喜地、闷闷不乐等。

（二）心理活动的实质

心理是脑的机能，任何心理活动都产生于脑，心理活动是脑的高级机能的表现；心理是对客观现实的反映，即所有心理活动的内容都来源于外界环境；心理是外界事物在脑中的主观能动的反映。

三、大学生心理发展特点

大学生正处于从青少年向成人转化的重要时期。这一阶段中，不仅生理上发生着变化，心理上也发生着显著的变化，这些变化既有与一般青年的相似性，又有作为大学生这一特殊群体的独特性。

（一）认知功能成熟，思维表现出更多的逻辑和理性色彩

认知是个体对周围事物的看法、想法或观点，表现为知觉、记忆、思维、想象等一系列过程。认知功能成熟能够使个体正确认识自己，恰当评价他人，客观考察周围环境，积极适应社会生活。

第一，大学生认知结构日益复杂，形式思维能力大大提高，这使得他们可以主要通过概念同化来获得概念，从而大大提高了概念获得的精确性和速度，为大量扩充知识创造了有利条件。第二，他们对问题的思考不限于寻求原因与结果的逻辑关系，而是把由经验决定的合理性判断也引入思考过程中，并把它当作重要的标准。第三，部分大学生已达到辩证逻辑思维水平。辩证逻辑思维能力的发展取决于自我调节能力和目的感的发展。自我调节能力是指个体把现有的心理结构更系统地运用于新知识体系和新的环境中，而目的感是指把生活价值、奋斗目标和职业选择方向有机联系起来。这就是说，大学生的思维已开始转向对现实计划的思考，并使具有创见的洞察力与内心控制力和分析性评价结合起来。

（二）自我意识开始成熟，意志力增强

大学时期个体自我意识逐步成熟，主要表现在以下几方面。第一，独立意识增强。大学生生理发育已基本成熟，社会化程度有了很大提高，心理上产生强烈的成人感和独立感，希望能够摆脱对成人的依赖，向周围人表现自己的主张和能力，不喜欢旁人的过多干预。第二，自我认识和评价更加全面和准确。进入大学后，随着独立生活的开始，大学生有了更多的自由活动和交际的空间，参照系和社会比较对象都发生了很大变化，于是他们开始了更深入和丰富的自我探索与发现，在大学这样一

个特殊环境里客观地认识自己、评价自己。第三，自我体验丰富，自我控制水平提高。由于自我意识的发展，大学生自尊心和自信心增强，他们对他人的言行和态度极为敏感。一方面，涉及"我"和与"我"相关的很多事情，都会在大学生的内心引起轩然大波，使他们产生强烈的情绪体验。积极的情绪体验使他们蓬勃向上，消极的情绪体验使他们低沉、抑郁。另一方面，大学生自我调控的自觉性、主动性、社会性和持久性也在不断增强，能有意识地对自己的心理活动和行为实施控制。自觉性、果断性、自制性、坚韧性等意志品质得到进一步的发展。

（三）情绪丰富多彩，交往需求强烈

风华正茂的大学阶段常常也是人生中情绪体验最为丰富的时期。大学生的情绪波动大，起伏不定，情绪转换十分明显，热情激动、抑郁悲观、沉着冷静、躁动不安等情绪交替出现。他们为学习、生活、爱情的成功而欢乐，为考试的失败、生活中的挫折而忧愁苦恼，为真理和友情奋不顾身，为丑陋和阴暗而义愤填膺。在他们身上自尊与自卑可以并存，闭锁与开放可能共存，强烈粗犷与温柔细腻能够同在。大学生情绪的丰富、情感体验的深刻与其生理与性的成熟、自我意识的发展、社会性需要的发展以及面临社会环境的复杂性等密切相关。

人是社会性动物，人与社会的联系是通过一系列人际交往活动来实现的。走出家门，过着集体生活的大学生十分渴望真挚的友谊，渴望情感的沟通与交流，通过人际交往获得友谊是适应新环境的突出需要。对情感交流的渴望，也使很多大学生开始探索爱情，与异性的深入交往丰富了大学生人际交往的经验。

（四）人格趋向成熟和完善，职业自我意识逐步确立

人格是具有一定倾向性的心理品质与心理特征的总和。大学阶段是个体人格发展、完善的重要时期。大学生认识水平不断深入，对现实的态度特征渐趋稳定，情感由丰富激荡走向稳定，自我意识由分化、矛盾冲突走向统一，意志品质逐步形成。人格的成熟与完善，为大学生步入社会做好了必要的心理准备。

青年中期，是走向成熟的关键期。我国大学生多数处于青年中期（18～24岁）这一年龄阶段。在这个阶段，个体的生理发展已接近完成，已具备了成年人的体格及种种生理功能，但其心理尚未成熟。对大学生而言，他们所面临的一个重要任务就是促使心理日益成熟，以便成为一个心理健康的成年人。人的成熟，应具备以下三个基本条件。

一是身体的长成。以个体生理成熟为标志，尤其是以性成熟为重要指标。大学生一般都已具备这种条件。

二是心理发展完善。即形成了完善的自我概念，形成了稳定的个性。

三是社会化程度的提高。以人的社会成熟为标志，即个体对自己在社会中所处的角色及所担负的社会责任有正确的认识。

在这三个条件中，生理成熟是心理成熟的物质基础和依据，社会成熟是心理成熟的必要条件。而社会化程度的提高，取决于个体的社会实践活动。由于大学生在校学习时间长，与社会生活有着某种程度的隔离。他们身在校园，对真正的社会生活并没有直接的、深刻的了解，他们的社会实践活动比较表面和肤浅。因而，大学生的社会成熟期较长，在整个大学时代，他们都要为这种社会成熟的完成而付出努力。

职业自我意识是个体自我意识的组成部分，在一个人的职业选择和职业发展中起着重要的核心和驱动作用。大学生的专业学习是对未来职业的知识准备，大学毕业生直接面临职业选择。大学期间，通过专业课的学习、实习、与老师的讨论，很多大学生慢慢认识了自己的职业兴趣，了解了自身的长处，逐步确立起职业自我意识，为今后职业生涯的发展做好了充分准备。

（五）自我概念的增强与认知能力发展的不协调

自我概念是指人对自身的认识及对周围事物关系的各种体验。它是认识、情感、意志的综合体，是人心理发展过程中一个极为重要的方面。

自我概念从童年期就开始产生并逐步发展，青少年时期是自我意识发展最快的时期，它使人心理的各个方面都发生着深刻而广泛的变化；它使一个人能反省自身，有明确的自我存在感，从而以一个独立的个体来看待周围世界；它使人的心理内容得到极大的扩展和丰富。

自我概念的发展不仅与年龄有关，而且与人的知识水平有关。一个人的文化素质越高，其自我意识就可能越强。从这两点来看，大学时期是真正开始认识自我的时期。大学生所处的年龄阶段和所具备的文化水准，决定了他们不再像中学生那样眼光向外，对外界的事物感兴趣，急于去了解世界，把握外部环境，急于显示自己的独立，想做环境的主人；而是眼光向内，注重对自己进行体察和分析，把自我分化为主体的我和客体的我，以及理想的我和现实的我。注意内省，注重探求自己微妙的内心世界，力图理解自己情感、心理变化，自觉地从各方面了解自己，塑造自己的形象，设计自我的模式。大学校园又是十分强调独立、注重自我确立的地方，许多大学生在较大的程度上按照自己的方式安排自己的生活，有一种宽松自由的氛围；同时，由于大学生具有较高的文化素质，他们对社会上的事有着自己的见解，有一种以天下为己任的抱负和心愿。一方面，他们关心社会发展，这种关心是抛开切身利益，以大视角来进行的，注重的是整个社会的提高与进步。他们热衷参与社会，对社会舆论愿意独立思考。然而，另一方面，由于生活阅历有限，与社会有一定的距离，社会实践能力不强，他们在谈论、评价、思考社会问题时，往往带上幻想的色彩，不能十分切合实际。他们对事物的认识，表现出一定的片面性和幼稚性，还不能深刻、准确、全面地认识问题。这种不足与他们极强的自我概念不相协调，这种不协调可能会一直困扰着他们。

[阅读]

大学生心理健康日

　　为引导大学生关注自身的心理健康，2000 年，"5.25 全国大学生心理健康节"在北京师范大学拉开帷幕，健康节取"5.25"的谐音"我爱我"，意为关爱自我的心理成长和健康，活动的主题是大学生人际交往和互助问题，口号为"我爱我——走出心灵的孤岛"。2004 年，教育部、团中央、全国学联办公室向全国大学生发出倡议，把每年的 5 月 25 日确定为全国大学生心理健康日。

第二节　大学生心理健康的标准

一、健康

20 世纪 30 年代，美国健康教育家鲍尔（Bauer）和霍尔（Hull）就给健康下过一个较完整的定义："健康是人们在身体、心情和精神方面都自觉良好、精力充沛的一种状态。其基础在于机体一切器官组织机能正常，并掌握和实行适应物质、精神环境和健康生活的科学规律。"1947 年，世界卫生组织（WTO）指出："健康乃是一种身体的、心理的和社会适应的健全状态，而不仅仅是没有疾病或虚弱现象。"1978年《阿拉木图宣言》对健康的含义又做了重申："健康不仅是疾病与体弱的匿迹，而且是身心健康、社会幸福的完美状态。"1990年，世界卫生组织将健康定义为四个方面：一是躯体健康，就是生理健康。二是心理健康，就是人格完整，自我感觉良好，情绪稳定，积极情绪多于消极情绪，有较好的自控力，能保持心理上的平衡，自尊、自爱、自信、有自知之明等。三是社会适应健康，就是自己的各种生理、心理活动和行为，能适应复杂的环境变化，为他人所理解接受，使自己在各种环境中有充分的安全感；能保证正常的人际关系，能受到他人的欢迎和信任；对未来有明确的生活目标，能切合实际地在各种社会环境下不断进取，有理想和事业上的追求。四是道德健康，就是不以损害他人的利益来满足自己的需要，有辨别真伪、善恶、美丑、荣辱、是非的能力，能按照社会公认的道德准则来约束、支配自己的言行，愿为人们的幸福做贡献。即健康是一种在生理上、心理上和社会适应上的完满状态，而不仅仅是没有疾病和虚弱的现象。

二、心理健康

心理健康是相对于生理健康而言的，表现为心理和社会方面的完好与适应的一种状态。对于心理健康的具体内容，国内外学者有过种种阐述。早在1946年的第三届国际心理卫生大会上，学者们就为心理健康下过这样的定义：所谓心理健康，是指在身体、智能以及情感上与他人的心理健康不相矛盾的范围内，将个人心境发展成最佳状态。有学者也认为心理健康是指生活在一定社会环境中的个体，在高级神经功能和智力正常的情况下，情绪稳定，行为适度，具有协调人际关系和适应环境的能力，以及在本身及环境条件许可的范围内所能达到的心理最佳功能状态。

心理健康按其程度可以划分为三种状态：一是健康状态。个体的常态行为与其价值观、道德水平和人格特征相一致，这是一种心理健康状态。二是不平衡状态。指个体心理处于焦虑、恐惧、压抑、担忧、矛盾、应激等状态。一旦个体处于不平衡状态，则会首先通过"心理防御机制"来进行自我调节。如果无效，就需借助他人疏导，使之消除不平衡，恢复正常状态。三是不健康状态。包括神经症、人格障碍、性心理障碍、精神分裂症等，这时需要进行心理咨询或到医疗部门求助心理治疗和药物治疗。

三、大学生心理健康标准

(一)对学习有浓厚的兴趣,求知欲望强烈

学习是大学生活的主要内容,心理健康的学生都会珍惜学习机会,对学习有浓厚的兴趣,求知欲望强烈。能克服学习中的困难,学习成绩稳定;能够保持一定的学习效率,并从学习中体验到满足与快乐。

(二)善于调节和控制情绪,保持良好的心境

积极乐观的情绪和良好的心境是心理健康的重要标志。心理健康的大学生心胸开阔,从容乐观,热爱生活,乐于进取。虽然也有悲、忧、哀、愁等消极体验,但积极情绪总是多于消极情绪。具有理智感、责任感、幽默感,善于调节和控制自己的情绪,急而不躁,喜而不狂,忧而不绝,胜而不骄,败而不馁,持续稳定地保持愉快、满意、开朗的心境。无论是处于顺境还是逆境,都能随遇而安,积极寻找事业的乐趣,发掘生活的光明面。

(三)意志健全,能经受住各种挫折和磨炼

心理健康的大学生,学习生活有明确的目标和追求,敢想、敢说、敢干,勇于开拓进取,在意志行动中有主见,有恒心,专心致志,遇到外界干扰和诱惑不为所动,能经受住各种挫折和磨炼。

(四)人际关系和谐,乐于交往

人际关系状况最能体现和反映人的心理健康状况。心理健康的大学生热爱生活,乐于交友,善于与人相处,既能容人之短,也能容人之长,能正确处理互助和竞争的关系,能与他人同心协力、合作共事。乐于助人,有较强的同情心和道德责任感,因而能被他人和集体所容纳和认同。相反,疑心重重、妒贤嫉能、尖酸刻薄、自私自利、孤芳自赏、与集体格格不入,均属于不健康心理。

(五)正确的自我意识

正确的自我意识是心理健康的重要条件。心理健康的大学生都能以客观的态度去认识、评价自己和周围的世界,既不是自视清高、妄自尊大,也不是自轻自贱、妄自菲薄。行动上自律,评价上自省,心态上自控,情感上自悦。在理想自我与现实自我之间有良好的基本满意的态度,存在着一种健康有益的差距。他们善于从客观环境中吸取有价值的信息以充实自己、完善自己,并恰当地进行自我评价和自我

调节，有效地控制自己的行为。

（六）适度的行为反应

适度的行为反应是指个体对外界环境和事物的反应既不过敏，亦不迟钝。在人的生命发展不同年龄阶段都有相应的心理行为表现，从而形成不同年龄阶段独特的心理行为模式。心理健康的大学生有正常的行为反应，在认识、情感、言行、举止等方面都符合他所处的年龄段的要求，他们充满青春活力，朝气蓬勃，勤学好问，能创造性地处理问题。过于老成、过于幼稚、过于依赖都是心理不健康的表现。

（七）完整统一的人格品质

人格指人的整体精神面貌。人格完整指气质、能力、性格和理想、信念、人生观等人格构成要素的各方面平衡发展，有一定的连贯性和稳定性。心理健康的学生所思、所说、所做是协同一致的，具有积极进取的人生观，把自己的需要、愿望、目标和行为统一起来，无双重人格，不为私欲背弃信念和良心，不做阳奉阴违、口是心非的事。

（八）积极的社会适应力

心理健康的大学生，能和社会保持良好的接触，对社会现状有较清晰的认识，思想、信念、目标和行为能跟上时代发展的步伐，与社会要求相符合，为社会所接纳。一旦发现自己的愿望、需要与社会的希望和需要发生矛盾和冲突时，能迅速调整自己对现实的期望和态度，以谋求与社会的协调一致；而不是逃避现实或与之背道而驰。

正确理解大学生心理健康的标准应重视以下几个方面。

一是标准的相对性。事实上，大学生心理健康与不健康也并无明显界限，而是一个渐变的过程，如将正常比作白色，将不正常比作黑色，那么在白色与黑色之间存在着一个巨大的缓冲区域——灰色区，世间大多数人都散落在这一区域内。这说明，对多数大学生而言，在人生的发展过程中面临心理问题是正常的，不必大惊小怪，应积极加以矫正。与此同时，个体灰色区域也是存在的，大学生应提高自我保健意识，及时进行自我调整。人的心理健康问题是一个发展的问题，当一个人产生了某种心理障碍并不意味着永远保持或行将加重。在心理上形成心理冲突是非常正常的，而且是可以解决的。

二是整体协调性。把握心理健康的标准，应以心理活动为本考察其内外关系的整体协调性。从心理活动过程看，健康的人的心理活动是一个完整统一的协调体，这种整体协调保证了个体在反映客观世界的过程中的高度准确性和有效性。事实表明，认识是健康心理结构的起点，意志行为是人格面貌的归宿，情感是认识与意志之间的中介因素。从心理结构的几个方面看，一旦它们不能符合规律进行协调运作时，就可能产生一系列的心理困扰或问题。从个性角度看，每个人都有自己长期形成的稳定的个性心理，一个人的个性在没有明显的剧烈的外部因素影响下是不会轻易发生变化的。从个体与群体的关系看，每个人在其属性上可划分到不同的群体，不同群体间的心理健康标准是有差异的。

三是发展性。事实上，不健康的心理可能是人的发展中不可避免的发展性问题，随着个体的心理成长而逐渐调整并趋于健康。心理健康的标准是一种理想尺度，它一方面为人们提供了衡量心理是否健康的标准，另一方面也为人们指出了提高心理健康水平的努力方向。如果每个人在自己现有基础上能够做不同程度的努力，都可追求自身心理发展的更高层次，从而不断发挥自身的潜能。大学生心理健康的基本标准，是他们能够有效地学习和健康地生活。如果正常的学习和生活都难以维持，就应该及时予以调整。

四、影响大学生心理健康的主要因素

人的心理健康是一个极为复杂的动态过程。影响心理健康的因素是各种各样的，既有个体自身的心理素质，也有外界环境因素的影响。就当前大学生的具体现状而言，影响其心理健康的因素主要体现在以下几个方面。

（一）环境变迁

心理学研究表明：个体所处的环境的巨大变迁也会使个体产生心理应激。虽然环境变迁也是生活事件的一部分，但这种变化对个体适应的影响比较突出。生活环境的变迁对大学新生是一个不小的挑战。这种变化的主要体现就是大学生要自己独立生活，应付一切生活琐事。例如，几个同学共住一间寝室，彼此生活习惯、作息安排、语言隔阂等，都需要去面对和适应。尤其很多新生远离家乡和亲人，要适应起来还需一段时间。

对新环境的适应也包括对自己角色变化的适应。这种变化既包括全新的学习内容与学习方法，也包括新的人际关系与未来发展定位等。全新的角色要求大学生重新评价自己与他人，重新定位自我。在适应过程中，一个基本的特点是大学生在新的环境中希望自己变得更优秀。对于刚刚经历巨大环境变迁的新生来讲，不仅存在适应外部环境的问题，同时，他们也面临着如何自我调适的挑战。而以前的大学新生入学教育更多注重的是前者，而对后者则不太重视。实际上，后者对大学生的心理健康状况影响更大。

（二）学业期望

大学生学习的重要特点是学习自主性，学生成为学习活动的主体，而教师是学习活动的指导者。因而大学生面临学习方法、学习内容与学习习惯的巨大转变，这也包括对自己学习能力的重新评估。

许多学生在中学时代确立了自己的学习优势，因而有着较高的学业期待。但进入大学后，又将面临学业期待的变化、学业优势的失落及对自己的学业重新定位等。如果大学生缺乏足够的思想准备，不能恰当接受和对待学业成绩，就会出现自信心下降、自卑感上升，甚至还会出现强烈的嫉妒心理和攻击行为。

大学的学习目的、学习方法、学习内容都有别于中学。社会对大学生要求的提高和用人标准的转变，促使很多在校大学生既要学习专业知识，同时还要选修一些相关知识，如外语、计算机、汽车驾驶等，考取各类证书，以适应激烈的市场竞争。如果大学生学习方法不当，学习动机不强，学习目的不明确，自我约束能力弱，就容易出现焦虑、紧张等情绪反应，同时还会严重影响自信心，出现苦恼以及自我否定等心理问题，导致学业失败。学业成绩不理想以至学业失败极大地影响大学生的心理健康。

（三）人际关系

与中学生相比，大学生的人际关系更为广泛与深刻，角色呈多元化。同学们来自不同地域、不同教育背景、不同经济状况，带着各自的生活习惯与学业期待来到大学，新型人际关系的适应是大学生面临的重要问题。这些问题既包括师生关系的变化，也包括同班及宿舍同学的相处问题，还有异性交往的方式方法等。

大学生对新的人际关系的适应远比对学习和生活环境的适应困难。进入大学意味着进入全新的人际关系之中，面对来自各地风格、特点各异的新同学，如何建立协调、友好的人际关系是非常重要的。大多数学生在入学前一直生活在自己所熟悉的同学或亲人之间，人际关系相对稳定。而一旦进入大学，他们将面临一个结识新人，建立新的人际关系的过程。这一过程的进展将对整个大学生活产生非常大的影响。在大学生中存在的人际关系、交往以及适应障碍，可能都与新生阶段的人际关系状况有着一定的关系。

大学生与人交往和相处的经验相对较少，在短期内建立起一种和谐的人际关系，往往需要很多的技巧，大学生们往往只感受到这一问题的重要性及其压力，而缺乏必要的经验和技巧。人际关系更多反映的是人的性格特点和交往模式。因此，大学生的人际关系与自我认知和认知他人相关。一方面，他们对良好的人际关系抱有极大的期望，希望能建立和谐、友好、真诚的人际关系。另一方面，这种期望又往往过于理想化，即对别人要求或期望太高，而造成对人际关系状况的不满。这种不满又会反过来对他们的人际关系带来消极的影响。渴望交往的心理需求与心理闭锁的矛盾集于一身。

大学生活中重要的人际关系之一是异性交往，这既包括两性之间友谊的发展，也包含爱情的成长。有的大学生面对异性的追求茫然不知所措，不知如何拒绝，也不知如何去爱、如何把握爱的尺度；有的大学生将爱情置于学业之上，甚至认为有爱就有一切，当失恋的打击袭来时，没有充分的心理准备，不知如何面对分手，面对自己。这些都需要大学生学会正确处理异性交往问题，认清恋爱与学业的关系。

（四）自我认知

大学生活始终是丰富多彩，令人向往的，然而大学生进入大学以后，大多数人对自我的评价也在逐渐地发生转变。这些不仅表现在学习成绩、生活起居上，还表现在知识面、社会经验、人际交往以及个体综合能力等方面。大学生的自我认知会出现两极振荡，当取得一点成绩时容易自负，而遇到挫折时容易自卑，不断地调整自我认知对每位大学生都非常重要。

大学生作为同龄人中学业优秀的群体，现实自我与理想自我总有相当大的差距。对这一客观事实认识不足，就会引起认知上的矛盾，从而严重影响大学生的心理状态。在客观现实面前，有的大学生能及时调整对自身的认识，重新确立目标，符合客观现实的要求；而有些大学生则企图逃避与现实的矛盾冲突，出现消沉、颓废、苦闷、抑郁等心态，或耽于玩乐、放纵，发泄对现实的不满，以此来麻痹自己的心灵，甚至滋生自杀倾向等严重心理问题。

处于大学阶段的青年人已强烈意识到"自我"，也注意到了自我的脆弱，因而产生出强烈的充实自我、发展自我的需求。有的同学在追求发展自我中顾此失彼，没能达到期望的目标，从而产生了不良心理反应。还有的同学，在发展自我过程中放大了自我弱势、忽略了自我优势，由于害怕暴露自己的弱点而采取防御机制，缺乏必要的社会支持，甚至产生严重的烦恼和恐惧不安等。

（五）心理冲突

心理冲突是指个体在有目的的行为活动中，存在着两个或两个以上相反或相互排斥的动机时所产生的一种矛盾心理状态。心理冲突常常会造成动机部分的或全部的不能满足，同时也使动机所指向的目标的实现受到阻碍，动机与挫折相关，也是造成挫折和心理应激的一个重要原因。大学生的心理冲突既有群体冲突，如来自不同地域的学生特有的生活习惯冲突，也有个体发展中面临的升学与就业冲突、学业与情感冲突等。

大学时代是心理断乳的关键期。心理断乳意味着个人离开父母家庭的监护，彻底切断个人与父母家庭在心理上联系的"脐带"，摆脱家庭的依赖，成为独立的个体，完成自我心理世界的建构。当多重发展任务同时落到大学生身上时，必然会产生各种各样的心理冲突。事实上，大学生的心理冲突并非是判断引起的冲突，而是由于选择带来的取舍。例如，升学还是就业，都只是人生诸多选择的一种，并不从本质上改变人生的方向；再如，毕业后是否从事本专业，都是在实践中再选择的过程。

（六）生活事件

生活事件指人们在日常生活中遇到的各种各样的社会生活的变动。生活事件不仅是测量应激的一种方法，也是一项预测身体和心理健康的重要指标。大量的研究表明：即使是中等水平的应激事件，如果它们连续发生，对个体的可以累加，因而也非常严重。例如，大学生经历人际关系的疏离、评优失败及失恋，会出现明显的心理不适。

在生活事件中的重要丧失，如重要人际关系的丧失、荣誉的丧失等，对大学生心理健康起着消极作用。重要的人际关系主要是指与家人、朋友，还有异性（恋人）关系。重要人际关系一旦丧失或出现问题，不仅仅会影响到他们的情绪以及学习和生活，还可能会极大地影响到大学生对自身及今后人生的看法。荣誉的丧失一般表现为，本来认为可以获奖学金、评优、入党却没有实现，或者考试作弊、违纪受处分等。重要丧失在一定程度上影响到大学生心理健康，严重时会导致心理障碍。

生活事件与心理健康之间的关系进行解释时，一般认为生活事件的产生增加个体适应环境的能力。个体每经历一次生活事件，必须付出精力去调整由于这一事件的发生而带来的生活变化，这也带来了个体抗挫折能力的提高。

（七）家庭环境

家庭环境的影响主要包括家庭的情绪氛围、父母的教养态度、家庭结构和家庭经济状况四个方面。家庭是人生的奠基石，父母是孩子的第一任老师，对孩子的成长与成才的影响是长久而深远的。家庭的积极情绪氛围是良好心理素质形成的前提，家庭成员间的交流及人际氛围，直接影响着家庭中每个成员的心理，对个性逐渐成熟的大学生影响更具有特别的意义。父母的教养态度和教育方法直接影响孩子的行为和心理，民主、平等的而非命令、居高临下的，开明的而非专制的，潜移默化的而非揠苗助长的教养态度与教育方法有利于学生心理的健康发展。家庭结构的变化，如单亲家庭、重新组合家庭等因素，必然会对大学生心理有一定影响。家庭环境带来的学生心理问题的影响是深远而长久的。

[阅读]

朋辈心理辅导

朋辈有"朋友"和"同辈"的双重含义。

"朋友"指有过交往并且值得信赖、十分友好的人；"同辈"指同年龄者或年龄相近者。同龄伙伴通常有共同的爱好、价值观和文化背景，彼此之间容易理解、沟通。

朋辈心理辅导指在人际交往过程中同辈间相互给予心理安慰、鼓励、劝导和支持，提供一种心理咨询功能的帮助过程。

朋辈心理辅导改变了只有专业心理咨询师才开展助人活动的状况，让更多的学生成为高校心理咨询的主体，充分发挥了学生心理教育的主动性。

第三节　大学生常见的心理问题

一、神经症

神经症也称神经官能症，主要是由不良的心理因素造成的。对于处在青年期的大学生来说，这是一种最为常见的功能性疾病。不健全的个性特征是此类疾病的发病基础。在此基础上，如果遇到重大的心理创伤，便会导致神经症的发生。在大学生中，发病率最高的主要是焦虑症、抑郁症、恐怖障碍、强迫症等。

（一）焦虑症

焦虑症是以焦虑为主要表现的神经症。焦虑症有两种主要的临床形式：惊恐发作和广泛性焦虑。广泛性焦虑一般为没有明确客观对象和具体内容的提心吊胆和恐惧不安。除焦虑心情外，还有显著的植物神经症状，如头晕、心悸、胸闷、口干、尿频、出汗、震颤等自主神经症状和肌肉紧张，以及运动性不安。焦虑症的焦虑症状是原发的，病人的焦虑情绪并非由于实际的威胁所致，其紧张、惊恐的程度与现实处境很不相称，并常为此感到十分痛苦。凡是继发于妄想、疑病症、抑郁症、恐惧症等的焦虑都应诊断为焦虑综合征，而不应诊断为焦虑症。惊恐障碍是以惊恐发作为原发和主要临床相的一种神经症。而惊恐发作作为继发症状，可见于多种不同的精神障碍，如恐惧症、抑郁症等。

1. 惊恐发作

（1）在没有客观危险的环境下发作，或发作无明显而固定的诱因，以致发作不可预测。

（2）两次发作的间歇期，除了害怕再发作外，没有其他明显症状。

（3）发作的典型表现常是病人在日常活动中，突然出现强烈恐惧，好像即将要死去（濒死感）或即将失去理智（失控感），使病人难以忍受。同时病人感到心悸，好像心脏要从口腔跳出来，有胸闷、胸痛、气急、喉口堵塞窒息感，因此惊叫、呼救或跑出室外。有的伴有显著植物神经症状，如过度换气、头晕、多汗、面部潮红或苍白、震颤、手脚麻木、胃肠道不适等，也可有人格解体、现实解体等痛苦体验。

（4）发作突然，10分钟内达到高峰，一般不超过1小时。发作时意识清晰，事后能回忆发作的经过。此种发作虽历时较短暂，一般5~10分钟，1小时后即可自行缓解仍如常人，但不久又可能突然再发。病人发作频繁，1个月内至少有3次，或者首次典型发作后继之以害怕再发作的焦虑常持续1个月以上。

（5）发作并不局限于任何特定的情况或某一类环境（不可预测性），大多数病人在间歇期因担心再次发病而紧张不安，并可出现一些植物神经活动亢进症状，称为预期性焦虑。在发作间歇期，多数病人因担心发作时得不到帮助，因此主动回避一些活动，如不愿单独出门、不愿到人多的场所、不愿乘车旅行等，或出门时要他人陪同（此时并有广场恐惧症）。惊恐发作病人也可并有抑郁症状，有的有自杀倾向，需注意防范。

（6）惊恐发作作为继发症状（惊恐发作综合征），可见于多种不同的精神障碍，如恐惧症、抑郁症等，并且需要与某些躯体疾病，如癫痫、心脏病发作等鉴别。

【案例】

求助者，男性，21岁，大学二年级学生，求助者有一天开班会时手机响了，遭到老师当众批评，觉得心烦、燥热、透不过气来、胸闷、心慌，非常难受，认为自己得了心脏病，因此非常紧张害怕，手脚发麻，浑身颤抖，求助者迅速离开学校，乘出租车到医院看病，症状缓解，检查后未发现明显异常。此后参加一个社交活动，又有类似症状发生。经治疗后缓解，专门到心内科住院检查，但未查出器质性病变。此后该症状经常发作，每周2~3次，每次持续40分钟，时间场合均无规律可循，没有明显的发作征兆，能自行缓解，求助者多次到医院就诊，服用过安定类药物，但仍有发作，发作时头脑清楚。客观环境并无可怕场景，不发作时生活工作均正常，目前求助者害怕一个人呆，不敢一个人到陌生地方，怕自己"心脏病发作死了"，虽知道自己未必一定是心脏病，但没法控制，曾对家里人表示："我真是受罪，不如死了算了。"

2.广泛性焦虑

（1）以缺乏明确对象和具体内容的提心吊胆和紧张不安（自由浮动性焦虑），或对现实生活中的某些问题过分担心或烦恼（过分担心的期待）为特征。有显著的自主神经症状、肌肉紧张和运动性不安，病人难以忍受又无法解脱。起病缓慢常无明显诱因。

（2）病人常处于心烦意乱，怕有祸事降临的恐慌预感之中。

（3）常伴有植物神经症状，如心慌、心跳加速、胸闷、气急、头晕、多汗、面部潮红或苍白、口干、吞咽梗阻感、胃部不适、恶心、腹痛、腹胀、腹泻、尿频等植物性焦虑。有的病人表现为易受惊吓，对外界刺激易出现惊跳反应，注意力集中困难，难以入睡，容易惊醒，易激惹等过分警觉表现。有的可出现阳痿、早泄、月经紊乱和性欲缺乏等性功能障碍。

（4）运动性不安，表现为搓手顿足、紧张不安、来回走动、不能静坐，称为焦虑的运动性表现。

【案例】

小红，女，自述高三某天晚自习她脑海里突然出现一个场景，就是旁边的同学看了她一眼，然后她就进入了特别恐慌的状态。这种强烈的紧张大概持续了一年，在此期间她不愿意上学，因为在学校会很紧张、而在家里则比较放松。第二年春天她突然就好了，她将此形容为就像顿悟一样，但不知道自己悟到了什么。复习一年之后考上大学，大一情况正常，大二出现病情反复：当时难以确定选修计算机还是选修英语更好，选完英语之后不知道为什么突然就特别紧张，特别焦虑。考试时别人先知道成绩了，她也特别紧张，但也不知道为什么，好像也不是怕自己过不了，就是特别焦躁，脑子乱糟糟的。之后她开始到医院接受药物治疗，在大学状态一直都不错，虽然也有紧张、担心，但要轻很多。工作后有些反复，时好时不好，经常生活在严重的焦虑、恐慌之中，整个人很痛苦。

3. 病程与预后

广泛性焦虑症起病缓慢，常无明显的诱因，病程可迁延数年。惊恐发作多起病突然，但并非由重大事件刺激而引起发病，病程呈间歇发作，发作期间精神状态正常。对焦虑症病人追踪统计，有1/3的病人病程在半年到2年，2/3的病人在2年以上，41%～59%的病人痊愈或好转，少数病人预后欠佳；女性、年轻人、病程短而病前性格良好者预后较好，反之预后不良。病史中有晕厥、激动、人格解体等癔症性格倾向，且有轻生念头者预后欠佳。需注意的是焦虑症病人的自杀死亡率近似抑郁症。

4. 惊恐障碍的治疗原则

药物对惊恐障碍效果明显，应在药物控制惊恐发作和焦虑的基础上适当配合心理治疗。

（二）抑郁症

抑郁症是一种"离我们最近的心理疾病"。在西方，抑郁症常常被称为"情绪感冒"，意思是说抑郁症像伤风感冒一样是一种常见的心理障碍。最新的一份数据显示，中国的抑郁症患者已经超过9000万，其中10%～15%的抑郁症患者死于自杀。据统计，抑郁症在中国造成的直接经济负担达141亿元人民币，间接经济负担481亿元人民币。与抑郁症高发病率形成鲜明反差的是，目前全国地市级以上医院对抑郁症的识别率不足20%。而在现有的抑郁症患者中，只有不到10%的人接受了相关的药物治疗。抑郁症也是大学生中常见的一种心理障碍，主要表现为悲伤、绝望、孤独、自卑、自责等，把外界的一切都看成"灰暗色"的，长期的抑郁状态会导致思维迟钝、失眠、体力衰退等，对个体危害很大。

1. 抑郁症的主要表现

抑郁症主要表现为情感低落、思维缓慢、语言动作减少或迟缓，故称"三低症状"。抑郁症起病缓慢，往往先有失眠、乏力、食欲不振、工作效率低和内感性不适（精神运动性抑制）。

（1）情感低落、沮丧忧虑。常表现为愁眉不展、忧心忡忡，对前途悲观失望，生活索然无味，甚至有强烈的自杀欲望。病人有时可表现为心烦意乱、焦虑不安、疲乏无力、不思饮食。有的病人情感低落有昼重夜轻的特点。

（2）思维明显缓慢，对问话反应迟钝，注意力集中困难，记忆力减退，自感脑子迟钝，联想困难。语言少、声音低。随着症状加重，病人的自责、内疚观念加重，成为妄想，常见为自责自罪妄想，也可有贫穷妄想、疑病妄想。

（3）病人活动减少，多终日独坐一处不与他人交往，逐渐发展到不去工作、疏远亲友、回避社交，对过去的爱好和生活乐趣一概丧失。严重者出现自杀行为以求解脱，其自杀死亡率可达10%～15%，病人往往疏于操持家务，重者连吃、喝、个人卫生都不顾。走路行动缓慢，严重时不语、不食、不动，可成为抑郁性木僵。

（4）病人可出现躯体症状，如口干、恶心、呕吐、便秘、消化不良、胃肠功能减弱、心悸、胸闷、憋气、出汗等。约70%的病人食欲减退、体重下降。男性病人可出现阳痿，女性病人有性快感缺失和闭经。

【案例】

　　阿冬（化名），大一女生，首次远离家乡和父母独自一人来到外地求学，刚进大学对一切事物都觉得很新鲜，又觉得难以适应。此后，她做很多事情都觉得很困难，上课无法集中注意力，对各种活动开始失去兴趣，有孤独感、无助感、无依靠感，不愿与人交流，不愿参加任何集体活动，整天待在宿舍里，也不跟宿舍同学说话，只是自己一个人躺在床上听音乐，或者自卑自怜、以泪洗面，表现出退缩、冷漠、易产生疲倦感，也时常感到头晕头痛，终日精神抑郁，闷闷不乐，或长吁短叹，情绪极为低落。

2.如何早期发现抑郁症

如果出现严重的睡眠障碍，特别是早醒，也就是睡眠的最后一次觉醒时间明显提前，须引起警惕。患有严重的慢性疾病如心脏病、中风、糖尿病、癌症与阿尔茨海默病等的人，出现抑郁症的机会较高，抑郁症也可能是这些严重疾病的前兆。在抑郁之前常常会有食欲不佳、沉默少语、失眠等现象，性格行为突然改变，像变了一个人似的。

3.抑郁症的早期干预和治疗非常重要

目前，抑郁症的治疗包括药物治疗和心理治疗。近年来，疗效好、副作用小的抗抑郁药大量产生，药物已经成为治疗抑郁症的主要手段之一。当然心理治疗也是非常重要的方法之一，例如，认知心理治疗和社会心理支持是非常有效的方法。大量研究证实，单独心理治疗或单独药物治疗，都不如同时使用两者的治疗效果好。同时，抑郁症患者应当调整自己的生活节奏，放松自己，注意休息。随着医学的发展，抑郁症已经是一种完全可以治好的疾病。

（三）恐怖症

恐怖症是以对特殊物体、活动或情境产生持续的恐怖为特征的一种焦虑障碍。恐怖症的特征是：（1）某种客体或情境常引起强烈的恐惧；（2）恐惧时常伴有明显的植物神经症状，如头晕、晕倒、心悸、心慌、战栗、出汗等；（3）对恐惧的客体和情境极力回避；（4）患者知道这种恐惧是过分的或不必要的，但不能控制；（5）在预计可能会遇到恐惧的客体或情境时便感到紧张不安，称为预期焦虑。常见的临床类型有以下三种：广场恐惧症、社交恐惧症和特定恐惧症。

1. 广场恐惧症

广场恐惧症原意是特别害怕到人多拥挤的公共场所去，后来引申到不敢使用公共交通工具，不敢单独离家外出，甚至害怕单独留在家里。

广场恐惧症常以自发性惊恐发作开始，然后产生预期焦虑和回避行为，提示条件化的形成。广场恐惧症状的扩展和持续都可以用症状的反复出现使焦虑情绪条件化，而回避行为则阻碍了条件化的消退；加上害怕昏倒或当众出丑可加重焦虑而形成恶性循环。临床有广场恐惧症无惊恐发作和广场恐惧症有惊恐发作两种情况。

2. 社交恐惧症

社交恐惧症是以害怕与人交往或当众说话，担心在别人面前出丑或处于难堪的情况，因而极力回避为特征的一种恐怖障碍。这类患者对受到批评或拒绝很敏感，认知过程对本病症状的发生起着相当重要的作用；症状形成与其情绪反应有密切关系。可同时伴有回避型人格障碍。

社交恐惧症的临床主要表现为害怕处于众目睽睽的场合被大家所注视；或害怕自己当众出丑，使之处于难堪或窘困的地步，因而害怕当众说话或表演；或害怕当众进食，害怕去公共厕所解便，害怕当众写字时控制不住手发抖，或在社交场合结结巴巴不能作答。害怕见人，一旦被别人看到随即惴惴不安、满脸通红者，称赤面恐惧症。害怕与别人对视，或自认为眼睛的余光在窥视别人，因而惶恐不安者，称对视恐惧症。害怕在公共场所遇到陌生人或熟悉的人者，称对人恐惧症。男性害怕与女性相遇者，称女人恐惧症，女性害怕与男性相遇者，称男人恐惧症。

大多数社交恐惧症患者只对一种或者少数社会交往场合以及当众表演感到恐惧，称特殊社交恐惧症。一般情况下可以完全没有症状，其焦虑症状只在担心会遇到害怕的社交场合（预期焦虑）或已经进入害怕情境才会出现。此时患者感到不同程度的紧张、不安和恐惧，常伴有脸红、出汗和口干等植物神经症状，其中尤以害羞脸红是社交恐惧最突出的植物神经表现。认知方面则在与人相遇时特别注意自己的表情和行为，并对自己的社交表现评价过低。严重的社交恐惧症患者极度紧张时可诱发惊恐发作。所害怕的社交场合十分广泛的病例，称广泛社交恐惧症。这类患者常害怕出门，不敢与人交往，甚至长期脱离社会生活，无法工作。

【案例】

　　阿芳走进咨询室的门时很害羞，不敢说话，咨询师和她的交谈也不能很好地进行。后经与咨询师耐心交谈，她才慢慢道出她的内心苦闷。她认为自己是个"怪人"，有害羞的"怪毛病"。两年多来，从不多与人讲话，与人讲话时不敢直视，眼睛躲闪，像做了亏心事。一说话脸就"发烧"，低头盯住脚尖。心怦怦跳，起鸡皮疙瘩，好像全身都在发抖。她不愿与班上同学接触，觉得别人讨厌自己，在别人眼中是个"怪人"。最怕接触男生，即使在寝室里，只要有男生出现，她也会不知所措。对老师也害怕，上课时，只有老师背对学生时才不紧张。只要老师面对学生，她就不敢朝黑板方向看。她常常因为紧张，对老师所讲的内容不知所云。更糟糕的是，现在在亲友、邻居面前说话也"不自然"了。由于这些毛病，她极少去社交场所，很少与人接触。小芳自己曾力图克服这个怪毛病，也看了不少心理学科普图书，按照社交技巧去指导自己，用理智说服自己，用意志控制自己，但作用就是不大。后来她哭诉说，这个怪毛病严重影响了她各方面的发展：学习成绩下降；交往失败，同学们说她清高。她正在争取入党，同学关系不好肯定不行。眼看就快毕业了，这样下去怎样适应社会呢？

3. 特定恐惧症

　　特定恐惧症表现为对以上两种类型以外的某种或少数特殊物、情境或活动的害怕。特定恐惧症是由于某些无害的事物或情境与令人害怕的刺激多次重叠出现，形成条件反射，因而获得了引起焦虑的性质，成为患者恐怖的对象。这种焦虑是一种不愉快的情感体验，促使患者采取某种行为去回避它。如果回避行为使患者的焦虑得到减轻或消除，便会成为一种强化因素，通过操作性条件反射，使这种行为固定下来，并持续下去。

　　这一综合征包含三个成分：预期焦虑，恐惧刺激引起的焦虑情绪，以及为了减轻焦虑采取的回避行为。这类患者害怕的往往不是与这些物体接触，而是担心接触之后会产生可怕后果。例如，患者不敢接触尖锐物品，害怕会用这种物品伤害别人；不敢过桥，害怕桥会垮塌，掉到水里去；害怕各种小动物会咬自己等。大多数患者认识到这些害怕是过分的、不合理的，实际上并没有什么可怕，但却无法控制自己的担忧害怕情绪。按照患者恐惧对象的特点，可分为以下几种类型。

动物恐惧：害怕蜘蛛、昆虫、老鼠等。

自然环境恐惧：害怕雷电、登高、临水等。

场所恐惧：害怕汽车、电梯、飞机等封闭空间。

血、伤害、注射恐惧：害怕看到流血、暴露的伤口和接受注射。

其他特殊恐惧：如害怕引起窒息、呕吐或疾病的场所；害怕在公共厕所排尿；害怕出门找不到厕所，会把粪便排在身上等。

以上各种恐惧症可以单独出现，也可合并存在。

（四）强迫症

强迫症是指患者在主观上感到某种不可抗拒和被迫无奈的观念、情绪、意向或行为存在。患有强迫症的人，明知某种行为或观念不合理，但却无法摆脱，因而非常痛苦。主要表现有以下几点。

1. 强迫观念

（1）强迫怀疑：患者对自己言行的正确性反复产生怀疑，继而产生强迫性检查行为。如出门后怀疑是否关好门窗、写信是否写错地址等，并为此而反复检查。

（2）强迫性穷思竭虑：患者对日常生活中的一些事情或自然现象反复思索，追根溯源，明知毫无意义，但无法控制，其思维经常纠缠在一些缺乏实际意义的问题上不能摆脱，这一症状在青少年中较为常见，如想"为什么把桌子叫桌子而不叫椅子""为什么一加一等于二却不等于三"。

（3）强迫联想：患者脑子里出现某一观念或听到某一句话，便不由自主地联想起另一个观念或词句。

（4）强迫回忆：患者对经历过的事件，不由自主地在意识中反复出现，虽自知无此必要，但无法自控。有时强迫回忆和强迫怀疑可同时出现，或者在强迫回忆时怀疑自己回忆有错又不得不从头想起，加重其不安和痛苦；有时患者表现为发呆，实际上是在想，若被打断或认为"想得不对"时，就得从头再想，因怕人打扰而表现出烦躁、躲避人等退缩性行为。

（5）强迫记数：患者对一定形状的物品进行强迫性记数，虽自知无此必要但不能自控。

（6）强迫情绪：指患者对某些事物担心或恶心，明知不对，却无力自拔。如担心自己会伤人，会说错话，做出不理智的行为或担心自己受到细菌污染等。

（7）强迫意向：患者反复体验到想要做某种违背自己意愿的动作或行为的强烈内心冲动。尽管患者明知这是荒谬的想法，自己也不会如此做，但却无法摆脱这种内心冲动。

（8）强迫对立观念：患者脑子里经常出现与现实相对立的观念，这种常是不好的违反通常道德准则的内容，为此患者感到紧张、害怕、不安但他又偏不能排除，有时甚至有脱口而出的冲动，如骂粗话等。

（9）强迫表象：指头脑中反复呈现形象性的内容，如生殖器形象等。

2. 强迫行为

强迫行为往往是为减轻强迫观念而引起的焦虑，患者不由自主地采取的一些顺从性行为。

（1）强迫检查：为减轻强迫怀疑所引起的焦虑而采取的行为。

（2）强迫询问：强迫症患者往往不信任自己，为了消除疑虑或穷思竭虑所带来的焦虑，往往对他人进行询问或要求他人反复地不厌其烦地予以解释或保证。

（3）强迫性清洗：为了消除受到细菌或脏物污染的担心而反复多次地洗手、洗澡或洗衣服。有时患者反复多次用肥皂洗手，以致造成手背皮肤破裂或破损，但仍如此反复洗手，否则会出现十分严重的焦虑或担心。

（4）强迫性意识动作：指患者完成一系列的复杂动作行为或重复出现某些动作，以消除或减轻由强迫观念引起的焦虑或不安。例如，患者出门时必须先前进两步，然后再向后退一步，如此反复做数次才可以出门。有人把强迫性计数也归入此类。有些患者因强迫性意识动作而导致行动迟缓，例如，早晨起床时，反复穿脱衣服多次，直至患者自己感到满意为止，这样就耽搁了时间，以致迟到。

强迫症状有时严重，有时减轻。当患者心情欠佳、疲劳或体弱多病时较为严重。女性患者在月经期间，强迫症状可加重。而在患者心情愉快、精力正盛或工作、学习紧张时，强迫症状可减轻。

通常患者深感焦虑，主观上力图和强迫思维、动作对抗，结果反而愈演愈烈。部分患者性格有易焦虑、自信不足而又要求完美的特点，从而容易对日常生活事件发生强迫性质的心理反应，应该注意的是，某些慢性病程的强迫症患者，他们往往通过某些意识性的动作行为来消除焦虑，久而久之则成为习惯性动作，而反强迫的表现却逐渐消失，这时，患者不再感到苦恼。

另外，强迫症患者的智力水平一般正常或较好，平时比较安静，好思考，儿时家庭严厉管束较多，他们有的在某些突然事件下急性发病，有的在长期过分紧张疲劳的情况下缓慢起病。但大约 2/3 发病缓慢，病程相对较长，病状时轻时重。

【案例】

> S，22 岁，是个帅气的小伙子，大学没有读完，因为强迫症而退学了。他担心到处都是狂犬病毒，不敢用手碰任何东西，包括他自己的身体。倘若一只狗从他前面走过，他会吓得浑身发抖，随后回到家洗 3~5 小时。他什么也干不了，天天都在怕，天天都在洗。但这一段时间他不想洗了，他觉得水里也会有狂犬病毒。于是在很热的天里，他不敢洗澡，身上很快臭得他自己也受不了。为了避免出汗，他躺在床上一动不动。他天天想着去打狂犬疫苗，打了狂犬疫苗才觉得心里有了些安全感。他总是上网去查有关狂犬病的知识，去书店也是去医学书店，过去看有关狂犬病的书。在家他不洗脸，不洗脚，睡觉时要父母为他脱鞋，要父母为他穿鞋。去洗手间要在马桶上垫厚厚的卫生纸，然后让父母为他擦屁股。他觉得自己活得不像个人，为自己悲哀，时常对家人发火，骂人摔东西。

二、人格障碍

人格障碍是一种异常人格，由于患者人格的异常性而妨碍了人际关系甚至给他人或社会造成损害，或给本人造成精神痛苦，或二者兼而有之，也就是既害人也害己。

人格是从小逐渐发展形成起来的，人格障碍也是如此。年龄越小，人格的可塑性越大。一般地说，到了 18 岁，人格已基本定型，不容易有大变化了。因此，临床精神病学以 18 岁作为诊断人格障碍的年龄下限。18 岁以下的人一概不诊断人格障碍，必要时可诊断为情绪障碍、行为障碍或品行障碍等。人格是相当稳定的，但也并非一成不变。诊断人格障碍通常需要有关人格的既往资料，需要 18 岁以前的个人史资料，但有时候难于甚至无法得到。从临床实际出发，一个人的行为模式（尤其是人际关系模式）已经持续两年以上，既不与某种精神障碍或症状直接相联系，又没有任何相反的证据（数年前和现在大不相同的证据），便可以认为是人格特性的表现。

各类人格障碍或人格偏差者的共同特征是：紊乱不定的个人心理特点和难以与人相处的怪异性格，不论其行为变异是被动的还是主动的，都会给他人造成困难，甚至带来灾祸；把自己的困难全都归咎于命运不济或别人的差错，怨天尤人，经常把社会或外界的一切看作是荒谬、悖理的；认为自己对别人不负任何责任，总把自己的想法和利益放在压倒一切的位置，而不管他人是否认同；无论走到哪里，都把自己的固定看法或猜疑、仇视带到那里，从而使其行为影响新环境的气氛；他们对其怪癖行为对别人的伤害或影响泰然处之，行若无事。

下面对人格障碍类型分别作简要的描述。

（一）反社会型人格障碍

施奈德称此为"无情的人格"，可见情操的缺乏具有根本性。照例，病人完全没有内疚，做了坏事一点也不感到后悔或内心痛苦，对亲人和朋友没有责任感和义务感也很突出。严重者甚至连羞耻和同情怜悯心也没有。这种人一有欲望就迫不及待要得到满足，不能延迟，也不能耐受挫折，不能从失败和惩罚中汲取教训，所以屡教不改。他的行为往往不顾最起码的社会规范，完全凭个人的好恶行事，富于攻击性和破坏性。尽管智力没有缺陷，似乎什么道理都懂，说起来头头是道，却给人蛮不讲理的印象，因为不管什么事，他总是自我辩护和责怪别人。可以和人短时间相处得不错，尤其是没有利害冲突的时候，但一点小事触犯了他，他便马上翻脸，和任何人也不能保持长期的和谐关系。这种人没有长远打算，抱有"今朝有酒今朝醉"的生活态度。由于人格障碍的严重性和顽固性，美国《精神障碍诊断与统计手册》（DSM-Ⅲ）规定，18岁以前必须有品行障碍才能诊断，这和其他类型人格障碍的诊断标准都不同，值得重视。所谓冲动性或爆发性人格障碍，可视为反社会性人格障碍的一种较轻的变种。这种人具有一般人所共有的是非观念，他们倾向于约束自己的情绪和行为，但发作起来却完全失控。不可预测和完全不顾后果的暴怒和攻击破坏行为是本型的特点，但患者在发作间歇期可以相对正常，甚至表面上是驯服的。另一个特点是患者很难坚持没有即刻奖励或报酬的行动。

【案例】

王某，男，20岁，汉族，大一学生。王某生身父母均系农民，体健。有兄长四人，家庭成员均无精神病史。王某出生后即由养父领养，7岁前由祖母抚育。家庭经济状况优越，从小受到溺爱，性格固执、顽皮，喜欢恶作剧。上学后，成绩优异，但以后不断打架闹事，欺侮小同学，辱骂老师，虐待小动物等。之后发展到不服家长管教，顶撞，吵闹以致与父母对打。14岁时在某儿童医院拟诊为儿童多动症，治疗后稍有好转。后被送去工读学校就读。但经常借故离校，一两个月不返校，直至被押送回校，由家长领回。释放后，一度剪去长发，表示洗心革面，重新做人。20岁时勉强上了一所高职院校。但经常招引一些朋友在家中吃喝玩乐，多次聚众、结交一些社会无业女青年。虽然多年受祖母无微不至的照料、袒护，却经常打骂祖母。当年6月，王某向张某寻衅闹事，纠集另外两个人用棍棒、皮带毒打张某，致使张某多处软组织挫伤。同年7月6日中午，王某骑自行车撞了蒋某，反说"你挡我路，我打死你"，随即对蒋某拳打脚踢，致其脑震荡，胸部软组织挫伤，住院20多天。同年10月24日晚，某矿务局司机张某因行车与他人发生纠纷时，路过的王某不问缘由便对张某谩骂、毒打。

（二）戏剧型人格障碍

戏剧型人格也称歇斯底里人格、引人注意的人格。这种人需要别人经常的注意，人们注意他使他感到满足和愉快，而没有人理睬则使他容易感到空虚与无聊。言语动作和表情是夸张的，像演戏一样，力图当场吸引观众而不顾其他。为了引人注意，不惜伤害身体和不顾个人尊严。热衷于参与激动人心的场面，喜欢凑热闹，爱出风头。缺乏足够现实刺激时便诉诸想象以激发强烈的体验，称为自我戏剧化。缺乏固有的情感，情感几乎都是反应性的，且反应过分，但给人一种肤浅、没有真情实感和装腔作势的印象。这种人过分注重身体和服饰的吸引力，言行往往显示出性的诱惑，但可以是生物学上性冷淡的。幻想性谎言不少见。把书报上的奇闻说成是自己的亲身经历，编造动人的身世，只是为了引起轰动效应。对于这种人，幻想世界比现实世界似乎更加真实。所谓边缘型人格和自恋型人格都可视为戏剧型人格的变种。

【案例】

李某，男，23岁，大四。喜欢表现自己，感情用事，易被激怒，不明原因开始爱模仿戏装演员的动作，身着戏装或其姐的红毛衣，头扎鲜花，抹口红，打扮自己，行为举止女性化。同时容易发脾气，自己的愿望如不能得到满足，就烦躁，甚至打人。非常自私，把家里电视机和洗衣机搬至自己的房间，不许别人使用，并常紧锁门户，防止他人进入。爱听表扬的话，与人谈话时，总想让别人谈及自己如何有能力，亲戚如何有地位，自己外貌如何出众，如果别人谈及别的话题，病人常常千方百计地将话题转向自己，而对别人的讲话内容则心不在焉。因此病人常与经济情况、个人外貌等不如他的人交往，而对强于他的人常常无端诋毁。病人常常感情用事，以自己高兴与否判断事物的对错和人的好坏，对别人善意的批评，即使很婉转，也不能虚心接受，不但不领情，还仇视别人，迫使别人不得不远离他。因此许多人说他"不知好歹"。与别人争论问题时，总要占上风，即使自己理亏，也要编造谎言，设法说服别人。病人常到火车站站口或公共汽车上帮助检票、售票。有时对人过分热情，但若别人稍违于他，就与别人吵架，从而导致关系破裂，几乎无亲密朋友。

（三）分裂型人格障碍

分裂型人格障碍基本特点是一般性和持续的情感平淡和动机不足。十分孤僻，什么亲密的朋友也没有；对批评和表扬无动于衷；既不想与人交往，也体验不到与人相处的乐趣。如果仅限于这样一些特点，可以称其为分裂人格。如果除此以外，乖僻很突出，则叫作分裂型人格。乖僻可以表现在思想、言语、服饰和行为中。这种人有各式各样的古怪想法，对巫术、迷信、神仙、剑侠、"特异功能"以及似是而非的"哲学"似乎特别感兴趣。时有异乎寻常的体验和知觉。言语内容脱离实际，措辞不当或不准确，意思含糊笼统，普通交谈中常夹杂一些抽象和生僻的术语。奇装异服（主要特点是风格极不协调）和不修边幅得很显眼。行为常显得出人意料或莫名其妙，例如，交谈时忽然自言自语，对陌生人发出神秘的微笑，走路时出现某个怪姿势或怪动作，在百货店买肥皂时突然问售货员"这里卖不卖涮羊肉"，等等。

【案例】

M，女，22岁，大二学生。初一时，她学习成绩不错，在学校名列前茅，还曾代表学校去参加数学竞赛等，虽性格内向，寡言少语，独来独往，但如果同学们主动找她玩，她能融入同学跟同学一起玩。初二时家里出了点变故，她从小最疼爱的弟弟突然病逝，这对她打击非常大，由于妹妹无心上学，母亲因此对她寄予很高期望，把家里的希望全投入到她的身上。她觉得压力过重，于是开始变得更孤僻、更寡语，对人冷漠，怕羞，敏感，对同学不搭理，成绩下滑，中考时只考了个普通高中。

进入高中后，M从不主动与同宿舍的同学一起聊天、谈话，只有少数知晓她的情况的初中同学主动来找她聊天，关心她，但她对同学的关心并无任何反应，同学问一句，她才开口，且话不对题，她虽然坐在同学旁边，但好像是在想其他事，好像她跟同学是两个世界的人。她终日离群独处，冥思苦想，有时躺在床上蜷缩着一动不动，睁着眼睛盯着一个地方，同学叫也不回应，偶尔交谈亦不能与他人合拍。在一段时期里，她突然经常无故旷课，背着书包在校园里瞎逛，还自言自语，一路痴笑，令人害怕，大家在背后戏称她为"怪人"。

转学后，她成绩下滑极为厉害，复读后勉强考上了一所地区院校。曾去看心理医生，医生教她找一种方式发泄出来，比如跑步，但去到操场，没跑几步，她就停下来不跑了，说是听见另一个声音叫她不要跑。五一假期她留宿在校，一夜之间把宿舍同学的水桶衣架全都打烂折断，舍友假期回来，看到宿舍一片狼藉，心中甚为害怕，最后学校找来她的母亲带她回家了。

（四）偏执型人格障碍

偏执型人格的主要特性是过分猜疑和敏感。倾向于把别人的好意或中性态度误解为恶意或敌意，喜欢追究别人隐蔽的动机，容易感到别人"笑里藏刀""指桑骂槐""杀鸡给猴看"等，总之是别有用心和不怀好意。表现为过分警惕、保密，采取防卫措施，想办法试探或考验别人是否忠实等。对批评、轻视和拒绝十分敏感，反应强烈而持久。对侮辱、侵犯和伤害不能宽容，长期耿耿于怀。容易感到受了不公平的待遇。不能忍受被置于"嫌疑犯"的地位，力图避免嫌疑，或为自己辩白鸣冤。对职责分工不明的处境感到过分难堪，生怕出了问题别人把责任往他身上推。容易产生嫉妒，容易自我援引，倾向于把无关的事看作指向自己。偏执型人格有两种亚型或不同的表现，一种是自负，傲慢，好争辩，好斗，对权力地位有执着追求而又猜疑过敏；另一种是胆小怕事，遇事退缩，好背地里窃窃私语，干事偷偷摸摸，斤斤计较而又猜疑过敏。

【案例】

G，大一男生，21岁。前半学期由于同学间尚互不认识，由辅导员指定他暂任班长。半学期后由于与同学关系不和，被撤换班长之职。于是，该生就疑心是某同学在老师那里"搞的鬼"，嫉妒他的才干，认为自己受到了排挤和压制，对班长撤换一事耿耿于怀、愤愤不平，认为同学与老师这样对他不公平，指责他们，埋怨他们，后常与同学、老师为此发生冲突，甚至还告状到校长和家长那里，并要求恢复他的班长之职，否则扬言要上告、要伺机报复。大家都耐心细致地劝他，他总是不等人家把话说完，就急于申辩，始终把大家对他的好言相劝理解为是恶意、敌意。这样无理取闹，他与同学、老师的关系日益恶化。

（五）强迫型人格障碍

这种人干什么事都是安全第一，过于仔细认真，反复检查核对，选择时犹豫不决，唯恐疏忽和差错。"不怕一万，就怕万一"被他视为座右铭。为了安全不惜牺牲效率和经济。吝啬、好储蓄和囤积，唯恐匮乏。容易产生处境性和期待性焦虑，遇事就心情紧张，总像面临重大考验似的。守时、拘谨和墨守成规也很突出。不完善感的代价是追求十全十美，即完美主义。对己责备求全，吹毛求疵。如果处于顺境，工作中受到权威的赞许，完美主义者对成就可感到满意，此时能坚持相当有效的实际行动，有相当的自控能力而不太过分。如果处于逆境，工作失败或受到谴责，或者忠实性被人怀疑，自控能力可以迅速下降，病人感到他面对的世界是不确定的，偶然和意外事件太多，令人抓不住规律。因此，病人便人为制定各种清规戒律迫使自己遵守，使自己感到确定。这种人拘泥于形式、规则和次序，有僵化的特殊生活风格。连日常生活也程序化，如刷牙上下左右各多少下以及先后次序都有规定，不遵守自订的规则就感到不安，表明仪式化有抗焦虑作用。这种人喜欢计数，偏好对称（如某病人不能容忍妻子穿颜色图案不对称的衣服），爱整洁。

【案例】

张某，男，20岁，大二学生。自述情况如下："我家在农村，父母均为农民。我在家排行老大，下有一弟一妹。从小我就很懂事，知道父母很辛苦，对自己要求极为严格，一点儿时间也不许自己浪费，成绩一直名列班上前几名，初一后还任班干部，深得老师喜欢。初一下半学期，父亲节约开支给我买了块表，作为奖励。初二上半学期，我开始害怕将表弄丢了，结果果真在一次早操中将表丢了，我深知父母挣钱不容易，内心极度内疚，常常有意识地到寝室和马路边努力寻找，希望能够发现，但始终没找到，也不敢告诉父母，成绩也开始下降。

后来我家添置了沙发，平时我喜欢坐在沙发上看书。一次母亲说别坐坏了，以后不准坐在沙发上看书。从此我再也不敢坐沙发，后来发展到看见椅子也害怕。我最苦恼的，还是小便失禁，老想去厕所，但又自觉不该去。越想控制则想去厕所的念头越强烈。尤其是吃饭之后想去厕所，拼命克制自己不去，结果吃了饭就吐，按胃病治了很久也未奏效。如此症状持续了3年，我什么事也做不了，真是苦不堪言。

近段时间以来，我老是想着自己是否渴了或者饿了，椅子该不该坐，泡在盆里的衣服是现在洗还是过一会儿洗，见到电灯就要反复检查电灯开关，出了门要反复看门是否关好锁好等。"

三、精神分裂症

精神分裂症是一组病因未明的精神病，多起病于青壮年，常有感知、思维、情感、行为等多方面的障碍和精神活动的不协调。一般无意识障碍和智力缺损，病程多迁延。精神分裂症是最常见、最难描述、最难做出完整定义的重性精神病。精神分裂症的临床表现多种多样，不同的病人有不同的症状，就是同病人在不同的时间也可能有不同的症状。临床上可有下列三方面的主要表现。

（一）思维破裂

思维破裂是指病人思考问题时没有中心，第一个念头和第二个念头之间没有任何联系，讲话时前言不搭后语，颠三倒四，有头无尾，没有条理。有时突然言语中断。有的病人讲话没有中心，别人听不懂他要说明什么问题（写文章也同样没有中心，别人看不懂）。有的病人整日叫喊不停，有的独自对空说话。

【案例】

张某到心理咨询中心时主动问老师姓名，老师告诉他姓杨。张某说："羊好啊，味道最鲜了，羊大为美嘛！"然后看到咨询师墙上一幅山水画，说："天，原来这是清明上河图的真迹啊！"

（二）情感障碍

对亲人疏远、冷淡，甚至敌对。对一切事物表现冷淡，漠不关心，整天闷坐，胡思乱想；不理发，衣服已穿得很脏而病人自己还认为很干净。病人的情感反常，一件无关紧要的小事，可以使他突然暴怒，但对于一件很大的事，却无动于衷。

【案例】

小明，大学生。在大学二年级的时候，同寝室的同学发现他已经两个月没有洗澡了，衣服也没有换。有同学提醒他，他勃然大怒，说自己的衣服是最新材料制成的，可以自行清洗。在这期间，从小就很爱他的奶奶过世了，家里人告诉他时，他异常高兴，说："这个老不死的终于死了！"

（三）幻觉妄想

幻觉中多以幻听为多，病人听到空中或房上有人对他讲话，或听到一些人议论他。病人的行为常常受到幻觉的影响，甚至服从幻觉的命令做出一些危险的行动。例如，当他听见"声音"在命令他"打碎玻璃窗，逃出去"，他就会不假思索、不顾危险地去执行。

【案例】

刘某，女，19岁，大一学生，入校不久总感到有人监视自己，在背后跟踪自己。看到别的同学拿着随身听从身边走过，认为那是窃听器，在窃听自己的隐私。别人在身边讲话总以为是在议论自己。晚上睡觉时，总认为有人透过窗户用望远镜监视自己的一举一动，必须严严实实地拉好窗帘。不久发展到认为自己的心脏将被人偷走。

四、网络成瘾综合征

网络成瘾综合征是现代社会的一种新型心理疾病。主要表现为：网络操作出现时间失控，而且随着乐趣的增强，欲罢不能，难以自拔。生理上的表现为视力衰退、紧张性头痛、肌腱炎、背部颈部疼痛等症状。心理上表现为封闭、虚妄、思维迟缓、焦虑、抑郁等，发展到极致便是神经紊乱、自杀或猝死。

目前大多数研究认为，网络成瘾的类型有网络色情成瘾、网络游戏成瘾、网络联系成瘾、网络信息过度获取成瘾等。但互联网本身并不是一种成瘾物质，导致互联网病态使用的往往是那些具有交互功能的网络应用软件及相关服务，如在中国，网络游戏成瘾、网络聊天成瘾最为常见。国内媒介对网络成瘾导致不利结果的报道中，出现最多的是网络游戏引起的长时间上网和行为偏差。

由于长时间地使用计算机和进行网络互动，神经中枢持续处于高度兴奋状态，这将引起肾上腺素水平异常增高、交感神经过度兴奋、血压升高和植物神经功能紊乱。长此以往，可能会引起不同程度的生理疾病和心理依赖，而这些刺激往往只有在上网后才感觉得到了缓解，导致进一步的网络依赖，最终成瘾，网瘾一般表现为上网时精神兴奋而且欲罢不能，沉溺于网上聊天或网络游戏，并由此而忽视与社会的交往、与家人的沟通，以至对网络形成越来越强烈的心理依赖。不同研究取向对"成瘾"有着不完全一样的判定准则，有些研究以上网时间为标准，网络成瘾者每星期用在互联网上的时间为非成瘾者的2～3倍。

大学生沉迷于网络往往与他们的性格有关，如孤僻、内向、敏感、自我管理和约束能力差、纪律性不强等。大学生为了忘却现实中的痛苦或是为激情倾诉，与网络对象形成固定化交流习惯。这种随心所欲、风险低的交流过程能让他们心里产生安全感和舒适感，还有依恋感，从而转向过分迷恋网络上的人际交往来建立彼此的友谊和爱情，并以此关系取代现实中的失败的社交关系。

大学生网络成瘾与家庭教育方式有着很大的关系。当前我国大学生中独生子女比较多，且一部分远离父母来异地求学，成瘾学生的家长往往忙于为生计奔波，无暇顾及子女内心需求、忽略了与子女的沟通，不少家长总是用物质和金钱来表达对子女的爱，从而把亲子关系物质化，并一味地将自己的愿望强加到子女身上，教育他们一定要出人头地，这种教育方式更多地显现出拒绝和否认以及严厉惩罚，很少显现出情感温暖，导致子女不愿意和家人倾诉成长过程中的困惑，而选择网络作为他们精神解脱和压力释放的途径。

【案例】

来自农村的大学生阿勇的自述："我以前一直是一个很乖的孩子。父母不在家，奶奶身子弱，我还经常帮忙干活，但是十岁那年因帮着家里务农而断掉了左手半截大拇指后，我就变得沉默寡言了。不愿走近伙伴，害怕他们笑话我。上中学后，来到了场镇上，偶然的机会，我学会了上网，玩起了游戏。在游戏中我找到了勇敢的我、自信的我。我迷恋上打网络游戏。要是到周末，我可以一天连续玩十几个小时。父母工作较忙离家又远，由奶奶带大的我，在家中就是老大，说一不二。奶奶实在是太疼爱我了，有时我也会突然良心发现，但更多的时候是不由自主的，我很无助，不知何去何从。"

【阅读】

心理咨询的保密原则与保密例外

一、心理咨询师严格遵守保密原则

1. 心理咨询师有责任向来访者说明心理咨询工作的保密原则以及这一原则在应用时的限制。

2. 心理咨询师只有在得到来访者书面同意的情况下，才能对心理咨询过程进行录音、录像或演示。在因专业的需要进行案例讨论，或采用案例讨论进行教学、科研、写作等工作时，应隐去那些可能据以辨认出来访者的有关信息（如姓名、住址、电话等），以保障来访者不被识别出来。在团体咨询中，关于团体成员的自我揭露，心理咨询师（员）必须事先设定守密标准。

3. 心理咨询工作中的有关信息（包括个案记录、测验资料、信件、录音、录像和其他资料）均属于专业信息，应在严格保密的情况下进行保存，不得列入其他资料中。仅经过授权的心理咨询师可以接触这类资料，除了心理咨询师和档案管理员以外，任何其他人员都无权查看心理档案室档案材料。

4. 对外界（如新闻界）提供有关来访者的信息时，有责任对来访者的姓名予以保密，并确定信息内容不对来访者构成侵犯或伤害。心理咨询员接受卫生、司法或公安机关法律规定的询问时，不得做出虚伪的陈述或报告。

5. 在心理咨询工作中，一旦发现来访者有危害自身和他人的情况，必须启动危机干预方案，防止意外事件发生。如与其他心理咨询师进行磋商，应将有关保密信息的暴露程度限制在最低范围之内。

二、心理咨询的保密原则的例外

1. 心理咨询师应清楚地了解保密原则的应用有其限制，同时记得在第一次访谈开始时告诉来访者法律上对保密的限制。

2. 已经获得来访者的披露信息授权，心理咨询师应该严格按照约定范围使用该授权。

3. 法律要求咨询师披露的，职业规范不能对抗法律规定。来访者有杀人事实、谋杀计划、自杀计划、虐待老人和儿童以及其他重大犯罪行为的，咨询师必须向公安或者检察机关报告，这是每个公民的法定义务，心理咨询师也不能例外。

第四节　大学生心理健康的维护

一、坚持健康的生活方式

生活方式是指人们在日常生活中遵循的行为模式。健康的心理与健康的身体密不可分。对大学生而言，健康的生活方式包括：合理作息，起居有常，早睡早起，充足睡眠；平衡膳食，坚持吃早餐；科学用脑，实行时间管理，提高学习效率；劳逸结合，有张有弛，避免用脑过度；选择文明高雅的休闲娱乐方式，娱悦身心；适量运动，积极参加体育锻炼，不吸烟，不喝酒。大学生不健康的生活方式有：网络沉溺、暴饮暴食、节食瘦身、晚睡晚起，饮食不规律、不从事体育运动、抽烟酗酒等。

二、培养和完善人格

人格的健全是心理健康的重要组成部分，大学生应当正确评价客观事物，正确对待自己与他人；善于管理情绪，情绪反应适度、正常；能意识到心理健康的重要本质是对环境（主要是社会环境）的适应，主动有效地适应社会环境与学校生活。

三、投身社会实践，扩大人际交往，建立广泛的社会支持系统

大学生应当积极主动地参加各类社会实践活动，并在活动中全面提高自身素质，通过群体交往活动，理解人与人之间的关系，体验友谊与沟通的快乐，开阔视野，并寻找广泛的社会支持。当面临挫折与压力时，广泛宽厚的社会支持会帮助大学生走出沼泽地，走向开满鲜花的未来。

【阅读】

心理咨询前你需要有什么准备

1. 要准备积极主动参与。不能像到医院去就诊那样，把病情向医生一说，就被动地等待医生开药方、配药。在整个咨询过程，来访者必须是一个积极主动的角色，心理咨询师主要起辅助作用，其作用在于帮助来访者自己面对现实，采取恰当的方法解决自己的心理问题。

2. 要确立强烈的求治动机。要想取得满意的效果，必须要有改善或改变自己某一方面状况的真诚愿望。在去咨询以前，要首先给自己提两个问题，"对自己的现状，确实不满意吗""我确实愿意在某个方面、某种程度上改变自己吗"。如果你的回答是肯定的，你可以去心理咨询；如果你的回答是否定的，那么你就很难从心理咨询中得到真正有价值的帮助。

3. 建立一个现实而合理的心理咨询的期望。心理困惑、心理障碍不可能像

感冒那样吃些药片就会很快康复，它需要有一个过程，要耐心实施心理咨询师的指导计划，切不可半途而废。

4.要打破"凡病须吃药"的老观念。来访者不必非吃药不可（严重心理障碍者除外），"心病还须心药治"，心理咨询师真诚热情的态度，耐心的倾听，坦诚的建议，悉心的指导，是医治"心病"的良方。

第五节　大学生心理咨询

大学生可以通过自我调适的方式维护心理健康，还可以通过寻求专业人员的帮助（心理咨询或心理治疗）调适自己的心理健康。

【案例】

小红，女，20岁，是一名大学一年级的学生。高中阶段，住在亲戚的家里，因为成绩优异，比较听家长的话，亲戚们也特别喜欢她。但她很少与班上同学交流，性格内向，喜欢独来独往。进入大学后，刚开始感觉还可以，但时间长了，由于寝室同学之间存在很大的性格差异，相处中出现了不和谐。面对复杂的人际关系，小红感到十分困惑，不知道怎样才能处理好这些关系。她每天感觉很烦，学习也受到影响。她自己很着急，想到了学校新生进校时的宣传手册上介绍学校有心理咨询中心，可以帮助同学解决自身的心理困扰。她悄悄翻出宣传手册，找到学校心理咨询中心的联系方式和地址，想到学校心理咨询中心寻求帮助。但是又有很大的顾虑：听说只有心理不正常的人才会去做心理咨询，万一被班上的同学知道了会不会以为自己有精神病啊？自己去做心理咨询，心理咨询中心的老师会不会批评自己不会处理人际关系？会不会把自己做心理咨询的事情向辅导员通报？

你有过和小红类似的经历吗？你了解心理咨询吗？在日常生活中你对心理咨询是不是也有这样的误解：心理咨询师会一眼看穿你内心的想法；心理咨询师会在不

知不觉中把你催眠；心理咨询一点用都没有，都是骗人的；心理咨询与思想政治教育差不多，心理咨询的老师只会批评人；心理咨询是无所不能的，可以解决所有的问题……今天我们一起来揭开心理咨询的神秘面纱，向大家介绍心理咨询的一些基本知识，让大家对心理咨询有一个大概的了解。

一、心理咨询的定义和功能

（一）心理咨询的概念

心理咨询是指通过人际关系，运用心理学的方法，对心理适应方面出现问题并企求解决问题的来访者提供心理援助，帮助来访者自立自强的过程。

需要解决问题并前来寻求帮助者称为来访者或者咨客，提供帮助的咨询专家称为咨询者。来访者就自身存在的心理不适或心理障碍，通过语言文字等交流媒介，向咨询者进行述说、询问与商讨，在其支持和帮助下，通过共同的讨论找出引起心理问题的原因，分析问题的症结，进而寻求摆脱困境解决问题的条件和对策，最终达到人格完善，自立自强。

（二）关于心理咨询概念的理解

对于心理咨询这个概念的理解，需要注意以下几点。

（1）心理咨询需要咨询师和来访者建立良好的人际关系，心理咨询实质上是一种改变来访者价值观（当然，是咨询师协助来访者，来访者自己调整，而不是咨询师直接的价值干预）的活动，良好的咨询关系对来访者的改变具有重要的作用。

（2）心理咨询只能运用心理学的方法帮助来访者，有别于精神病学。精神病学更多的是采用药物和物理的方法治疗心理疾病，而心理咨询更多的是采用心理学的方法，如同感、理解、宣泄、支持等来帮助来访者。

（3）心理咨询的主要问题（或者称之为症状）是适应问题，有的学者认为心理问题没有各种症状之分，主要是适应不良的程度的问题。比如，严重的精神类疾病就是严重的适应不良。

（4）值得特别注意的是心理咨询的概念中提到的"企求解决问题"这句话，当前关于心理咨询效果的诸多研究表明来访者的求助意愿和动机是影响咨询效果的重要因素。如果来访者并不是自愿来访，没有意识到自身的问题，也不愿意改变，这样的咨询效果是非常不好的。

（5）对于寻求帮助者的称谓，心理咨询早期把来访者称为"病人"，但是现在这种称呼已经被摒弃。因为这样做是给寻求帮助者一个消极的暗示，认为寻求帮助是有病的，不利于其自身的成长。现在的心理咨询和治疗中更多地把他们称为"来访者"。

（6）在咨询或者治疗的过程中来访者和咨询师相互合作、互动，促进来访者成长。这点和一般的医疗有显著的区别，一般的医疗只要患者服用药物或者接受手术，药物或者手术对症的话就会有较好的疗效。但心理咨询特别重视来访者的配合和自身的积极探索，因为心理咨询和治疗的最终目的是促进来访者成长，而不能完全依赖咨询师。

（7）心理咨询采用语言为主要的媒介，辅助其他手段进行咨询和治疗，以至于对心理治疗有"语言疗法""话疗"等不当的称呼，甚至有人认为心理咨询和治疗人人都会，因为说话人人都会。但其实会听人说话，在关键的时候如何说话才有助于来访者，这是一门高深的学问。

（8）最后一点，也是最重要的一点。心理咨询或者心理治疗的目的是促进来访者自我成长，人格完善，自立自强，任何咨询的手段都不能阻碍这个目的的达成。心理咨询的最终目的是帮助来访者独自应对生活中出现的各种困难，而不是一有问题就想到咨询师，完全依赖咨询师。

心理咨询有广义和狭义之分。广义的心理咨询包括心理咨询和心理治疗，有时心理检查、心理测验也被列为心理咨询的范围。狭义的心理咨询不包括心理治疗和心理检查、心理测验，只局限于咨询师通过咨访双方面谈、书信、网络和电话等手段向来访者提供心理救助和咨询帮助。

（三）心理咨询的功能

心理咨询可以使来访者的认识、情感和态度有所变化，解决他们在情感、学习、工作、生活、个人成长中遇到的问题，处理他们在疾病和康复等方面出现的状况，使他们更好地适应环境，保持身心健康。心理咨询所创造的全新环境可以帮助来访者认识自己与社会，处理各种关系，逐步学会以更积极和理性的方法对待自己和他人，改善生活品质，提供全新的人生经验和体验，以便更好地发挥自己的内在潜力，实现自我价值。对于大学生来说，心理咨询大致有以下的功能和作用。

1. 矫正性情绪体验

不同的心理咨询和治疗都可以使来访者产生矫正性情绪体验。一方面，来访者的焦虑、紧张、沮丧、自卑等负面情绪可能减轻；另一方面，来访者在与咨询者交谈中可能萌生希望甚至信心，感到心情轻松愉快，感到被理解和被尊重。

2. 从事新的有效行为

所谓新，是指来访者过去未曾尝试过的；所谓有效，是指行动能满足来访者的需要，如友好关系的体验、成就感等。启发、鼓励和支持来访者从事新的有效行为是多种不同心理咨询与治疗起作用的一个共同方法。这种启发、鼓励和支持可以是公开的和直截了当的，包含明确的建议和具体的指导，也可以是含蓄的、间接的或暗示性的。

3. 提出可供选择的生活态度

各种不同形式的心理咨询和治疗都有共同的临床策略，就是为来访者提出另外的可供选择的生活态度和看待他们自己以及周围世界的方式。这被许多咨询者和治疗者公认为是帮助来访者改变和成长的一个共同因素。

态度就是个体对自身和外界事物一贯的、稳定的反应倾向，它包括认知成分、情感成分和意向成分。不同的心理咨询和治疗派别，有的强调认知，有的强调情感体验或领悟，有的强调行为。许又新教授进一步认为，心理冲突，简而言之，是态度的冲突。典型的神经症患者既有自相矛盾的认知，也有势不两立的情感和欲望，还有背道而驰的行动倾向，一言以蔽之，他们处于尖锐的态度冲突之中。神经症的痊愈必然有生活态度的根本性转变。所谓移情疗效之所以不持久，原因就在于患者只是重复过去已有的（往往是根深蒂固的）态度，如果治疗不彻底，患者一旦离开长期和他密切相处的治疗者，便会产生分离焦虑。没有生活态度的根本性改变，即使症状消失且维持相当一段时间，患者还是经受不了生活中的波折，容易旧病复发。他认为，任何减轻患者痛苦和症状的方法都可以采用，但是有一个条件，即这种方法不妨碍患者态度的根本性转变。

4. 随时准备接受社会影响

来访者求助于咨询者的行动本身，就意味着他准备接受社会影响。但是，只有初步的求助动机是远远不够的，还必须具有随时准备接受社会影响的能力和自觉性。否则，不仅来访者的求助行为可能会中断，而且也不会从社会生活中接受别人有益的影响。心理咨询和治疗的主要任务之一，就是培养来访者随时准备接受社会影响的能力和自觉性，并鼓励来访者去与别人建立和发展类似他与咨询者之间的关系，在广泛的社会生活中随时准备接受他人有益的影响。为此，咨询者要通过实例帮助来访者弄清楚某些与来访者至关紧要的社会影响机制，例如吸引、喜欢、爱、厌恶、憎恨、攻击等的机制，弄清楚如何处理从众、服从和保持独立自主性的关系这类问题。当然，由于问题的性质和来访者性格各异，讨论的重点因人而不同。

5.有意识地进行扩大性自我探索

在咨询者和治疗者的启发和引导下，来访者积极进行自我探索，自我探索使意识的范围和深度加大，过去觉察不到的内心世界逐渐清晰地呈现出来，人们对自己的理解得以提高或深入。不同咨询和治疗理论对这过程有不同的解释：来访者中心理论认为这是对自己内在感受的挖掘或开发，同时也是去掉面具而显现出真实的自我的过程；精神分析学说认为这是对"无意识"的洞察或领悟；存在主义治疗理论认为这是对"亲在"（Dasein，我这个独特的人的存在）的觉察；格式塔（完形）治疗理论认为这是对心理之整体（即格式塔，亦译完形）的觉察。认知疗法理论也有类似的情况，例如，通过认知疗法使来访者认识到，自己的认知活动在诱发反应的刺激、生活事件与反应或结果之间，起着中间环节的作用。弗兰克尔的意义疗法同样包含着这个因素。按意义疗法治疗理论，经过治疗，来访者发现和体验到了自我存在的意义以及生活的意义，也就是开拓了意识，当然可以理解为意识扩大性自我探索。从表面上看，行为治疗的过程本身似乎没有意识扩大性自我探索，其实并不尽然，关键在于来访者是否开动脑筋积极地参与行为治疗，如果是的话，这个过程也包含有意识扩大性自我探索。尤其是新的有效行为意味着来访者丰富了其行为储备，这必然伴有意识扩大。成功的行为治疗使来访者自信心增强，行为的自觉性和责任感也增强了，它蕴含着实践过程中的自我探索。

二、心理咨询的对象、分类和基本过程

（一）心理咨询的对象

心理咨询最主要的对象，主要是指心理健康的人和心理健康状况欠佳的但没有精神障碍的人。心理治疗的对象主要是各种神经症患者，他们具有的心理问题已经比较严重。

（二）心理咨询的基本原则

1.自愿原则

自愿原则是心理咨询得以有效进行的首要原则，就是来访者发自内心地希望寻求心理咨询服务而主动、自愿地找到心理咨询师，自己没咨询愿望而被动或者被别人强逼着来咨询，那样一定没什么效果，这个原理和肚子饿吃饭的感觉差不多，只有当自己感觉到需要时才能感觉到满足。

2.协助原则

心理咨询应该是协助不是帮助，是助人自助，仅靠心理咨询师一个人的努力是不可能完成咨询任务，达到来访者想要的效果的。而是需要来访者与咨询师共同努力，通过深层的交流与沟通达到改善来访者心理状态或释放来访者内心压抑的情绪，从而使得来访者能以更合适的心态去面对生活和适应环境。前两条是针对来访者所说的原则，而接下来几条是心理咨询师应严格遵守的基本原则。

3.保密原则

来访者愿意信任心理咨询师，愿意将内心深处的情绪或事情展现在心理咨询师面前，那么在未经来访者授权的情况下，心理咨询师不能通过任何途径将来访者的内心世界透露给其他任何人。这是心理咨询师应遵守的最基本的职业守则，只有在完全保密的情况下，来访者才愿意无保留地将内心的心理困惑向咨询师诉说，达到好的咨询效果。

4.尊重原则

尊重来访者在咨询室里所展现的任何情绪和内心世界，每一种事物背后都有其自身内在的原因，来访者会那么想那么做的原因仅仅是因为他身处那个环境跟位置，也许其他人面对同样情境时也会做出相同的选择。只有首先保持尊重的态度才能达到理解与接纳来访者，才能真正协助来访者达到心理咨询服务的目的。

5.平等原则

每个人在财富、权力、社会角色等外在因素上有所不同，但在人格上都是平等的，都有对自己人生道路的选择权，都有追逐自己内心愿望的权利，心理咨询师对待每个来访者的态度都应是平等的，而每个来访者与心理咨询师也仅仅是在咨询室这个特定环境中的社会角色不同，如果心理咨询师内心在咨询过程中有了高人一等的心态，那样的咨询服务一定不会让人满意。在学校的心理咨询中也是如此，在咨询的过程中咨询老师和学生的地位是平等的。

6. 特定环境原则

心理咨询是一项认真、细致的工作，不是随时随地都能进行的，它对场地及周围环境有着相当高的要求，至少应该是一个舒适、安静且无人打扰的环境。按人本主义心理学大师罗杰斯所说，心理咨询师应尽量让来访者内心感受到一种温暖、安全的氛围，罗杰斯认为这样的氛围更有助于来访者心灵的自我成长与恢复。

7. 价值中立原则

价值中立原则是指在心理咨询的过程中心理咨询师不得进行直接的价值评判和价值干预。现在的社会是一个价值多元的社会，不能以咨询师自身的价值标准来评判来访者，更不得直接将自己的价值观强加给来访者。"子非鱼安知鱼之乐。"咨询师觉得不好的价值观也许来访者觉得很好，不能用绝对单一的价值标准来进行干预。

（三）心理咨询的分类和形式

根据咨询的内容，心理咨询可以分为发展心理咨询和健康心理咨询；根据咨询的规模，可分为个体咨询与团体咨询，个体咨询是心理咨询师和来访者一对一展开的咨询，而团体咨询是心理咨询师面对多个来访者展开咨询活动；根据咨询采用的形式，可分为门诊咨询、电话咨询和互联网咨询。下面主要对发展咨询与健康咨询做简要介绍。

1. 发展心理咨询

发展心理咨询可以帮助人们挖掘心理潜力，提高自我认识的能力。当自我认识出现偏差或障碍时，可以通过发展心理咨询得以解决。

随着人类物质文明和精神文明水平的不断提高，人们渐渐关注如何全面提高生活质量，如提高学习和工作能力、保持最佳工作状态、维护安宁的生活环境、协调家庭成员间和社会成员间的关系。心理咨询作为一种专业技能，可以帮助人们调整内心世界，提高生活质量。

发展心理咨询常涉及以下内容：孕妇的心理状态、行为活动和生活环境对胎儿的影响；儿童早期智力开发；儿童发展中的心理问题；青春期身心发展的不平衡；社会适应问题；性心理知识咨询；男女社交与早恋；青年独立性和依赖性的矛盾；友谊与恋爱；成就动机与自我实现问题；择偶与新婚；人际关系；择业、失业与再就业；中年及更年期人际冲突、情绪失调、工作及家庭负荷的适应；家庭结构调整；

更年期综合征；老年社会角色再适应；夫妻、两代、祖孙等家庭关系；身体衰老与心理衰老；老年性生活等。

2. 健康心理咨询

健康心理咨询的对象究竟是哪些人？应该说那些觉得自己心理不够健康的人，都是健康心理咨询的对象。也就是说凡是因为某些心理社会刺激而引起心理状态紧张，并且明确体验到躯体或情绪上的困扰的人，都可以是健康心理咨询的对象。因为心理社会刺激非常纷繁复杂，在目前的社会广泛存在着，因此凡是生活、工作、学习、家庭、疾病、康复、婚姻、育儿等方面所出现的心理问题，一旦求助者体验到不适或痛苦，都属于健康心理咨询的工作范围，其内容大致如下：

（1）应对各种情绪障碍，如焦虑恐惧、抑郁悲观等；

（2）各种不可控制性的思维、意向、行为、动作的解释；

（3）长期慢性躯体疾病，久治不愈，既对治疗不满意，又丧失信心，因而需进行的心理上的指导；

（4）精神病康复期求助者的心理指导；

（5）对家庭中的求助者，应如何进行处理、护理问题等。

（四）心理咨询的一般过程

1. 进入与定向阶段

（1）建立辅导关系。

（2）搜集相关资料，以利于初步界定问题，明确辅导需要。

（3）初步了解当事人的个人、环境资源；做出接案决定；做出辅导安排。

2. 问题——探索阶段

（1）建立良好的关系。

（2）搜集有关资料，以进一步界定和理解问题。

（3）协助当事人进行自我探索，达到对当事人的深入了解。

3. 目标与方案探讨阶段

（1）激发当事人改变的动机。

（2）处理好当事人的期望和目标的关系。

（3）咨询师要明了现有的干预手段和自己能力的局限。

（4）咨询目标的确定要以当事人为主，咨询师起辅助作用。

4.行动／转变阶段

（1）避免让当事人变成一种被动、接受、依赖的角色。

（2）保持灵活性。

（3）要注意治疗收获在实际生活中的迁移应用情况。

（4）行动／转变阶段要经常进行评估，即根据已确定的目标，看咨询和治疗实际取得了多大进展。

5.评估／结束阶段

（1）评估目标收获。

（2）处理关系结束的问题——分离焦虑。

（3）为学习的迁移和自我依赖做准备。

（4）最后一次会谈。

三、大学生心理咨询的主要内容、类型和特点

（一）自我认知问题

自我认知是自我意识的主要内容。大学生在自我意识完善过程中，有时不能客观地认识和评价自我，出现自我认知偏差，甚至造成自我认知障碍。

1.自傲

自傲是过高估计自己的一种自我认知。自傲者以自我为中心，表现出很强的优越感，处处表现自己，对自身的长处无限夸大，炫耀自己，容易对他人指责和怪罪，挑三拣四，盛气凌人。好像自己全是优点没有缺点，别人全是缺点没有优点。自傲不仅会使学生人际关系不协调、社会适应不良，而且严重阻碍学业发展和健康成长。

从心理学的角度来看，自傲心理主要源于学生的认知偏差，因此心理咨询主要帮助改变自傲者的不良认知，帮助其形成正确认知是改变自傲心理的一条根本途径。实践中，咨询师除主要采用认知技术给予辅导外，还可从以下几个方面来辅导学生的认知。一是正确认识自我。咨询师要引导自傲的同学不断反省自我，全面客观地了解自我、把握自我。在认识自我时，要坚持两点论，既要看到自己的优点和长处，又要看到自己的缺点和不足，以做到扬长避短。二是正确同他人比较。自傲的同学需要时刻保持谦虚上进之心，将周围的人作为"自知"的镜子，在正确同他人对照、比较中反省和认识自己，在与人比较时，既要看到他人的缺点和劣势，更要看到他

人的特长和优势。要从他人的优点中看到自己的不足和欠缺。不能总是用自己的长处去对照他人的不足。三是宽容和接纳他人。自傲的同学不能过于苛求他人，要学会宽容和接纳别人的缺点与不足。不能因为别人有缺点和不足，就视其为低劣、无能或对其嗤之以鼻，感到不足为伍。另外，宽容和接纳他人还包括要热情主动地帮助他人，做到共同进步和发展。能够尊重和关注他人，设身处地地为他人着想，谦逊友好地向他人学习，接受他人的意见和批评，改变自我中心的处世之道。四是学会正确归因。为了消除盲目的自我欣赏，自傲的同学还要学会对自己的成功与挫折进行正确、全面的分析。在遭遇失败时，要检查自己是否有欠缺和不足，不能一味地怨天尤人，将过失归咎于客观因素；在获得成功时，要能够看到客观条件的优越和他人的帮助，不能将成绩一味地归于自己的能力和才干。这样，才不会自以为是，而是鼓励自己加倍努力。

【案例】

阿敏去找心理咨询老师时一副愁容满面、十分烦恼的样子。

"老师我很痛苦，我快要烦死了。你能帮帮我吗？"一进门，她就皱着眉急促地问道，显得有些不太礼貌。

"别着急，你慢慢说，我会尽力帮助你的。"心理咨询老师亲切地答道。接着阿敏便说出了自己的烦心事。

阿敏是独生女，生活在一个幸福的家庭。爷爷、奶奶和父母对她倍加宠爱，可谓是在蜜罐里长大的，此前还没遇到过不如意的事。阿敏也很聪明、能干，从小学、初中、高中，直到现在的大一，学习成绩始终非常优秀，并且还一直担任班长或团支书。因此她也总是能够以优异的学习成绩和较强的组织能力得到每位老师的喜爱，可谓是老师和班里的宠儿。可是进入大学以来，尤其是最近一段时间，不知是哪里出了问题，她感到自己在班上没有权威了。自己作为团支书每次开会安排活动时，许多同学都不愿听她的话，有时候老师也故意跟自己"作对"，大家好像都不再喜欢自己了，总跟自己争论问题，每次弄得很不开心。总之阿敏认为，最近所有人都在跟自己过不去。

听了阿敏的一番牢骚和抱怨，心理咨询老师对她的问题已稍有眉目。老师很理解地说道："你一直是个很优秀的学生，家人、老师、同学都喜欢你，你也很开心快乐，但最近却感觉一切都变了，所以你很伤心苦恼。"

"是呀，以前他们简直是众星捧月般对我，可现在他们都有些冷漠，我高中的同学也不怎么跟我来往了，我感觉身边没了朋友。"

"众星捧月般？"老师重复道。

"嗯，以前我特有权威，他们都得听我的。"可以看出，她很自信，但这种自信带着股傲气。

"为什么都得听你的呢？"老师问道。

"因为我聪明、有能力呀。我做事情从不用他们掺和，他们都太笨头笨脑的了，只会碍事，我一个人就万事大吉了。"她的话里充满了咄咄逼人的高傲和自负。

"那他们都听你的，信服你的一切安排？"

"是啊。尽管他们有时也有意见，但每次最后还是都照我的安排做了。"

"你平时跟同学交往密切吗？比如，课下交流多不多？"

"这……我忙得很，又是学习又是班级事务的，跟他们谈心聊天的机会很少。"

"那你如何得知他们真的很信服你的组织领导呢，"

"你是说他们并不赞同我的做法？我从来没想过这个问题。不过有这种可能，难怪他们现在越来越不听我的了。"

"或许你并不很了解同学们的真实感受。你一贯自作主张，不愿听他们的意见，他们或许心里已经很是恼火了，会不会啊？"

"或许是吧，上次我还为了春游的事情跟同学吵起来了呢。我可能真有些自以为是，不太尊重大家的意见。"她说话的语气有些软了下来，接着她又有些疑惑地说："不过，他们能行吗？他们有许多是农村来的，都没见过多少世面呀。"

"你认为农村的孩子就比不上城里的孩子聪明？"

"是有点这样想的。不过……班里有几个农村考上来的同学成绩还是很优秀的，老师也很喜欢他们。班上有特长的同学也不少。我现在感觉我的想法可能有点片面了，我或许应该多听听同学们的建议，说不定他们有更好的设想。

老师，是这样吗？"

"对，他们也有许多值得你学习借鉴的地方。"阿敏的领悟能力很强，心理咨询老师充分肯定了她的进步。

"是的，我平时只认为自己最行，把别人的长处和优点都忘了。"

"你能认识到这一点我很高兴。我想你已经知道今后该怎么做了吧。"

"以后我一定会多与大家交流沟通，团结大家一起把班里的事情做好，我还要多向同学们学习。"

2. 自卑

自卑是个体由于自我认知偏差等原因所形成的自我轻视和自我否定的情绪体验。不少大学生身上不同程度地存在着自卑心理，或认为自己其貌不扬，担心被人歧视；或认为自己天资愚钝，将来不能成器，对未来缺乏自信；或认为自己出身贫寒，担心被人看不起；等等。对那些稍加努力就可以完成的任务，也往往因自叹无能而轻易放弃。在他们身上常常伴随着一些特殊的情绪体验，如害羞、不安、内疚、忧伤、失望等，并出现自鄙、自怨、自馁、自弃等心理现象。

从心理学上分析，自卑实际上是一种心理防御机制。只是这种"防御"是消极的。一个人的自卑心理形成后，会对自己的能力评价很低，不敢大胆主动地去与别人交往，渐渐地会从疏远别人，自我孤独发展到自我封闭，与周围的人形成一道无形的高墙。这种情况又会使别人对他形成消极的看法，更为远离和回避他，从而进一步加深他的自卑心理。要让有自卑感的学生学会发现自己的优点，要挖掘自己的闪光点，客观地分析自己，找出自己身上的优、缺点，做出比较正确的自我评价。在学习、生活和人际交往中扬长避短，相信自己，不断发挥、挖掘自己的才能和潜力。

【案例】

张某，男，18岁，大学一年级学生。来自农村，自幼勤奋刻苦，成绩优秀。考入大学后，由于城乡环境的差异，他觉得自己在服饰、语言、动作，以至风度上都不能与城里来的同学相比，内心产生了"先天不如人"的自卑感。但同时也有不甘心、不服气的思想，想以优异的学习成绩来显示自己的才能。过分紧张的学习和沉重的心理压力下，他开始失眠。百般无奈下，他鼓起勇气来寻求心理咨询。

张某很爽快地和老师交谈起来："老师，我可以和您谈谈吗？"

"当然可以。有什么想不通的问题，尽管谈，我可以为你保密。这是心理咨询老师应遵守的原则。"

"我来自农村。农村孩子上学不易，我自幼勤奋刻苦，学习成绩很好，好不容易考上了重点大学，全家人、全村人都为我高兴。可是来到学校以后，我并不高兴，总觉得自己处处不如人，心里很不是滋味。"

"你学习成绩很好，怎么说处处不如人呢？"

"光学习好不行，其他方面不如人也会让人看不起。"

"你觉得哪些方面不如人呢？"

"满口的家乡话常引同学们发笑；穿着、举止动作都显得土里土气；我上中学时学校不重视体育，现在上体育课时我的动作显得很笨拙，觉得很难堪；又没什么业余爱好和文艺才能；在宿舍聊起天来城市同学侃侃而谈，人家见多识广知道得很多，我没见过什么世面说起话来笨嘴拙舌，常常惹得同学们哄堂大笑，觉得很丢脸。我有一种先天不如人的感觉，很自卑。但我又不甘心如此，于是拼命学习，想以优异的学习成绩来显示自己的才能，补偿其他方面的不足。我害怕考试失败，那就证明了自己真是先天不如人。老师，我每天拼命地学习，但有时学不进去，总是惶惶不可终日，学习时注意力也不集中，生怕考不好。现在我晚上很难入睡，白天又看不进去书。我该怎么办呢？"

在这个案例中，心理咨询老师应着重引导、帮助他正确地对待由于城乡生活环境所造成的同学之间的差别，既要承认农村学生由于生活环境的限制存在的一些不如城市学生的地方，如知识面窄、体育水平低等，但又应让他看到这些差距是可以通过学习来弥补的，更应看到农村学生勤奋刻苦、吃苦耐劳、生活自理能力较强等长处。既要通过进一步的学习来拓宽自己的知识面，培养自己多方面的兴趣爱好，更应该客观地分析自己的学习能力。坦然地接受自己尽了最大努力而取得的成绩，这样才能消除心理上的紧张焦虑，在良好的心境中从容地参加考试，发挥出自己的最佳水平，去争取理想的成绩。

3. 虚荣

虚荣就是以不适应的虚假方式来保护自己自尊心的一种心理状态。心理学上认为，虚荣心是自尊心的过分表现，是为了取得荣誉和引起普遍注意而表现出来的一种不正常的社会情感。在虚荣心的驱使下，人往往只追求面子上的好看，不顾现实的条件，最后造成危害。

（二）情绪问题

一个人长期处于消极的情绪状态下，或处于激烈的情绪状态下，就会造成情绪障碍。在这种情况下，正常的心理和生理活动会受到影响，出现很多异常的心理和行为，若不及时采取各种调适措施，就可能引发严重的后果。

1. 焦虑

焦虑是十分常见的情绪，是一种类似担忧的反应或是自尊心受到潜在威胁时产生担忧的反应倾向，是个体主观上预料将会有某种不良后果产生的不安感，是紧张、害怕、担忧混合的情绪体验。人们在面临威胁或预料到某种不良后果时，都有可能产生这种情绪。

焦虑不仅存在于大多数人的生活中，而且也是其他心理障碍共有的表现，如抑郁症与恐惧。焦虑作为一种情绪感受，可以通过身体特征体现出来，如肌肉紧张、出汗、嘴唇干裂和眩晕等。由于焦虑与恐惧、担心、惊慌等相关，也有人将担心看作焦虑的认知成分。

焦虑是大学生常见的情绪状态，当他们在学习、工作、生活各方面遭遇挫折或担心需要付出巨大努力的事情来临时，便会产生这种体验。焦虑对大学生的影响是复杂的，既可以成为大学生成长的内驱力，起促进作用，也可以起阻碍作用。实验证明，中等焦虑能使大学生维持适度的紧张状态，注意力高度集中，促进学习，但过度焦虑则会对大学生带来不良的影响。例如，有的大学生在临考前夜的失眠或考试时"怯场"，在竞赛中不能发挥正常水平等，多是高度焦虑所致。被高度焦虑困扰的大学生，常常会感到内心极度紧张不安、惶恐害怕、心神不定、思维混乱、注意力不能集中，甚至记忆力下降，同时还容易产生头痛、失眠、食欲不振、胃肠不适等不良生理反应。焦虑的大学生在内心深处有一种无法解脱、不愿正视的心理体验，焦虑只是矛盾、冲突的外显，借此作为防御机制以避免更深层次的困扰。

　　大学生常见的焦虑有自我形象焦虑、学习焦虑与情感焦虑。自我形象焦虑是担心自己不够漂亮、没有吸引力，体貌过胖或矮小等，也有的因为粉刺、雀斑等影响自我形象而引起焦虑。这类焦虑主要与自我认知有关，需要通过调整自我认知重新接纳自我，建立新的自我形象。学习焦虑、考试焦虑在学生情绪反映中最为强烈，需要引起重视。情感焦虑多数是大学生由于恋爱受挫而引发的自我否定，认为自己不具备爱人与被爱的能力，因而过度担心引起焦虑。

【案例】

　　小宋，女，大一学生，自述从高一的时候开始对考试紧张、焦虑，每次考试来临的时候便开始坐卧不安。虽然每次考试前都会很积极地复习功课，每次考试也都能考得不错，但仍然每到考试就紧张，一听要考试了便觉得惴惴不安，老是担心自己在考试时会出问题，强迫自己抓紧时间看书复习，课间不敢休息很久。虽然这样，但是效率并不高。到考试前的一天或考前的几天，就会突然拉肚子，浑身不舒服。现在快要到期末考试了，小宋想到这些就害怕，怕自己再出现这样的症状，影响考试。她用过深呼吸放松法，在感觉紧张的时候进行深呼吸，但效果很小。小宋很焦急，不知道该怎么办，希望心理咨询老师能帮她改变这种状况。

　　心理咨询老师在听她述说的时候，给以充分的理解和共情，以建立良好的关系。然后就她以前的学习情况及第一次出现考试焦虑表现时的情况进行了询问，请她具体地讲一下。她谈到，自己从小就很好强，自上幼儿园以来在学校的表现就一直很好，深得家长和周围邻居的好评。上小学和中学的时候每次考了好成绩或者获得什么奖励家人就会对她表扬，在亲戚朋友中夸奖。邻居、亲戚、朋友拿她来做教育孩子的榜样。初中时她在一所重点中学上学，之后考上了市重点高中。高一开始的时候，她像以往一样学习，进高中后的第一次测验考试成绩出来后，她突然发现自己的成绩在班上仅仅属于中等偏上，不再像以前一样名列前茅。她有些担心，便加倍努力，同时她也知道很多同学的成绩都很好，平时大家学习都很努力。这时小宋开始担心自己考得不如同学好，就抓紧复习，可是到下一次考试的时候，她感觉到了紧张，坐在考场中发抖，手心出汗。考完就想肯定考砸了，此后几天紧张不已。虽然最终考得还不错，但此后每次考试都焦虑、紧张。这种情况缘于她以前的成功经历，到一个竞争更大的环境中以后便开始害怕失败，害怕由此失去父母及亲朋的认同。就这点心理咨询老师用合理情绪疗法跟她谈了一下，引导她正确地认识考试，以及正确看待亲朋的评价。

随着咨询的深入，第二次心理咨询时老师给她解释了系统脱敏法的一些原理及大致方法，然后开始教她放松的方法。首先，老师请她以最舒服的方式坐好，然后按照由头到脚的顺序逐渐进行放松。心理咨询老师与其一起，一个部位一个部位地进行放松，开始时先让肌肉紧张，之后放松，再让全身器官都紧张，再放松，随后让小宋自己做一次，咨询老师在旁边指导，直到她能掌握要领为止。这次咨询结束的时候，心理咨询老师给她布置了一个作业，即每天做两次全身放松练习，并记录下持续时间。第三次心理咨询时，咨询老师检查小宋的作业完成情况，随后让她进行了放松训练。接着，要求她列出所有的与考试有关的能引起她焦虑的事情，写在一张纸上。她列出了以下几个：

（1）坐在考场中，等待老师发试卷；

（2）试卷发到手中，做之前浏览全部考题；

（3）做题时听到其他同学写字的唰唰声；

（4）考试前几天老师宣布要考试；

（5）考试前一夜想考试的事；

（6）走在去教室参加考试的路上；

（7）走进教室，坐下；

（8）考试后等待结果。

针对这些事件，心理咨询老师要求她对每一件事引起她焦虑的程度进行0~10焦虑程度等级划分，并按引起焦虑程度等级由小到大的顺序排列这些事件。她把这些事件这样排了起来：

（1）考试前几天老师宣布要考试；

（2）考试前一夜想考试的事；

（3）走在去教室参加考试的路上；

（4）考试后等待结果；

（5）走进教室，坐下；

（6）坐在考场中，等待老师发试卷；

（7）试卷发到手中，做之前浏览全部考题；

（8）做题时听到其他同学写字的唰唰声。

接下来便进入分级系统脱敏时间，首先，咨询老师让小宋进入放松状态，然后根据心理咨询老师的讲述"现在你和同学们一起在教室学习，老师走进来了，她走上讲台，宣布下周进行一次各科考试"进行想象，并对这一情境想象保持30秒左右。当她感到紧张时咨询老师提醒其放松，然后继续对这一情境的想象。如此反复，直到她在想象这一情境时不会感到紧张为止。这次咨询结束后咨询老师仍要求她将放松训练作为作业。

接下来的几次咨询中，按照上述步骤，小宋在放松的同时每次就一两个情境进行想象，保证每个情境在想象时能忍受一小时左右不感到紧张，当想象第六个事件即"坐在考场中，等待老师发试卷"时，小宋的紧张度好像比较强烈，虽经反复练习还是有些紧张，因此，在这一步时，心理咨询老师及时调整了进程，退回去巩固前一步的效果，然后再接下去做下一个情境的想象放松训练。最后一个情境进行训练完之后，咨询差不多结束了。

2. 抑郁

抑郁最明显的症状是压抑的心情，表现为仿佛掉入了一个无底洞或黑洞之中，正被淹没或窒息。还伴随着其他情绪反应包括容易发火，感到愤怒或负罪感。抑郁常常伴随着焦虑，对所有活动失去信心兴趣，渴望一个人独居，抑郁也伴随着个体思维方式的转变，这些认知改变可以是一般性的，比如注意力不集中、记忆力衰退或者很难做出决定，在思考中可能有更多的心境转变，如消极地看待世界、自我和未来。因此，抑郁的人很难回忆起美好的记忆，会不适当地责备自己，认为他人会更消极地看待自己，对未来感到悲观。与此同时，还伴随生理反应，如常常乏力，起床变得困难。更严重时睡眠方式都将改变，如睡得太多或者早晨醒得太早，并且不能再次入睡。也可能出现饮食紊乱，吃得过多或过少，随之而来的体重激增或剧减。抑郁是一种持续时间较长的低落、消沉的情绪体验，它常常与苦闷、不满、烦恼、困惑等情绪交织在一起。一般来说，这种情绪多发生在性格内向、孤僻、敏感多疑、依赖性强、不爱交际、生活遭遇挫折、长期努力得不到回报的大学生身上，那些不喜欢所学专业，或有人际关系处理不当、失恋等问题的大学生也会产生抑郁情绪。

3. 愤怒

愤怒是由于客观事物与人的主观愿望相违背，或因愿望无法实现时，人们内心产生的一种激烈的情绪反应。心理学研究表明，当愤怒发生时，可能导致人体心跳加快、心律失常、高血压等生理疾病，同时还会使人的自制力减弱甚至丧失，思维受阻、行为冲动，甚至干出一些事后后悔不迭的蠢事或造成不可挽回的损失。

愤怒是大学生常见的一种消极情绪，处于精力充沛、血气方刚的青年时期的大学生，在情绪情感发展上往往易激动、易动怒。例如，有的大学生因一句刺耳的话或一件不顺心的小事而暴跳如雷；有的因人际协调受阻而怒不可遏、恶语伤人；有的因别人的观点或意见与自己相左而恼羞成怒；有的因一时的成功，得意而忘乎所以；有的因暂时的挫折或失败而悲观失望，痛不欲生……如此种种遇事缺乏冷静的分析与思考，图一时之快，逞一时之勇的易激动、易动怒的不良情绪特点，在一些大学生身上时有体现。这种情绪对大学生的影响是极其负面的，因而有人说："愤怒是以愚蠢开始，以后悔结束。"

【案例】

"我来自一个并不富有但也比较宽裕的家庭，父亲非常爱我，但在我童年，发生过一件重大创伤性生活事件，自从这件事发生后，我不再相信任何人，也不再相信很多人们确信不疑的比如友谊、爱情等，我想通过努力学习离开原来的生活环境，开始新的生活，摆脱童年生活的阴影，来到大学后，看到同学们都快乐无忧地生活着，长久潜藏于心的愤怒悄悄地滋长着，我不知道如何化解与排解这种情绪，便经常翻同学的书柜和床位，将他们正在看的参考书藏起来，我并不是为了看书而是为了看到他们焦虑、着急的样子，我感觉我内在的愤怒找到了宣泄的出口……"

这位同学在童年遭受了挫折与伤害，因为缺乏必要的心理辅导与心理支持，在她升入大学后，她的心理问题并没有得到及时的解决，因此她潜在的愤怒并没有得到升华与缓解而是压抑起来，并寻找适当的机会进行发泄。对于容易激动愤怒的学生，咨询师可以教导其用换位思考的办法，在心理学上叫"感情移入"，就是让学生在无法控制的情况下对别人发泄自己的愤怒后，扪心自问："假如我是对方，我的感受会如何呢？"像上面案例中的主角看到同学着急的样子，认为自己的愤怒得到了宣泄，但是如果他想想自己的东西找不到会是一种什么样的心情，去真正地体会一下对方的心情，他可能就会改变这种想法。运用心理移位法，学生可以体验对方的情感，理解他人，从而抑制不良的心理状态的蔓延，这是避免易怒心理行为的有效办法之一。再就是如果想发脾气的时候，学生可以找一个空旷的地方大喊几声，宣泄自己的情绪。

4. 嫉妒

嫉妒是自尊心的一种异常表现，具体表现为当看到他人学识能力、品行、荣誉甚至穿着打扮超过自己时内心产生的不平、痛苦、愤怒等感觉；当别人身陷不幸或处于困境时则幸灾乐祸，甚至落井下石，在人后恶语中伤、诽谤。嫉妒是一种情绪障碍，它扭曲人的心灵，妨碍人与人之间正常真诚地交往。

嫉妒是由于别人胜过自己而引起抵触的消极的情绪体验，在日常生活中，嫉妒的存在是很普遍的，当看到别人比自己强时，心里就酸溜溜的不是滋味，于是就产生一种包含着憎恶与羡慕、愤怒与怨恨、猜嫌与失望、屈辱与虚荣以及伤心与悲痛的复杂情感，这种情感就是嫉妒，嫉妒者不能容忍别人超过自己，害怕别人得到自己无法得到的名誉、地位等，在他看来，自己办不到的事别人也不要办成，自己得不到的东西，别人也不要得到。

嫉妒是人本质上的疵点，嫉妒心强的人容易得身心疾病。长期处于不良的情绪状态中，产生压抑感，容易引起忧愁、消沉、怀疑、痛苦、自卑等消极情绪，会严重损害身心健康。嫉妒心强会影响大学生自我发展，不良情绪会大大降低学习的效率。另外，嫉妒心强可能使大学生结交不到知心朋友，嫉妒心强的人往往事事好胜，常想方设法阻止别人的发展，总想压倒别人，这可能使同学们想躲开他，不愿与他交往。从而造成不良的人际关系氛围，令人感到孤独、寂寞。嫉妒对人的心理健康十分不利。

【案例】

　　小 A 与小 B 是某艺术院校大三的学生，同在一个宿舍生活。入学不久，两个人成了形影不离的好朋友，小 A 活泼开朗，小 B 性格内向，沉默寡言，小 B 逐渐觉得自己像一只"丑小鸭"，而小 A 却像一位美丽的公主，她心里很不是滋味，认为小 A 处处都比自己强，把风头占尽，时常以冷眼对小 A。大学三年级时，小 A 参加了学院组织的服装设计大赛，并得了一等奖，小 B 得知这一消息先是痛不欲生，而后妒火中烧，趁小 A 不在宿舍将小 A 的参赛作品撕成碎片，扔在小 A 的床上。小 A 发现后，不知道怎样对待小 B，更想不通为什么自己要遭受这样的对待。

　　小 A 与小 B 从形影不离到反目为仇的变化令人十分惋惜。引起这场悲剧的根源，关键是两个字：嫉妒。我们可以用认知领悟疗法，让小 B 认识到要客观公正地评价别人，也要客观公正地评价自己。别人取得了成绩并不等于自己的失败。"人贵有自知之明"，强烈的进取心是人们成功的巨大动力，但冠军只有一个，尺有所短，寸有所长，一个人不可能事事都走在人前，争强好胜不一定能超越别人，一个人只要客观地认识自己的优势和劣势，现实地衡量自己的才能，才能为自己找到一个恰当的位置。再就是要努力提高自己，案例中小 B 嫉妒的起因就是看不惯小 A 比自己强，如果小 B 能集中精力，不断地学习、探索，使自己的知识、技能、身心素质不断得到提高，那么，也可以减少嫉妒的诱因，而且，丰富多彩的课余生活将她的闲暇时间填得满满的，自然也就减少了"无事生非"的机会，这是克服嫉妒心理最根本的方法。

　　5. 冷漠

　　冷漠是指人对外界刺激缺乏相应的情感反应，对生活中的悲欢离合都无动于衷，具体表现为凡事漠不关心、冷淡、退让的消极情绪体验。例如，有的大学生对周围的人和事漠不关心，对集体和同学态度冷淡，对自己的前途命运、国家大事等漠然置之，似乎已看破红尘、超凡脱俗，于是，把自己游离于社会群体之外，独来独往，对各种刺激无动于衷。这种冷漠的情绪状态，多是压抑内心情感情绪的一种消极逃避反应，具有这种情绪的人从表面上看虽然表现为平静、冷漠，但内心却往往有强烈的痛苦、孤寂和压抑感。如果大学生长时间地处于这种情绪状态下，巨大的心理能量无法释放，超过了一定限度时，它就会以排山倒海的形式爆发出来致使心理平衡遭到破坏，影响身心健康。

冷漠与退缩一样，是一种消极情绪的内化而非外显的行为，事实上冷漠比攻击更可怕。冷漠会带来责任感的下降、生活意义的缺失与自我价值的放弃，可以说是有百害而无一利的消极情绪体验。冷漠的形成多数与人生重大生活事件或重要丧失有关，也与个体的生活经历有关。造成大学生冷漠心态的因素很多，其中一个最主要的因素是理想和信念幻灭，应该说，每一个青少年，当他跨入一个新的校园时，都是充满热情、有所追求的。但是，他们在学校中学习、生活，参加一些社会实践活动时，也不可避免地要碰到多种多样的、来自各个方面的阴暗面，遇到一些令人百思不解的事，这时候，处于心理半成熟期的他们便会在心里产生众多的矛盾、冲突和动摇，戴上有色眼镜看整个社会，于是全部的热情便在有色眼镜的覆盖下消失了，理想和信念便随之消散。因此，老师要有意识地引导学生确立起科学的世界观，全面地、科学地观察事物，从本质上去理解问题，把熄灭了的理想和信念重新树立起来。冷漠常常是因为屡受挫折而对自己的能力发生怀疑，要消除这种怀疑，除了正确地评价自己以外，学生还要学会适当地表露自己的才能。因此，教师可以鼓励他们多做一些力所能及、把握较大的事情，循序渐进地增进其自信心，逐步克服其冷漠的心态。

【案例】

小红曾这样认为："自出生开始，父母就教我与人竞争，别人会弹琴，我也得会弹，别人会跳舞，我也得会跳，别人考试第二我得第一，比来比去，虽然上了大学，但我觉得好没意思，父母真不该把我带到这个社会上来。"所以平时她表情平淡呆板，行动无生气，懒散，对他人的奋斗进取精神不理解。

案例中的同学的冷漠的形成与其生活经历有关，由于一直处于一种竞争的心态下，并且每次竞争几乎都以胜利告终，她发现比来比去毫无意义，进而用一种冷漠的态度来应对周围的一切，帮助该生克服冷漠最根本的方法是改变认知，让其发现生活的意义，发现自我的价值，改变长此以往形成的对人生消极的看法。从行为上，要多鼓励她积极投身到各种有意义的活动中，融入集体中，进行积极的自我暗示与自我提升。

（三）学习问题

对大学生来说，学习是首要任务和主要活动方式。大学生的心理健康状况和心理发展水平，对大学生的学习过程和学习效果产生直接的作用。越来越多的研究表明，在影响大学生正常学习的各种因素中，学习心理的健康状况占重要位置。大学生学习心理障碍主要表现为：学习动机缺乏、学习动机过强、学习注意力不集中、记忆力不强、学习方法不当、考试焦虑等。

1. 学习动机不当

学习动机不当包括学习动机不足和学习动机过强，这二者都会影响大学生的学业效能感。学习动机不足的主要表现为：无明确的学习目标，为学习而学习甚至厌倦学习和逃避学习。学习动机过强的主要表现为：成就动机过强，奖励动机过强，学习强度过大。

2. 注意力不集中

注意是心理活动对一定对象的指向，具有指向性、选择性和集中性。注意是人类学习的前提，没有注意，就没有学习。注意在大学生学习中具有极其重要的意义。

注意力不集中的主要表现：一是上课不能专心听讲，大脑常常开小差，盯着黑板却心猿意马，自己不能控制思维发散；二是易受环境的干扰，教室外的小小动静都能引起注意力的转移，而且长时间不能静心；三是参加活动如体育运动或看一场电影后，久久沉浸在情节的回忆之中。

大学生注意力不集中的主要原因：一是青年时期发展任务多，因而导致压力与心理冲突加剧，特别是由于恋爱、性幻想等更容易引发注意力问题；二是生活事件导致心理应激，如重要丧失、考试失败、家庭生活发生重大变故、经济困难、评优失败、失恋、宿舍关系失和等造成的思想负担重，精力分散；三是学习动机不足，学习焦虑过低，缺少压力与紧迫感。

3. 考试焦虑

考试是一种复杂的智力劳动，是一种非常状态，它要求考生的头脑清醒、情绪稳定。考试焦虑是一种严重影响考试水平发挥的情绪反应。考试是滋生紧张情绪的土壤，有的学生因考试紧张，不能正常发挥自己的水平，主要是由于求胜心切，加重了心理负担，求胜动机在大脑皮层的某一区域形成了占主导地位的兴奋中心，致使其附近区域处于抑制状态，这会破坏知识之间的联系，妨碍对知识的调动与提取，而记忆的暂时中断往往会加重焦虑情绪，从而加深考生对考试成绩得失的忧虑，于是导致恶性循环，造成错答、漏答或不知如何应答的状况。在焦虑的状态下，学生的分析、综合、抽象、概括等具体思维能力无法正常发挥，从而导致考试失败。

（四）人际关系

大学生对人际关系的追求往往带有较多的理想化色彩，无论是对同龄朋友，还是对师长，往往是以理想色彩看待交往，希望交往不带任何杂质，同时他们也常常以理想的标准要求对方，一旦发现对方有某些不好的品质就深感失望。其实大家都渴望友谊和交往，有着人际交往的迫切需要，但有一些同学还是不愿意向周围同学说，而是深深埋在心底，长期积郁，再加上学业负担的压力，使大学生的人际适应力下降。因此，和其他人群相比大学生人际关系的挫折感较强，容易由交往受挫引发心理障碍。

以下列举一些典型的案例，以此来说明大学生人际交往中存在的一些问题。

1. 孤独型

孤独型大学生的特点是基本不与同伴进行交往，进而不能解决交往中产生的问题，视同伴交往为畏途。从个性特征上来说，此类型的大学生通常比较孤僻、冷漠或者害羞，"不善于与同伴交往"是这类学生的主要交往障碍。

【案例】

小 Z，男，大四，在大学四年中，由于性格孤僻，不爱与人交往，被同学称为"隐形人"，老师几次与其联系想对其访谈都遭到冷淡拒绝。据小 Z 的同学反映，他平时总是独来独往，很少与同学交谈，也不爱与人分享或者帮助别人。一位比较了解小 Z 的同学说，他在家乡是成绩领先的佼佼者，到了大学以后，见到很多同学比自己见识广、能力强，优越感的消失与自我迷失使他产生了强烈的自卑感与失落感，再加上原本内向的性格，导致了现在的同伴交往障碍。

成因：孤僻和冷漠。同伴交往是人与人之间关系的互动，它必须建立在相互接触、相互了解、相互影响的作用之中。而性格孤僻、冷漠的人，则认为人是自私的、不可信赖的，因而现实中与人总是保持一定距离，独来独往。由于不相信别人，也不了解自己，所以这部分大学生缺乏与人交往的热情，不愿主动参与或很少参与群体活动，进而导致自我孤立、害羞和内向。同伴交往强调同学间主动交流的积极行为，但害羞的人由于羞怯和缺乏自信，不善于交往，在同伴交往中常处于被动地位，容易成为被集体遗忘的群体，进而导致被动孤立。

对策：解决此类型同伴交往障碍的最好方法就是要让这些同学多参加集体活动，多创造其与同伴交往的机会，让其在实战交往中学会合作、包容、共享与帮助等积极交往方式。特别对于害羞、内向的学生，教师要引导他们从敢于跟熟悉的人打招呼开始，逐步推进到与不是太熟悉的乃至完全陌生的人问话、交谈和共事，对他们所取得的每一点进步，都要给予及时强化。

同伴的帮助与谅解是纠正其不良交往方式的有效方式，要取得其他同学的理解，用集体的包容和努力争取此类型大学生从孤独和自闭中走出来，迎接友情的美好和合作的幸福。

2. 完美型

此类型大学生的特点是以自我为中心，自命不凡。他们主观上对同伴交往期望过高，而这种高期望容易造成失望的心理，一旦出现交往不顺，对其影响是长期的，甚至会导致其出现逃避现实的倾向。

【案例】

李某，男，大三，校 BBS 某栏目版主，学习成绩较差，整日泡在网上，沉迷虚拟世界的交往，写得一手愤世嫉俗的潇洒文章，平日最大的爱好就是与论坛上认识的"志同道合"的朋友聚会、喝酒、娱乐，是个典型的逃避现实的"愤青"。拿李某自己的话来说，现实中周围的同学都太不"完美"，太"俗"，和他们交往太"难"，找不到心灵契合的知己，而在网上遇到的朋友是能与自己在精神交流上合得来的"真"朋友，大家聚在一起可以发泄自己平时生活中的"郁闷"，远离现实中"俗人"的纷扰。

成因：这样的大学生其实骨子里有着严重的"自我中心"倾向。在他们眼里，自己在同伴交往中的感受最重要，一旦现实中遇到的同伴达不到自己心中的理想要求，就容易产生悲观厌世的想法，却很少站在他人的立场上考虑问题。这类大学生往往过分维护自己，苛求别人，对他人的认识和评价往往带有片面、简单化的倾向，从而为自己的同伴交往设置了人为的障碍。

对策：第一，悦纳自己，接受他人。对待此类型的大学生，要使他们懂得同伴交往的现实性与平等性，能够正确地自我评价或评价他人。从心理学角度来说，每个人在与对方交往中，都含有肯定自我的成分，人们在交往中倾向于选择能肯定其自我感的人，因此完美型大学生不妨试着真诚地肯定对方的优点，尊重他人的兴趣爱好。这样，才能扩大自己的交际圈，开阔自己的世界，建立良好的人际关系。第二，努力培养利他奉献的价值观。在社会行为中，凡是利人而不求回报的行为，均可称为助人行为，在社会生活中，以利人为生活目标者，称为利他主义。一个只专注于自己需要的人，很难与他人建立良好的社会关系，只有心中装有他人，才能跳出自我狭小的世界，以博大的胸怀容纳他人。

3. 情绪型

在同伴交往障碍的四大分类中，情绪型包括的内容是最复杂的，它包括自卑、嫉妒、猜疑等一系列不良情绪所导致的同伴交往障碍。出现此类型交往障碍的大学生通常不只单纯地怀有一种不良情绪，而是几种不良情绪混杂在一起，导致其出现较为严重的同伴交往障碍，如紧张、焦虑、不信任他人、嫉妒他人等。

【案例】

小H，女，大二，家庭条件较差，但同宿舍的几位室友家庭条件较好，在同伴交往的过程中，她产生了强烈的心理落差与嫉妒感，为了能像别的同学一样吃好，穿好，玩好，她疯狂地打工，挣来的钱全部用来买名牌衣服和生活用品，而且经常借债买这些物品，一度被同学们誉为"购物狂"。频繁的打工影响了学业，上个学期的课程她有两门补考，一门重修。她说，自己根本控制不了买东西的欲望，每当看到别人穿着高档的衣服，生活幸福的样子，她就感到心理不平衡，怀疑别人都看不起她。

成因：自卑情绪。作为一种消极的情绪体验，自卑表现为自我评价低，缺乏安全感。无论是因为自己的家庭条件和经济条件而自卑，还是因为自己的容貌健康和学习状况而自卑，具有强烈自卑感的大学生常常缺乏自信，并且过分在意别人对自己的评价。

嫉妒情绪。嫉妒是对才能、成就、地位、条件和机遇等方面比自己好的人，产生的一种怨恨和愤怒相交织的复合情绪。大学生非常看重自己同别人的关系和他人对自己的评价。当他们发现自己的弱点或遭遇挫折后，为了维护自尊，往往不愿与人交往。

猜疑情绪。信任是良好人际交往的基石。有猜疑心理的人，往往爱用不信任的眼光去审视对方和看待外界事物，每每看到别人议论什么，就认为他们是在讲自己的坏话，说三道四，挑起事端，其结果只能是自寻烦恼，害人害己。

对策：克服自卑感，自尊自爱。大学校园是一个汇聚莘莘学子的地方，大家带着不一样的背景经历走到一起，来自不同家庭背景的孩子在一起很容易产生心理上的落差。对待此类型的学生，应当对其进行正确的价值观引导，让他们意识到人生更重要的意义是自尊自爱以及自我真正价值的实现，要让他们看到自己的长处，如勤奋、朴实等，树立他们的自信心，建立和谐的同伴关系。

理解尊重，宽容体谅，每一个人都有自尊心，都希望别人的言行不伤及自己的自尊心。任何人在人际交往过程中都有明显的对自我价值观的维护倾向。大学生迫切渴望人际交往，但这是需要建立在理解和尊重的基础上的，交际双方只有相互理解和宽容，才能消除彼此的戒备心理，营造良好的交际氛围。

4. 厌恶型

此类型大学生的特点是厌恶学校的人际关系，不喜欢和同学交往，不善言谈、交往不主动，他们一般离家较近，回家是他们逃避学校人际困扰的途径。

【案例】

小 S，女，大三，本地人，跟同学关系较差，从大一下学期起就申请了走读，除了上课和考试基本不与同学有任何交往，她表示自己和"不熟悉"的人在一起生活会感觉不自在，而且大学里的同学来自大江南北，生活习惯与个性有很

大不同，自己难以适应。平常她的最大娱乐就是在家里上网，因为"在虚拟世界里的交往比较有安全感"。

成因：恐惧情绪。交往恐惧是以焦虑、自闭为主要情绪的综合心理障碍。有些大学生在自己熟悉的场合，言谈流畅，交往自如，可一旦被要求与陌生人交谈或公众发言，就会不由自主地感到紧张和害怕，语无伦次。由于现在大学生面临的学业压力和就业压力日益增大，尤其是网络时代的来临，使得大学生们容易沉迷于网络上虚拟的社交活动以对抗日益增大的精神紧张情绪，而忽略了真实的人际社会中人与人的直接交流的社会技巧。

孤独感。从进校时起，大学生就不得不离开家庭，与旧朋友分别，他们需要逐渐适应与来自不同的地区、具有不同文化和成长背景的同学生活在一起。在较长的一段时间内，在新的友谊和归属感尚未建立之前，许多大学生具有较高的孤独感，时常感到身陷孤零，备受冷落和缺乏关爱。

对策：加强接触，适应环境。此类型的大学生个性往往都比较封闭内向，对环境的适应能力差。对此教师应该培养他们良好的个性品质，尽量创造他们与同学相处的机会，还可以传授给他们一些实际可行的人际交往技巧，通过团体心理辅导、交友小组训练等方法能够有效干预他们交往行为和显著改善其同伴交往关系。

学校、家长、自我的共同配合。同伴交往是大学生通向社会生活的必由之路，大学生在学校中不仅仅要学业有成，更要学会如何与人交往，只有这样才能融入社会，使身心得到健康发展，全身心投入到学习工作中去。这个过程需要学校、家长、自我的重视与共同配合，改变这些学生的生活环境与内心意识，并不断为之努力。

（五）恋爱心理问题

（1）大学生在恋爱过程中，因各种因素的影响而产生心理困扰，其中较为常见的有：因为自己还没有恋人而自卑；认为自己对异性没有吸引力，认为别人瞧不起自己；不敢坦然与异性交往，更怕在异性面前失误，只好用回避与异性接触的办法保护自尊心，并极力掩盖内心深处的痛苦与失落。

（2）能做恋人的异性朋友难寻，这种恋爱心理困扰的原因主要是一些大学生对友情和恋情的认识还很肤浅，并缺乏对社会中人际关系的科学认识，更证实了他们性心理发育滞后于性生理的成熟。当然，也不排除由于社会的快速发展与观念更新所形成的复杂人际关系对大学生们心理的影响及冲击。

（3）失恋问题，有的大学生因为各种原因分手后情绪波动，出现心理问题。

【阅读】

心理咨询的几个不等式

许多同学对心理咨询的本质和内涵仍存在一些观念上的误解，在这里，我们向同学们做一个解释，澄清同学们对心理咨询的误解。

1. 心理问题≠心理变态

心理咨询的对象主要是在日常生活中遇到困难或挫折而产生心理困扰的正常人群。心理障碍患者只是咨询的一小部分，而发病期的精神病人是不属于心理咨询对象的范畴的。我们每一个人在成长的不同阶段都会遇到各式各样的心理问题，就这些问题求助于心理咨询并不意味着不正常或心理变态，不要轻易给自己贴标签。

2. 心理咨询≠无所不能

有的人认为心理咨询是万能钥匙，什么样的"心锁"都能随之而开，所以有时咨询一到两次，觉得没有达到预期的效果，就大失所望。其实，心理咨询是一个连续的、艰难的改变过程，咨询的效果是与来访者的个性和经历息息相关的，就像在心中久久堆积的冰雪。如果没有强烈的求助、改变的动机，没有持久的决心与之抗衡，是难以守得云开见月明的。

3. 心理咨询≠同情安慰

有的人把心理咨询看作安慰和同情，充其量是分担他人的痛苦。其实不然，心理咨询的目标是助人自助，帮助来访者经历痛苦，战胜痛苦，走出困惑，是共情而非同情。共情需要步入对方的精神世界，理解和分担他的精神负担，是一种精神帮助，可以启发他更好地面对困难，寻求自助良方。

4. 咨询老师≠救世主

有些来访者把咨询老师当成了"救世主"，把问题和包袱丢给他们，认为只要求得一剂良方，便可万事大吉。实际上，心理咨询的成效30%取决于咨询老师，而70%取决于来访者。咨询老师只是对来访者进行分析、引导、启发、支持，促进来访者的改变和成长，他无权把自己的价值观和愿望强加给来访者，更不能代替来访者去思考、改变和决定。真正的"救世主"是来访者自己。

5. 心理咨询≠思政工作

有些人还认为心理咨询就是做思想政治工作。因为两者都依靠谈话来改变人的观点和行为。其实心理咨询与思想政治工作是相辅相成的，它们的最终目的都是培养身心健康的有用人才，但是思想政治工作侧重理性，重视社会和集体利益，强调说服教育，探讨"对不对"，而心理咨询侧重人性，肯定个人价值，采取客观中立态度，寻找心理症结，探讨"为什么"。

6. 心理医生≠万能算命者。

有些来访者将心理医生神化，一种心理状态是认为心理医生是搞心理学的，应该一眼就能看出来访者的心理问题，否则就是不称职。另一种心理状态是来询者羞于表达内心感受，不愿将自己的心理活动吐露出来，认为医生能够猜得出。实际上，心理医生也是人，只是利用医学、心理学原理，以来访者提供的问题为基础，对其进行帮助。

7. 心理咨询≠同情＋阅历

有不少来访者尤其是电话来访者，要求心理医生最好遇到过、处理过他们所存在的问题（似乎只有咨询师回答是，他们才放心），只有这样才会同情他、理解他。对心理咨询工作人员要求阅历深、经验多这是人之常情（也不排除来访者自己尚未意识到的多疑这一性格特点），但大可不必要求咨询师也有过类似经历，不管有无类似经历，咨询师都会以极大的同理心相待。就像一位助产士的轻柔动作未必是从体验生孩子当中学来的一样。还有一种现象，来访者咨询的目的好像就是为了寻求同情，如恋爱中的一方如果自认为条件较优越，而对方又不够热情主动，这时如果按照咨询原理去解决其问题时他会显得不安，也许他会说，"我的条件多优越呀，你应该同情我批评她才对呀"，试想对来访者赞扬、同情一番，来访者除了当时心情上一阵舒畅之外，领悟不到自身认知方面的缺陷，过后还是又回到原来的状态。要不怎么说"良药苦口，忠言逆耳"呢？

【拓展活动一】

你抑郁了吗?

了解自己的心理健康状况的方法之一是科学的心理测评。SDS（Self-Rating Depression Scale）是世界范围内运用最为广泛抑郁自评量表，目前广泛应用于抑郁症状的粗筛、情绪状态评定以及调查、科研等，不能用于诊断。如实回答的情况下可以有效地发现自身是否具有抑郁情绪。量表的题目和说明如下，同学们可以花几分钟填答试一试。

下面有二十条文字，请仔细阅读每一条，把意思弄明白，然后根据您现在或过去一周的实际情况在对应的选项上划画"√"。

题目	没有或很少	小部分时间	相当多时间	绝大部分或全部时间
我感到情绪沮丧，郁闷	1	2	3	4
我感到早晨心情最好	4	3	2	1
我要哭或想哭	1	2	3	4
我夜间睡眠不好	1	2	3	4
我吃饭像平常一样多	4	3	2	1
我的性功能正常	4	3	2	1
我感到体重减轻	1	2	3	4
我为便秘烦恼	1	2	3	4
我的心跳比平时快	1	2	3	4
我无故感到疲乏	1	2	3	4
我的头脑像平常一样清楚	4	3	2	1
我做事情像平常一样不感到困难	4	3	2	1
我坐卧难安，难以保持平静	1	2	3	4
我对未来感到有希望	4	3	2	1
我比平时更容易激怒	1	2	3	4
我觉得决定什么事很容易	4	3	2	1

续表

题目	没有或很少	小部分时间	相当多时间	绝大部分或全部时间
我感到自己是有用的和不可缺少的人	4	3	2	1
我的生活很有意思	4	3	2	1
假若我死了，别人会过得更好	1	2	3	4
我仍旧喜欢自己平时喜欢的东西	4	3	2	1

指标为总分。将 20 个项目的各个得分相加，即得粗分。标准分等于粗分乘以 1.25 后的整数部分。总粗分的正常上限为 41 分，标准总分为 53 分。

抑郁严重度＝各条目累计分 /80，0.5 以下者为无抑郁；0.5～0.59 为轻微至轻度抑郁；0.6～0.69 为中至重度；0.7 以上为重度抑郁。

【拓展活动二】

你自信吗?

个体对自身价值的评定是影响和维护个体心理健康最为重要的内部资源，自尊是个体自我价值的重要组成部分。

通过心理测评可以帮助你大致了解你自己的自尊水平。SES 自尊量表是最为常用的自尊测试量表，该量表具有较高的信度和效度。总分数在 10～40 分之间，分值越高，自尊程度越高。计分方式"很不符合"记 1 分；"不符合"记 2 分；"符合"记 3 分；"非常符合"记 4 分（但是注意，量表的 3、5、8、9、10 题反向计分），分数越高，表明自尊越高。

15 分以下：自尊水平很低，做任何事情都对自己没信心，对自己的表现失望，需要引起注意，应该采取一定措施提高自己自尊心；15～20 分：自尊水平比较低，难以摆正自己的态度，不能够正确地接纳自己，认为自己不如别人，回避挑战，自尊心不足；20～30 分：自尊水平正常，你现在的自尊心处于中等的水平，能够正确地对待自己和接纳自己，不抱怨，有自己的见解和想法，交往良好；30～35 分：自尊水平较高，做事情都很有信心、不受别人的影响，能够很好地接纳自己，认为自己是有价值的，有爱心，人际关系良好；35分以上：自尊水平很高，对自己能够完全接纳，生活有快乐感，有爱心，乐于帮助别人，人际交往很好。

指导语：下面有十条文字，请仔细阅读每一条，把意思弄明白，然后根据您现在的实际情况选择合适的选项。

我感到自己是一个有价值的人，至少与其他人在同一水平上	很不符合	不符合	符合	非常符合
我感到自己有许多好的品质	很不符合	不符合	符合	非常符合
归根到底，我倾向于认为自己是一个失败者	很不符合	不符合	符合	非常符合
我能像大多数人一样把事情做好	很不符合	不符合	符合	非常符合
我感到自己值得骄傲的地方不多	很不符合	不符合	符合	非常符合
我对自己持肯定态度	很不符合	不符合	符合	非常符合
总的来说，我对自己是满意的	很不符合	不符合	符合	非常符合
我希望我能为自己赢得更多尊重	很不符合	不符合	符合	非常符合
我确实是时常感到自己毫无用处	很不符合	不符合	符合	非常符合
我时常认为自己一无是处	很不符合	不符合	符合	非常符合

【拓展活动三】

你手机成瘾了吗？

手机已经成为每个大学生的标配，手机是同学们交流、学习的重要工具，但是很多同学吃饭、睡觉、上厕所都离不开手机，成了手机的"奴隶"（即手机成瘾）。手机成瘾的危害：手机一旦成瘾，对于成人来说，会导致其意志力减弱，对生活失去兴趣，整个人变得懒散、消沉。严重的会产生暴力行为，如毁坏物品、对家庭成员施暴等，个别极端者会导致抑郁症。对于青少年、儿童来讲，玩手机成瘾会导致他们的人格障碍，对人冷漠，缺乏爱心，还可能使他们的社交行为产生问题，不善于与人沟通，甚至遇到事情会更愿意用简单粗暴的方式解决。

请根据你的实际情况回答下边的问题，然后自己计算问卷的得分。选择"非常不符"计0分，"比较不符"计1分，"一般"计2分，"比较符合"计3分，"非常符合"计 4 分。总分数越高表明手机成瘾的可能性越大。

一段时间没有带手机我会马上去查阅是否有短信/未接来电	非常不符	比较不符	一般	比较符合	非常符合
我宁愿选择手机聊天，不愿直接面对面交流	非常不符	比较不符	一般	比较符合	非常符合
等人的时候我频繁打手机问对方身在何处，不然就焦急难耐	非常不符	比较不符	一般	比较符合	非常符合
如果很长时间没用手机，我会觉得难受	非常不符	比较不符	一般	比较符合	非常符合
课堂上，我会因为电话或短信而不能专心听讲	非常不符	比较不符	一般	比较符合	非常符合
如果没有手机我会感到孤独	非常不符	比较不符	一般	比较符合	非常符合
用手机与他人交流时，我感到更自信	非常不符	比较不符	一般	比较符合	非常符合
一段时间手机铃声不响，我会感到不适应，并下意识看一下手机是否有未接电话/短信	非常不符	比较不符	一般	比较符合	非常符合
我经常有"我的手机铃声响了/我的手机在振动"的幻觉	非常不符	比较不符	一般	比较符合	非常符合
电话多短信多我会觉得生活更充实	非常不符	比较不符	一般	比较符合	非常符合
我经常害怕手机自动关机	非常不符	比较不符	一般	比较符合	非常符合
手机是我的一部分，一旦减少，就觉得失去了什么似的	非常不符	比较不符	一般	比较符合	非常符合
同学朋友常说我太过依赖手机	非常不符	比较不符	一般	比较符合	非常符合
当手机经常连不上线，收不到信号时，我会焦虑并且脾气变得暴躁起来	非常不符	比较不符	一般	比较符合	非常符合
课堂上，我会经常主动把注意力集中在手机上而影响听课	非常不符	比较不符	一般	比较符合	非常符合
我觉得用手机跟他人交流更舒适	非常不符	比较不符	一般	比较符合	非常符合

【拓展活动四】

赏析心理学电影《美丽心灵》

《美丽心灵》是天才纳翰纳什教授的传奇故事，主要讲述生性怪僻的纳什拒绝与同学、周边的人交往。而把所有精力都倾注在教学研究上，尽管同学们的嘲笑和欺凌以及导师的失望使他无比痛苦和自卑，但他并未放弃心中的理想，孜孜不倦地研究数学，他经常说："一定要做出点成绩来！"但由于对研究过于深入，而情感世界又过于贫乏，种种原因导致最后他患上了精神分裂症，面对这个曾经击毁了许多人的病症，纳什在妻子艾丽西亚的相助下，顽强抗争，经过努力他终于战胜了这个不幸，并于1994年获得诺贝尔经济学奖。

【推荐书籍】

1.《自卑与超越》 阿尔弗雷德·阿德勒

2.《心理学与生活》 理查德·格里格，菲利普·津巴多

3.《给心理治疗师的礼物》 亚隆

4.《罗杰斯心理治疗：经典个案及专家点评》 法伯等

5.《我们时代的神经症人格》 卡伦·霍妮

6.《自我训练：改变焦虑和抑郁的习惯》（第二版） 约瑟夫·J.卢斯亚尼

7.《幸福生活的秘密.生活.读书》 克里斯托夫·安德烈

8.《热锅上的家庭：家庭问题背后的心理真相》 奥古斯都·纳皮尔/卡尔·惠特克

9.《情感依附：为何家会影响我的一生》 亨利·马西/内森·塞恩伯格

10.《消极情绪的力量：学会从负面状态中获得正能量》 托德·卡什丹

【课后反思】

（1）心理健康的标准是绝对的吗？文化因素对心理健康标准有何影响？

（2）影响心理健康的因素主要有哪些？日常生活中如何有针对性地进行心理健康调适？

（3）心理咨询是如何改善来访者的心理健康水平的？

【参考文献】

[1] Christian, Kieling, and, et al. Child and adolescent mental health worldwide: evidence for action[J]. Lancet, 2011.

[2] 陈红英，史华红. 新编大学生心理健康教程 [M]. 武汉：武汉大学出版社，2014.

[3] 沈德立. 大学生心理健康 [M]. 北京：高等教育出版社，2013.

[4] 江光荣 . 心理咨询的理论与实务 [M]. 北京：高等教育出版社，2012.

[5] 钱铭怡 . 心理咨询与心理治疗（重排本）[M]. 北京：北京大学出版社，2016

[6] 吕开东，丛建伟 . 大学生心理健康教育工作案例赏析 [M]. 北京：中国文史出版社，2015.

[7] 宛蓉 . 大学生心理健康 [M]. 北京：北京师范大学出版社，2014.

[8] 辛自强，张梅，何琳 . 大学生心理健康变迁的横断历史研究 [J]. 心理学报，2012（5）：100−115.

[9] 许思安，刘英凤 . 新编大学生心理健康教育 [M]. 广州：广东高等教育出版社，2017.

[10] 周俊武 . 新时期大学生心理健康教育理论与实践探究 [M]. 北京：中国文史出版社，2015.

第二章

大学生自我意识培养与人格发展

自己丰富才能感知世界的丰富；

自己好学才能感知世界的新奇；

自己善良才能感知世界的美好；

自己坦荡才能逍遥地生活在天地之间。

第一节　自我意识概述

一、自我意识

自我意识是对自己身心活动的觉察，即自己对自己的认识，具体包括认识自己的生理状况（如身高、体重、体态等），心理特征（如兴趣、能力、气质、性格等）以及自己与他人的关系（如自己与周围人们相处的关系、自己在集体中的位置与作用等）。

（一）自我意识的特点

自我意识不仅是人脑对主体自身的意识与反映，人的发展离不开周围环境，特别是人与人之间关系的制约和影响，所以自我意识也反映人与周围现实之间的关系。自我意识具有意识性、社会性、能动性、同一性等特点。

1. 意识性

意识性是指个体对自己以及自己与周围世界的关系有着清晰、明确的理解和自觉的态度，而不是无意识的或潜意识的。从马克思主义哲学的角度来看，这种自我意识是主体我对客体我的一切主观能动的反映。

2. 社 会 性

自我意识是个体长期社会化的产物。这不仅因为它是在社会实践中产生的，而且因为它的主要内容是个体社会属性的反映。对自我本质的意识，不是意识到个体的生理特性，而是意识到个体的社会特性，意识到个体的社会角色，意识到个体在一定的社会关系和人际关系中的地位和作用，这是自我意识发展到成熟的重要标志。

3. 能 动 性

自我意识的能动性表现在个体不仅能根据社会或他人的评价、态度和自己实践所反馈的信息来形成自我意识，而且还能根据自我意识调控自己的心理和行为。

4. 同 一 性

心理学研究表明，一般需要经过 20 多年的发展，直到青年中后期个体才能形成比较稳定、成熟的自我意识。虽然这种自我意识有可能因个体实践的成败和他人的评价的改变而发生变化，但到青年期以后，个体会对自己的基本认识和态度保持同一性。正因为自我意识的同一性，个体才会表现出前后一致的心理面貌，从而使自己与其他人的个性区别开来。

（二）自我意识的作用

自我意识水平的高低不仅是个体心理发展水平的重要标志，而且将影响和制约其人生选择和行为取向。自我意识的作用包括以下几点。

1. 目标导向作用

目标是个体发展的导航机制。一个人要想成就一番事业，就必须从自身的实际出发，制定明确的目标，只有如此才会调动自身的潜能，激发强大的动力。人通过正确的自我认识，确立较为合理的"理想自我"的内容，就为个人将来的发展确定了目标，对个人的认知、情感、意志、行动会产生很大影响，是个体活动的动力。自我意识健全的个体，在从事一项活动之前，活动的目的和结果就以观念的形式存在于头脑之中了，个体依此做出计划，指导自己的活动，从而达到预期的目标。

2. 自我控制作用

一个人要获得发展、取得成就，光有目标是不行的，还必须具备自控的意识，对自己的情感、行动加以调节和控制。自我意识健全的个体，在对自我做出正确认识、合理规划的基础上，能够对自己的注意力、情感、行为等加以控制，以实现自己的目标。在成功的路上，很多人并不缺乏机会和才华，而是缺乏自控的意识和能力，因而与成功失之交臂。自我控制是自我意识发挥能动作用的一个重要方面，它是目标的守护神，是成功的卫士。缺乏自我控制意识的人，是一个情绪化的人、缺乏毅力的人，终将一事无成。

3. 内省作用

自我意识健全的个体，不仅能够确立"理想自我"的内容，对自己将来的发展做出规划，而且能够通过自我控制来实现预期目标。此外，由于主客观条件的制约，"理想自我"的实现常常会遇到各种障碍，致使个体产生不同程度的挫折感。这时，自我意识就会对自己的认识、情感、意志、行为等进行反省，找到受挫的主客观原因，并重新调整认识，形成新的"理想自我"的内容，使其与"现实自我"趋于统一。内省是个体成长中所进行的自我监督和自我教育，要想使自己的天赋和才能得到充分的开发和利用并实现自我，就需要有积极的自我意识，随时对自我的认识、情感、意志和行为加以反省和审察。

4. 激励作用

正确的自我意识可以帮助个体形成准确的自我认知与评价，并在此基础上建立自立、自主、自信的良好心理品质，激励个体去大胆尝试、积极进取，最大限度地调动个体的潜能，激发思维活动的功能，获得成就。在这一过程中，个体不断克服负性的自我意识，强化正性的自我意识，形成自我意识的良性循环。因此，往往是自我意识越健康、越积极的人，就越能获得成就；而不断取得的成就，又反过来进一步促使健康自我意识的发展。

（三）自我意识的结构

自我意识的结构是由自我认知、自我体验和自我监控三个子系统构成的，自我意识也叫自我调节系统。

自我认知是自我意识的认知成分。它是自我意识的首要成分，也是自我调节控制的心理基础，包括自我观察、自我分析和自我评价等。自我分析是在自我观察的基础上对自身状况的反思。自我评价是对自己能力、品德、行为等方面社会价值的评估，它最能代表一个人自我认识的水平。正确的自我评价，对个人的心理生活及其行为表现有较大影响。如果个体对自身的估计与社会上其他人对其的客观评价距离过于悬殊，就会使个体与周围人之间的关系失去平衡，产生矛盾，长期将会形成稳定的心理特征，如自满或自卑，这将不利于个人心理的健康成长。

自我体验是主体对自身的认识而引发的内心情感体验，是主观的我对客观的我所持有的一种态度。自尊心、自信心是自我体验的具体内容。自尊心是指个体在社会比较过程中所获得的有关自我价值的积极评价与体验。自信心是个体对自己的能力是否适合所承担的任务而产生的自我体验。自信心与自尊心都是和自我评价紧密联系在一起的。

自我监控又称自我管理、自我控制、自我调整、自律性管理，是自我意识的重要成分。自我监控是指个体对自身的心理与行为的主动掌握，调整自己的动机与行动，以达到所预定的模式或目标的自我实现过程。自我监控是自己对自身行为与思想言语的控制，具体表现为两个方面：一是发动作用，二是制止作用，也就是支配某一行为，抑制与该行为无关或有碍于该行为进行的行为。

二、自我意识的发展过程

自我意识的发展，经历了婴儿期、幼儿期、童年期、少年期、青年期、中年期等阶段，在每一阶段，人的自我意识都呈现出不同特点。

（一）婴儿期

婴儿期指从出生到满3岁以前的一段时期。婴儿在这个阶段生长发育特别迅速，是人一生中生长发育最旺盛的阶段。当代对婴儿自我发展的研究大多运用镜像技术观察婴儿的行为反应，提出"镜像自我"概念。以自我指向行为作为指标，来确定个体最早出现的自我认知，也称自我意识。

哈特总结了各种有关研究，提出了婴儿主体我和客体我的发展过程。

1.主体我的自我意识

在8个月前婴儿还没有萌发自我意识。在一周岁前后，婴儿显示出主体我的认知，主要表现在两个方面。

其一，婴儿把自己作为活动主体的认知。表现为婴儿主动地引起自身的动作与镜像动作相匹配，用自己的动作引发出镜像的动作，这显示婴儿能够把自己作为活动的主体来认知。

其二，婴儿能把自己与他人分开。对自我镜像与自己动作之间的关联有了清楚的觉知，表明婴儿已经能够区分自己做出的活动与他人做出的活动。例如，婴儿热衷于扔玩具，让成人拾起，再扔，再拾，反反复复。这就说明，他把自己视为活动主体，并能把自己与他人分开，主体自我得到明确的发展。

2. 客体我的自我意识

约在2岁前后，婴儿期具有了人类个体自我意识发展的第一次飞跃，表现为客体自我意识的出现，婴儿客体我的自我认知主要表现在如下两个方面。

（1）婴儿开始把自己作为客体来认知。两岁左右的婴儿已经能够意识到自己的独特特征，能从客体（如照片、录像）中认出自己，这表明婴儿已经具有明确的客体我的自我认知。

（2）能运用人称代词"你、我、他"称呼自己和他人，如用"我"表示自己。

（二）幼儿期

幼儿期是指3~6、7岁的儿童，相当于幼儿园教育阶段，又称为学前期。这一时期属于儿童人生发展的第一逆反期。第一逆反期的表现是幼儿要求行为活动自主和实现自我意志，反抗成人控制，这是发展中的正常现象，其年龄主要是3~4岁，因个体发展的需要会有所提前或延后。反抗的对象主要是父母，其次是其他养育者。在这一阶段的主要发展特点有以下几点。

1. 第一逆反期有其特殊的心理需求和行为表现

逆反期儿童的心理需求在于：要实现自我意志，实现自我价值感，希望父母和亲近的他人接纳自己"我长大了"并"很能干"的"现实"。

处于第一逆反期的儿童行为表现在于：要参与成人的生活活动，自以为别人能干的事自己也能干，并大胆付诸实际行动；自以为能干的或自己要做的事被成人代做，往往坚持退回原状态，自己重做；常常逆着父母的意愿，说"不"，并按自己的愿望说"我自己做"；喜欢听"你真棒"等表扬。

2. 第一逆反期是儿童心理发展的阶段性特点

在这之前儿童处处依赖父母，父母紧密地控制儿童的行为，这是依赖和控制的平衡期。到了3岁左右，儿童的心理发展出现"跃入"新阶段的动力和趋向。这个时段，儿童的认知发展、言语发展和行为活动能力等都有了明显的进步，积累了一定的自身的心理资源。这些心理资源构成进一步发展的驱动力，所以他们便跃跃欲试地趋向新的发展阶段。

（三）童年期

童年期的年龄范围在 6、7 岁 ~ 12、13 岁，属于小学阶段，是为一生的学习活动奠定基础知识和学习能力的时期，是心理发展一个重要阶段。自我意识是在儿童与环境相互交往过程中形成的。教育和调节儿童与环境的关系对儿童自我意识的发展起着重要作用。在这一阶段的主要发展特点是：

（1）自我评价包括多个方面，如身体外表、行为表现、学业成绩、运动能力、社会接纳程度等，这些都是小学生自我评价的重要方面。

（2）社会支持因素对儿童自我评价起着非常重要的作用，其中父母和同学的作用最重要。

（3）对自我价值的评价与情感密切联系。喜欢自己的儿童，情绪最快乐；对自己评价不良的儿童，经常产生悲哀、沮丧的消极情绪。

（4）小学儿童自我评价与学业经验、同伴交往、自信心等都有密切关系。父母和教师一定要积极努力为儿童形成良好自我评价提供最有效的社会支持。

（5）童年期儿童延迟满足能力随年龄增长而有显著提高，自我控制行为的发展过程主要表现在童年期。

（四）少年期

少年期的年龄是指 12、13 ~ 15、16 岁，这个时期的个体正处于初中阶段。青春发育期以少年期为主，少年期是个体生理迅速发育直至达到成熟的一段时期。该阶段的个体在生理、心理和社会性发展方面都会出现显著的变化，其主要特点是身心发展迅速而又不平衡，是经历复杂发展，又充满矛盾的时期，因此也被称为困难期或危机期。

1. 第二个飞跃期

发展心理学家认为，青春发育期是自我意识发展的第二个飞跃期（婴儿期是自我意识发展的第一飞跃期）。进入青春期，由于生理发育的加速和性发育走向成熟，个体感到不适应，出现不平衡的感受及种种矛盾和困惑。面对这些矛盾和困惑，少年儿童体验着危机感，促使他们关注自我的发展和变化。

个体的发展历程，使他们从面向母亲到面向家庭、幼儿园和学校，不断地向外界环境展开。青春期的"急风暴雨"式的变化，让个体产生惶惑的感受，与此同时，个体自觉不自觉地将自己的思想从外向的客观世界抽回一部分来指向主观世界，使思想意识再次进入自我，从而导致自我意识发展的第二次飞跃。

2. 发展的特点

（1）强烈关注自己的外貌和风度。

青春期个体的兴趣首先表现在关注自己身体形象上。他们强烈地渴望了解自己的体貌，如身高、胖瘦、体态、外貌、穿着品位，并喜欢在镜中研究自己的相貌、体态，注意仪表风度。青春期个体特别注意别人对自己打扮的反应：对他人的良好反应，产生自我欣赏的满足感；对某些不甚令人满意的外貌特点产生极度焦虑。

（2）深切重视自己的能力和学习成绩。

个体的学业成绩更加影响着他们对自己的能力和在群体中社会地位以及自尊感的认识，并逐渐影响着自我评价。因此，能力和学习成绩是青春期个体关注自我发展、体现自我价值的重中之重。

（3）强烈关心自己的个性成长。

个体认认真真地看待自己个性特点方面的优缺点；在自我评价中，也将个性是否完善放在首要地位；对他人针对自己个性特征的评价非常敏感。

（4）有很强的自尊心。

个体在受到肯定和赞赏时，内心深处会产生强烈的满足感；在受到批评和惩罚时，会感受重大打击，容易产生强烈的挫折感。这是学校和家庭教育不可或缺的心理依据。

（五）青年期

青年期一般指个体从 17、18 ~ 35 岁。确认自我认同感是青年期的重要发展任务。埃里克森提出，自我同一性的确立和防止社会角色的混乱是青年期的重要发展任务。自我同一性是关于个体是谁、个体的价值和个体的理想是什么的一种稳定的意识。每个人在青年时期都在探索并尝试去建立稳定的自我同一感，即自我认同感。埃里克森认为青年期自我同一感的确立是自我分化和整合统一的过程。

1. 自我分化是把整体的我分化为主体我与客体我

青年期个体发现和认识本质的我，是从明显的自我分化开始的。儿童期的自我是具有稳定性的、整体的自我。青年期的自我是将整体的自我分为主体我和客体我，主体我是观察者、分析评价者、认同者，客体我是被观察者、被分析评价者、被认同者，即由主体我来分析、认识客体我。

自我意识主要表现为自我概念、自我评价和自我理想的辩证统一。在自我分化和认识自我的过程中,自我概念好比"我是什么样的人",自我评价好比"我这个人怎么样",自我理想好比"我应该成为什么样的人"。自我概念、自我评价和自我理想的辩证统一就是以自我概念为基础,进行自我评价,进而超越现实的自我,实现自我理想的过程。

在自我分化和自我认识的过程中,必然会产生观察者对被观察者反应的一致与否、分析者对被分析者评价的准确与否、知者对被知者的认识贴切与否的问题。于是,出现主体我与客体我的矛盾斗争,造成对自我的肯定或否定的认知。

2. 通过自我接纳和自我排斥达到自我认识的整合统一

自我分化为主体我和客体我的目的是为了达到主体我与客体我的统一。自我经过一段时期的矛盾冲突,主体我和客体我便在新的水平上协调一致,即自我的整合和统一。新的整合和统一主要是通过自我接纳和自我排斥的过程实现的。

自我接纳是对自我积极肯定的心理倾向。自我接纳是以积极的态度正确对待自己的优点和缺点,接受自己的长处和短处;以平常心面对自我现实;能根据自己的能力和条件,确定自己的理想目标。

自我排斥是对自我消极否定的心理倾向,即否定自己,拒绝接纳自己的心理倾向。自我排斥与自我接纳一样,是自我意识发展过程中不可缺少的心理过程,是个体形成良好的心理品质所必要的心理过程。

青年期自我的发展经过自我分化,再通过自我接纳和自我排斥等过程之后,自我的发展便得到进一步深化和提高,在新的水平上达到整合统一,形成自我同一感。大多数青年人都能形成并确立自我同一感。

3. 不能确立自我同一感

如果客体我和主体我之间的矛盾难以协调,青年便难以确立自我形象,也无法形成自我概念。如是,他们在这个过程中会表现出明显的内心冲突,甚至引起自我情感的激烈变化,引发现实的我与理想的我之间的矛盾冲突,从而导致自我同一性扩散或社会角色混乱,并造成自我同一感危机。

4. 解决自我同一感危机的方式

马西亚归纳出解决青年同一感危机的四种方式。

(1)同一性确立。体验过各种发展危机,经过积极努力,选择符合自己的社会生活目标和前进的方向,以达到成熟的自我认同。

（2）同一性延续。正处于体验各种同一性危机之中，尚未明确做出对未来的选择，但是正在积极地探索过程中，处于同一性探索阶段。

（3）同一性封闭。在还没有体验同一性困惑的情况下，由权威代替其对未来生活做出选择。这实际上是对权威决定的接纳，属于盲目的认同。

（4）同一性混乱（扩散）。无论是否经历过同一性危机，或是否进行过自我探索，他们并没有对自己的未来生活抱有向往或做什么选择，他们不追求自己的价值或目标。这也称为角色混乱。

5. 延缓偿付期

青年期是自我发现、自我意识形成和人格再构成的时期，是从不承担社会责任到以社会角色出现并承担社会责任的时期。在这个时期，他们要经历复杂而艰难的同一性确立和对社会生活的选择。这种确立和选择需要一个过程，因此他们有一种避免同一性过程提前完结的内在需要，而社会也给予青年暂缓履行成人的责任和义务的机会，如大学学习期间。这个时期可以称为青年对社会的"延缓偿付期"。这是一种社会的延缓，也是一种心理上的延缓，所以也称为"心理的延缓偿付期"。

有了这种社会和心理的延缓偿付期，青年便可以利用这一机会通过实践、检验、树立、再检验的往复循环过程，决定自己的人生观、价值观及未来的职业，并最终确立自我同一性。

（六）中年期

这一时期的自我发展主要经历四个阶段，每个阶段代表自我发展的一种水平。

1. 遵奉者水平

遵奉者就是按规则行事，个体的行为服从于社会规则，如果违反了社会规则，就会产生自责感。这是由于处在这个水平的个体具有强烈的社会归属需要。中年期只有少数人处于这一水平。

2. 公平水平

处于公平水平的个体，已经能将社会的、外在的规则内化为个体自己的规则，即规则内化于己；个体具有自己确定的理想和自己设立的目标；形成了自我评价的标准并发展了自我反省思想；开始认识到世界的复杂性，但思想认识具有二元性，倾向于把复杂的事情简单地区分为对立的两极，如要么具有独立性，要么具有依赖性。

3.自主水平

自主水平的突出特点是，能承认并接受人际关系和社会关系中的矛盾和冲突，对这些矛盾和冲突表现出高度的容忍性。例如，认识到在自我评价与社会规则之间、个人需要与他人需要之间，不会总是和谐一致，会出现各种矛盾和冲突。在人际关系方面，能认识到既要充分尊重个人的独立性，也要看到人与人之间的依赖性。

4.整合水平

达到整合水平的个体，不仅能正视内部矛盾和冲突，还会积极地去解决这些冲突，他们善于放弃那些不能实现的目标，进行新的选择。这是自我发展的最高水平。只有少数人的自我发展能够达到这一水平。

【阅读】

自我意识的诞生

自我意识是人类特有的意识，是作为主体的"我"对自己，以及自己与周围事物的关系，尤其是人我关系的认识，主要包括自我观察、自我监督、自我体验、自我评价、自我教育、自我控制和自我调节等。自我意识是个性的一部分，是衡量个性成熟水平的标志。个体在早期是不具备自我意识的，也就是说，个体在早期无法区别自己与外界的事物。最直观的证据就是婴儿会把自己身体的某个部位当作玩具，有些年轻的妈妈会发现她的孩子，经常抱着自己的小脚吮吸脚趾。儿童的自我意识随着年龄的增长而不断发展。

实验介绍

【实验一】阿姆斯特丹的点红实验

一、实验目的

研究婴儿的自我意识水平。

二、实验过程

阿姆斯特丹在1972年借用动物学家盖勒帕在黑猩猩研究中使用的点红测验（测定黑猩猩是否知觉"自我"这个客体），使有关婴儿自我觉知的研究取得了突破性进展。实验的被试是88名3~24个月大小的婴儿。实验开始，在婴儿毫无察觉的情况下，主试在其鼻子上涂一个无刺激红点，然后观察婴儿照镜子时的反应。研究者假设，如果婴儿在镜子里能立即发现自己鼻子上的红点，并用手去摸它或试图抹掉，表明婴儿已能区分自己的形象和加在自己形象上的东西，这种行为可作为自我认识出现的标志。

三、实验结论

阿姆斯特丹对研究结果经过总结得出，婴儿对自我形象的认识要经历三个发展阶段。

第一个是游戏伙伴阶段：6～10个月。此阶段婴儿对镜中自我的映像很感兴趣，但认不出是他自己。

第二个是退缩阶段：13～20个月。此时婴儿特别注意镜子里的映像与镜子外的东西的对应关系，对镜中映像的动作伴随自己的动作更是显得好奇，但似乎不愿与"他"交往。

第三个是自我意识出现阶段：20～24个月。这是婴儿在有无自我意识问题上的质的飞跃阶段，这时婴儿能明确意识到自己鼻子上的红点并立刻用手去摸。

【实验二】路易斯和布鲁克斯的实验

一、实验目的

依据前人的实验思路进一步系统地研究儿童的自我意识。

二、实验过程

路易斯和布鲁克斯在1979年借用了阿姆斯特丹的点红实验的镜像研究，另外还利用观看录像和相片的方法对婴儿的自我意识做进一步的实验研究。他们提出婴儿认识自我形象的根据或线索有两条：一是相倚性（镜像动作与婴儿动作一致），二是特征性（镜像与婴儿身体特征的一致性）。

在第一阶段的实验中，他们选取了9～24个月的儿童作为实验对象。按照阿姆斯特丹的点红实验方式进行。实验结果是在小于24个月的婴儿中，只有25％的儿童立即用手去摸或擦自己的鼻子。可是24个月的婴儿中，有88％的儿童会立即用手去摸自己的鼻子。第二阶段的实验是让儿童观看特制的录像：在第一部录像里，被试婴儿就在当时所在的环境，这时一个人走进屋；第二部录像的内容是该儿童一星期前正在玩玩具，此时有一个人正走进屋；第三部录像则是另外一个儿童在玩，有一个人正走进屋子。结果发现，9～15个月的婴儿都能够很快从第一部录像中认出自己，并转头向门口看，次数多于后面两种情境。对第二种情境和第三种情境中婴儿的反应情况进行比较，发现只有15个月以上的婴儿才能区分这两种情境，这说明婴儿已经能够区别自我与他人的形象，对自我的认识逐渐清晰。第三阶段的相片实验中，研究者向被试婴儿提供了许多照片，包括婴儿自己的和其他婴儿的照片。15~18个月的婴儿，当听到叫自己的名字时，能够指出自己的照片，并看着它对它微笑。

三、实验结论

路易斯和布鲁克斯三部分的实验结论与阿姆斯特丹的研究结果基本一致。1岁前的婴儿不能区分作为主体的自己和外部的客体，他们还没有自我意识。2岁左右的儿童才能抹掉不属于自己的"红点"，他们具备了自我意识。

通过众多对儿童自我意识发展的研究，我们可以看到：婴儿发现咬手指与咬布娃娃在感觉上不一样，说明他已意识到手指是自己身体的一部分，这可以认为是儿童自我意识最初的形态——自我感受；自我意识的进一步发展是人称的转变，儿童会用第一人称"我"来代替第三人称称呼自己，此时他们已能区分有别于自己的外部客体；当儿童2岁以后，就逐渐意识到自己的特征、能力和状态，知道自己有没有能力解决一个问题；到了4、5岁，儿童在自我意识方面的发展进入了一个新的阶段，而且表现出明显的差异。

上面两个实验从科学角度展现了婴幼儿自我意识发展的阶段性，德国作家约翰·保罗曾说："一个人真正伟大之处，就在于他能够认识自己。"当儿童有认识自我的要求时，教育者应不失时机地培养他们的自我意识。由于自我意识影响着人格的形成，健康、积极的自我意识是促进健康人格形成的重要因素，所以教育者要引导儿童形成积极的自我意识。

第二节　大学生自我意识发展特点及类型

从总体上说，当代大学生自我意识的发展水平较高，自我认知、自我体验和自我控制都有了较大发展，大学生自我意识的发展随着年级的上升不断发展，并表现出以下几方面的主要特点。

一、大学生自我认知的主要特点

（一）自我认知的广度和深度提高

大学这一特殊的学习、生活环境，为大学生提供了一个博览群书、自由发展、自我实现的新天地，这个新天地为他们的自我认识向更广和更深发展提供了重要条件。大学生的视野更开阔了，关心的社会问题也更多了，社会对他们的期望也更高了。这时，他们的自我认识不只涉及自我的气质、风度和性格等一般因素，而且还涉及自己的社会角色、社会责任、自我价值等角度。通过对这些问题的分析和思考，大学生的自我意识达到了新的广度和深度。

（二）自我认知的自觉性和主动性明显提高

大学是大学生走向社会前的最后的学校学习阶段，在他们面前摆着许多深刻的课题，"我将来做个什么样的人""我将成就什么事业""我能为社会做些什么贡献"等。他们总是十分感兴趣而又急切地思考着这些问题，强烈地期待着一个满意的答案。这种思考比少年时期更主动、更自觉、具有较高水平。

（三）自我评价能力不断提高

随着大学生活的继续，大学生的知识增加了，社会经验也丰富了，大多数人对自己的分析、评价逐渐变得全面、客观，对自己的优缺点有了较正确的认识和评价，并能选择自己的长处进行发展，开始具备在自觉基础上的"自知之明"。但是，大学生自我评价的能力有很大的个体差异。

二、大学生自我控制的主要特点

（一）自我控制能力明显提高

大学生精力旺盛，富有朝气，但也是极为冲动、多变的。这是因为青年人的自我控制能力还较差。处于低年级的大学生，冲动性还较明显，进入中年级，特别是进入高年级后，随着知识经验的积累、生活阅历的增加，大学生自我认知和自我评价水平逐渐提高，他们能够根据别人的评价对自己行动的结果进行反省，及时调整自己的行为以适应实现目标的要求。这说明大学生行为的自觉性和自我控制能力明显增强，而盲目性和冲动性逐渐减少。大学生自我控制能力的明显提高，还表现在他们的行为和目标能以社会期望社会要求为转移。面对社会的期望和要求，大学生能对自己的目标及时进行调整，在掌握专业知识的同时，注重提高外语水平和计算机水平，培养各种能力，以便更好地适应社会。当然大学生自我控制水平还缺乏一定的稳定性，还须进一步发展和完善。

（二）实现理想自我的愿望强烈

大学生有实现理想自我、完善自我的强烈愿望，他们根据理想自我不断地充实自己的知识，培养自己的能力，形成良好的性格与品德。大学生的成就动机是最强的，他们大多不愿做一个碌碌无为的人，想干出一番事业，对社会、对祖国有所贡献，以实现自己的人生价值。但是，大学生的"理想自我"常会与现实做法不一致，主要表现在：一方面，大学生都希望有一个公平、民主、自由的社会环境，强烈地反对腐败行为；另一方面，在涉及自己的利益时，又对利己主义、享乐主义、拜金主义等表示认同，有人甚至为了所谓的自我实现而损人利己。

（三）强烈的独立意识和自信心

独立意识，也叫独立感，是指个体力图摆脱监督、支配和管教的一种自我意识倾向。大学生在生理发育上已完全具备了成人的特点，心理成熟和社会成熟也已达到较高的水平。通过对自我进行认识、体验、控制、调节等，他们在心目中已逐渐确立了一个新的自我——成人式的自我，成人感特别强烈。

自信心是从独立感中派生出来的一种相信自己精力和能力的自我意识倾向。大学生体力充沛、精力旺盛、思维灵活、记忆力强，这是他们产生自信心的生理及心理基础，而"天之骄子"的优越感则是大学生充满自信的社会基础，他们不仅对自己的才华、学识充满自信，而且对自己的风度、能力也充满自信。但他们易于过分自信，而且容易因一时的挫折而降低自信。

大学生的独立意识和自信心十分宝贵，它是蓬勃向上、积极进取等优良品质的心理基础，因此教师要加以适当的保护和引导，而不要因为一时的偏差而冷眼待之。一般来说，随着自我评价能力的提高和知识经验的积累，大学生的独立意识和自信心会逐步表现得客观和稳定。

三、大学生自我体验的主要特点

（一）大学生自我体验形式的特点

1. 丰富性

大学生丰富多彩的学习生活为他们发展自我体验的丰富性提供了有利条件。例如，由于意识到自己的成熟就产生了成人感；由于意识到自己的能力和品德的高低而产生了自豪、自尊或自卑、自惭等体验；由于意识到自己的社会角色和社会责任而产生了社会责任感和义务感。大学生自我体验的情感基调是积极的、健康的，但要注意增强自我意志的指向能力，提高自我认识水平，这将有助于大学生自我体验的丰富性向健康方面发展。

2. 波动性

大学生由于对自我的认识还在不断进行中，个性还不够成熟和稳定，也缺乏驾驭情感的力量，因此，他们的情感体验表现出明显的敏感性和波动性。他们可能因一时的成功而产生积极的、愉快的情感体验，甚至骄傲自满、忘乎所以；也可能因一时的挫折、失败而低估自我或丧失自信心，甚至悲观失望。到了高年级，大学生的自我认识和自我控制比较确定后，这种波动性才逐渐减少。

3. 深刻性

大学生的自我体验是深刻的，他们的自我体验不仅与自己的个性特点相联系，而且还与自己的生活信念和人格倾向相联系。当自我的生活信念和人格倾向被别人所接受，或客观事物符合自己的生活信念和人格倾向时，他们会产生愉快的情感体验，否则就产生消极的、不愉快的体验。

（二）大学生自我体验内容的特点

1. 自尊心和好胜心强烈

自尊心是指一个人悦纳并尊重自己、对自己抱肯定态度的情感体验，是希望别人尊重自己和自尊自爱的一种自我意识倾向。自尊心是一种内驱力，指由内部或外部刺激所唤起的，并使个体指向于实现一定目标的某种倾向，它激励个体不断奋发努力，创造佳绩，尽可能使自己的言行得到别人的尊重，以维护自己的荣誉和社会地位。大学生由于认识到自身存在的价值，强烈地要求肯定自己和保护自己，自尊心很强，对触及自尊心的刺激十分敏感。

好胜心是一个人力求获得成功的一种自我意识倾向。好胜心往往与自信心有着密切联系，因为丧失了自信心，就不可能去争取成功。具有极强自信心的大学生，好胜心也是十分强烈的，他们争强好胜，不甘落后，希望能用行动表明自己是人生道路上的强者。

2.自卑感和孤独感明显

自卑感是指一个人看轻自己、对自己的能力和品质评价过低、对自己持否定态度的情感体验，它是一种消极的自我体验。大多大学生自尊心强烈，少数大学生具有自卑感。过度的自卑可能导致精力不集中、意志消沉、自信心极低，甚至自暴自弃，严重的可能导致自杀行为。所以，大学生一定要及时克服自卑感，恢复自信，提高自尊，以便顺利完成学业，早日成才。

孤独感是指一种由于缺乏他人的理解，感到与世隔绝，内心充满孤单寂寞的情感体验。研究表明，大学生产生孤独感的主要原因是青年期的闭锁性心理。大学生自尊心强、独立欲望强烈，但内心世界一般不轻易向外人袒露，同时，也感到缺少可以吐露心事的人，因而常常产生莫名的孤独感。

四、大学生自我意识类型

自我统一意味着主体我和客体我的统一；自我认识、自我体验和自我调控的统一；自我与外部世界的统一。大学生自我意识的统一表现为如下几种类型。

（一）自我肯定型

自我肯定型自我意识属于积极的统一。其特点是，个体能按照社会前进要求的理想自我，自觉地去改变现实自我的不足之处，使现实自我逐步完善，逐渐与正确的理想自我趋于一致，与社会前进的要求同步而形成自我的统一。在通往理想自我的过程中，此类个体善于总结经验教训，善于对理想自我和现实自我的矛盾进行积极的调节。一方面，他们不断考察"理想自我"的正确性，去掉那些不切实际或错误的内容，增添新的、积极的因素，使之趋于丰富；另一方面，他们又不断加强对现实自我的观察、分析和评价，将其与理想自我进行对比，坚持正确的理想自我，努力改善现实自我，使两者达到积极的统一。

（二）自我否定型

自我否定型自我意识属于消极的统一。其特点是，个体对现实自我的评价过低，致使理想自我与现实自我的差距太大，经过努力仍无法接近目标，或距离虽不大而主观上缺乏自我驾驭能力，心理上呈现一种消极的防御机制。这类个体往往企图通过常规的、习惯了的或简单的努力，去实现理想自我。小小的失败会积累起来形成挫折感，挫折感经过积累又会转化为自卑感，导致缺乏实现理想自我的自信心。他们不是通过积极地改变现实自我去实现理想自我，而是在一定程度上放弃理想自我，屈从现实自我。由于无力改变现状，在一定程度上否定现实自我，并最终走向否定自我。

（三）自我矛盾型

自我矛盾型个体的自我意识难于统一，自我矛盾的强度大、延续时间长，新的自我迟迟不能确立，积极的自我难以产生。主要表现为自我认识、自我体验、自我控制缺乏稳定性、确定性。

（四）自我扩张型

自我扩张型自我意识属于消极的统一。其特点是，个体对现实自我的评价过高，虚假的理想自我占优势，现实自我与理想自我的统一是虚假的统一。这类个体往往过分悦纳自我，盲目自信、妄自尊大。一种表现是忘记了现实自我，忘记了客观社会现实对自己的约束，甚至开始整天埋头于虚无缥缈的自我设计；另一种表现是将幻想我、理想我代替现实我，伪造一个能让人人满意并自我陶醉于其中的典型形象，来充当现实的自我。

（五）自我萎缩型

自我萎缩型自我意识也属于消极的统一。其特点是，个体理想自我极度缺乏或丧失，而对现实自我又深感不满，从而变得极端自卑，甚至可能出现自我拒绝。一旦出现自我拒绝，不仅理想自我和现实自我难以统一，还会出现自暴自弃、自责等状态。他们认为理想自我是难以实现甚至是永远不可能实现的，现实自我太不争气甚至无法容忍，但又没法改变。

【阅读】

认识别人容易，认识自己最难

古刹里新来了一个小和尚，他积极主动地去见方丈，殷勤诚恳地说："我初来乍到，先干些什么呢？请方丈指教。"方丈微微一笑，对小和尚说："你先认识和熟悉一下寺里的众僧吧。"第二天，小和尚又来见方丈，殷勤诚恳地说："寺里的众僧我都认识了，下边该去干些什么呢？"方丈微微一笑："肯定还有遗漏，接着去了解、去认识吧。"

三天过后，小和尚再次来见方丈，信心满满地说："寺里的所有僧侣我都认识了。"方丈微微一笑："还有一人，你没认识，而且这个人对你特别重要。"小和尚满腹狐疑地走出方丈的禅房，一个人一个人地询问、一间屋一间屋地寻找。在阳光里、在月光下，他一遍一遍地琢磨、一遍一遍地寻思着。不知过了多少天，一头雾水的小和尚，在一口水井里忽然看到自己的身影，他豁然顿悟了，赶忙跑去见老方丈……

世界上有一个人，离你最近也最远；与你最亲也最疏，你常常想起，也最容易忘记……这个人，就是你自己。

第三节　大学生自我意识偏差及其调适

一、大学生自我意识的矛盾

一方面，自我意识的分化使大学生对自己有了新的认识，开始意识到以前不曾注意到的关于"我"的方面和细节，促进了自我的发展；另一方面，自我意识的分化也带来了理想我与现实我的矛盾，并使大学生深刻感受到两者之间的差距，导致自我冲突加剧，自我不能统一，从而陷入烦恼与不安之中。具体地说，大学生自我意识的矛盾主要表现在以下几个方面。

（一）理想我与现实我的矛盾

大学生思想活跃，情感丰富，具有远大的理想，强烈的成就愿望，对未来充满了美好的憧憬与希望。由于大学生几乎都是从家门直接到校门，较少接触社会，理想与现实有一定差距。当他们付诸行动的时候常常发现理想自我与现实自我相差甚远。例如，常有大学生希望自己能在人际交往中受人喜爱和欢迎，成为众人瞩目的焦点，但是在现实生活中自己却怯于在众人面前讲话，讲话时要么结结巴巴、语无伦次，要么满脸通红、不知所云。虽然理想我与现实我之间的差距给大学生带来了苦恼与不安，但是也能激发大学生奋发进取，去逐步缩小理想我与现实我之间的差距，从而实现自我的成长与发展。但是，如果理想自我与现实自我长期不能趋近于统一，就会引起大学生自我的分裂，导致一系列的心理问题。

（二）独立意向与依附心理的冲突

进入大学以后，大学生的独立意向迅速发展。他们希望摆脱家庭、学校、老师的管教与约束，自己能在思想、学习、生活、经济上独立，能够独立自主地处理遇到的一切问题。但是当他们面临比较棘手的问题时，由于自己能力有限，缺乏社会经验，常常会感到无所适从，对自己缺乏应有的信心。由于他们在心理上不能完全摆脱对学校、家长、老师的依赖，在经济上不能独立自主，无法做到人格上的完全独立，因此导致独立意向与依赖心理的冲突。

（三）交往需要和自我闭锁的冲突

大学生有强烈的交友愿望，他们渴望得到他人的理解与信任，盼望能同知心朋友一起探讨人生的真谛，共同分担痛苦、分享快乐。但是，大学生也同时存在自我闭锁的倾向。在交往中，他们常常存有一定的戒备心理，有意无意地与他人保持一段距离。许多人不愿敞开自己的心扉，而是把自己的心事隐藏起来，在公开场合较少说出自己的真实想法。这种闭锁心理是大学生渴望交往、但又不能得到满足所导致的防御现象。由于交往的需要与自我闭锁的矛盾，大学生常常陷入孤独之中。

（四）自尊心与自卑感的冲突

大学生有较强的优越感和自尊心。他们被称为"天之骄子"，受到社会的赞誉，老师、父母的喜爱，同龄人的羡慕，他们对自己充满了自信。进入大学以后，在人才济济的环境中，出现了新的排序，当发觉自身的优势不再存在或遇到挫折之后，他们就会陷入自我否定之中，怀疑自己、不能接受自己，从而产生了自卑心理。

（五）追求上进与自我消沉的冲突

在追求理想的过程中，难免会遇到挫折。由于大学生挫折体验较少，心理比较脆弱，在困难与挫折面前容易消极退缩，对事业、生活容易失去信心。他们虽然消沉，但是又不甘自暴自弃，依然想通过自己的努力奋发向上；但是又感到困难重重，内心处于矛盾之中，表现出烦躁、不安与焦虑。

由自我意识发展而引发的矛盾与冲突是大学生从不成熟走向成熟的集中体现，也是大学生自我发展过程中的正常现象。任何事物都有其两面性。一方面，自我意识的矛盾使大学生陷于苦恼与不安之中，并有可能影响其心理发展和心理健康；另一方面，它也会激发大学生去设法解决这些矛盾，以达到自我意识的统一。因此，自我意识出现矛盾并非坏事，因为有矛盾才会有发展，在发展中大学生才会走向成熟。

二、大学生自我意识偏差

大学生在自我意识的发展过程中，由于心理尚未完全成熟，自我意识还处于不断发展过程之中，因而容易出现各种发展的偏差，引起自我意识的缺陷，具体表现在以下几方面。

（一）自卑与自负：自信的误区

自卑是一种自我否定，即对自己缺乏信心，对自己不满和否定，目光总盯着自己的缺点、不足和失误，从而遇事就心虚胆怯、逃避退缩，或过分补偿，对自己的所作所为过分夸张，拒绝接纳自我，缺乏独立主见，遇事从众，其结果形成的是虚假的、脆弱的、不健康的自我。

自负是一种自我膨胀即过度的自信。大学生虽然有强烈的自尊心、好胜、好强、不甘落后，但如果把握不好"度"的问题。就会"物极必反"，过强的自尊、自信和骄傲、自大、自我膨胀和过度的自我接纳等连在了一起，他们缺乏自我批评，而且不允许别人批评，唯我独尊，自我中心，盛气凌人。这种人缺乏自知之明，总认为自己对而别人错，把自己的意志强加在别人身上，不能与人和睦相处，容易失败，也容易受伤害。

实际上，自卑和自负是紧密联系的，自负表现强烈的人往往是极度自卑的人。自负心理和自卑心理过强都会影响大学生的心理发展和人格成熟，是不容忽视的自我意识的偏差之一，是自信的误区。

（二）独立与逆反：扭曲的意志

独立意向是大学生自我意识发展中最显著的标志之一，然而大学生在摆脱依赖、走向独立的过程中，有时会矫枉过正，表现出过分的独立意向。有些大学生把独立理解成"凡事自己来"。不需要别人的帮助或没有任何依赖他人的需要。其结果是在现实生活中，遇到困苦挫折，只能自吞苦果。其实，独立并不意味着独来独往，或不顾社会规范、我行我素，而是指个体在感情上、行为上能对自己负全部的责任。一个真正成熟的个体的独立意向是对自己负责任，但不排除接受他人的帮助。

逆反心理也是大学生自我意识发展中的一种非理性的产物，是大学生试图施展自我形象，强调个人意志的一种手段。其实质是为了寻求独立、寻求自我肯定，为了抵抗和排除在他们看来压抑自我的那种外在力量，从而保护逐渐形成的比较脆弱的自我，这是青年阶段心理发展的必然要求。正因为如此，青年期被称为第二反抗期。它具有双重性，一方面是独立意识的发展，另一方面是不能确切地把握反抗而表现出逆反心理。逆反的一般表现是：不分正确与错误、精华与糟粕，一概排斥，其情绪成分很大，方式只是简单的拒绝和对抗，有时只是为了反抗而反抗。逆反的对象主要是家长、老师以及社会宣传的观念和典型人物等外界权威，其结果是阻碍了大学生学习新的或正确的经验，不利于大学生的健康成长。

（三）盲目与懒惰：意志的误区

大学生正处于精力旺盛和朝气蓬勃的年龄段，他们有广泛的兴趣和爱好，热情、好奇，总想在各个方面显示自己的才能和智慧，有强烈的参与意识。在学业上有的同学涉猎的领域较广，除必修课外还选修不少其他专业的课程，追随社会上流行的"考证热"，试图在许多方面都有所收获；在参加社会活动方面也面面俱到。然而一个人的精力是有限的，主次不分，"眉毛胡子一把抓"就会失去目标，这实际上是一种无目标的盲目心理，什么都抓，也就什么都抓不住。这虽非普遍现象，但它会影响大学生的发展和成才，需要引起足够的注意。

消极懒惰是缺乏目标意识，不能形成积极的理想自我的心态。在大学确有一些学生认为中小学寒窗苦读十余载，如今进了大学，总算解放了，再不愿埋头苦读了。有的人只要求"60分万岁"，有的人面临数门不及格仍然无动于衷，甚至对一切都不感兴趣，自知不对又不去积极地改变现状。

（四）自我中心与从众：认知的误区

随着自我意识的发展，大学生越来越多地把关注的重心投向自我。由于大学生有较强的自尊心、自信心、优越感和独立性，就比较容易出现自我中心的倾向。过分以自我为中心的人，往往想问题和做事情都从"我"字出发，不能进行客观的思考和分析，颐指气使，盛气凌人。他们常不能赢得别人的好感与信任，人际关系大多不和谐。

还有一些学生，遇事缺乏主见，人云亦云，随波逐流，表现出过分的从众倾向。从众心理人皆有之，但若过分就会阻碍自我的发展。

需要指出的是，大学生在自我意识发展过程中出现的种种偏差或缺陷，是由他们的身心状况和时代特点所决定的，是其心理发展尚未成熟的表现，是正常和普遍的。但同时必须加以调整，因为只有这样才能促进大学生自我意识的统一，促进他们心理的发展和成熟，从而走向成功。

三、影响自我意识的不良心理因素

（一）过分追求完美

个体对自己持过高的要求，期望自己完美无缺，却不顾自己的实际状况，不能容忍自己"不完美"的表现，对自己"不完美"的地方过分看重，甚至把人人都会出现的、人人都会遇到的问题也都看成自己"不完美"的表现。追求完美之心，是人类健康向上的本能，但过分追求完美，容易引起自我适应障碍。

（二）对现状不满引起心理失衡

个体对自我现状缺乏清醒的认识和估计，并过分地关注自我的能力和表现，只看到自我缺点而忽略了长处。有一定的能力，但总担心自己的表现达不到理想的标准，因而一味否认和回避自我，以保护自己的尊严。这些直接影响个体的情绪体验，严重阻碍个体对自我现状的改善，影响正常的学习及对环境的适应。

（三）受他人期望的影响

个体自身的发展不自觉地受他人（父母、老师或朋友）的影响，如果把他人的期望当成自我的一部分，一旦发现自我的实际情况与他人期望不一致，则产生消极的理想自我，与现实自我产生矛盾。

第四节　大学生健全自我意识的标准及培养

一、大学生塑造健全自我意识的意义

健全的自我意识具有良好的自主功能，这对大学生的个人发展和素质教育有着举足轻重的作用。大学生能否强化自我意识，自我意识是否真实，个体意识与社会是否统一，都直接影响到大学生能否成为一个具有独立性的人，能否成为一个被社会所接纳并实现自我价值的人。

（一）健全的自我意识有利于大学生的成熟

健全的自我意识能使大学生设定明确的发展目标，明确目标的价值和可行性，并根据目标有意识地调节自己的行为，抑制不良因素的影响和诱惑，有意识地充实自己的内心世界，丰富自己的情感体验，培养良好的情感品质，在自我发展中增加情感的动力效能，保证自己按照正确的方向健康发展。健全的自我意识还能促使大学生顺应时代的发展，主动快速地搜集、利用各种信息，努力调整学习方法，完善知识结构，发挥聪明才智，发展特殊才能，保证旺盛的精力，适应社会的变化。

（二）健全的自我意识有利于大学生的自我开发

大学生无论在生理上还是心理上都处于快速发育期，所思所做都是为正式进入成人社会做准备，具有很大的可塑性和内在潜力。这就需要健全的自我意识去推动、去挖掘、去支持，促进自我潜力的最大发展，使个体努力成为一个人格完善的、社会接纳并受欢迎的人。

（三）健全的自我意识有利于大学生发展独立性

大学时期是个体心理断乳、走向独立的重要时期。虽然仍有成人的关心与爱护，但要真正学会自己走，还是要靠大学生自己，这很大程度取决于其自我意识的状况。个体的提高、完善的力量不是来自外在的压力，主要是来自自身的愿望与内驱力。只有当大学生开始追求事物的内在意义，具备正确决策与选择的能力，能够客观公正评价自我时，才说明自己已真正独立。

（四）健全的自我意识有利于大学生健康心理、行为的形成

心理、行为的不健康，很大程度上来自不能客观地评价自我与他人，不能认识自我、接纳自我、调节自我。健全的自我意识能使大学生增强心理承受力，增强自我主宰和驾驭的能力，善于调整应激水平，平衡心理过程，进行自我重建，顺利克服各种心理危机。

二、大学生健全自我意识的标准

自我意识对人的心理健康起着很重要的作用，它制约着人格的形成发展，在人

格的优化中发挥着强大的动力功能。健全的自我意识是心理健康的重要标准，是人类自身内在的一种成功机制，在人才发展中发挥着重要作用。健全的自我意识有如下标准。

（一）正确认识自我

自我定位准确就是能够准确地认识自我，不夸大自己的优势与不足；对现状与未来有明确的认识，能够符合实际的规划；既不好高骛远，也不妄自菲薄。自我体验与自我评价积极而客观是健康自我意识的重要表现。只有以积极的态度去认识和评价人与事，客观理性地分析现象背后的真正原因，才能体验到愉悦的情绪，产生积极的人生态度和健康的观念。

（二）自尊

自尊表现为一个人尊重自己，对自己持肯定的态度。它是一种要求尊重自己的言行和人格，维护一定的荣誉与社会地位的心理状态。

（三）独立并善于合作

独立并善于合作的人能够独立地分析、思考问题，有明确的自我认知和评价，有独立的见解，不受他人暗示，善于独立处理自己或周围的问题，能独立地支配自己的行为，但同时不拒绝与他人合作。

（四）自我同一性良好

埃里克森将自我认同称为自我同一性，认为这是青少年自我发展的一个重点。自我同一性是指生理自我、心理自我与社会自我的整合统一。但由于比例不同，协调程度不同，所以就构成了个体自我意识之间的差异。如果三者统一协调发展，自我同一性就处于良好的状态；相反，三者矛盾冲突，则自我同一性发展不良，容易导致各种心理问题的发生。

（五）有效的自我控制

自我控制是自我心理结构中最重要的调节机制，也是心理成熟的最高标志。将理智行动转变为一种习惯，标志着自我控制能力的形成。成功的人基本都有较好的自我控制能力。

三、大学生健全自我意识的培养

（一）树立正确的自我观念

"人贵有自知之明"，一个人真正的伟大之处，就在于他能够科学地认识自我。如果一个人能够全面正确地认识自我，客观准确地评价自我，他就能够量力而行，进而确立恰当的奋斗目标，并为实现这一目标做出不懈的努力。因此，大学生要确立多种参考体系，从价值观、愿望、动机、兴趣、爱好、个性特征等多方面、多角度地认识自我，做到既不妄自尊大，也不妄自菲薄，最终获得客观而准确的自我评价，这样才能充分发挥自己的长处和优势，克服自己的不足和劣势，增长聪明才智，有效调控自我，提高自己参与社会的能力，协调自己与他人和社会的关系，积极发展自我和完善自我，实现自己的人生价值。

1. 在他人评价中认识自我

他人的评价犹如镜子，能帮助我们自我认识。正确地对待他人对自己的评价，是自我认识的一条重要途径。大学生一般很在乎别人对自己的看法，尤其是有影响力的评价者，他们对别人的评价往往存在两方面的反应，一方面积极地接受别人的看法，另一方面也许认为别人的评价不符合自己的实际。因此评价者的特点、评价的性质都将会影响到他们对评价的接受程度。开展同学之间的互评，教师给予具体而有个性的评价，都有助于大学生自我意识的提高。但应注意评价的准确性、全面性、公正性，不切合实际的、片面的、不公正的评价也可能导致自我认识的误区。因此，在参考别人的评价时，要看多数人的反映。大学生应正确对待他人对自己的评价，从分析他人对自己的评价中进一步认识自我，不应因别人指出自己的缺点而耿耿于怀，也不因别人对自己的夸奖而沾沾自喜。

2. 在与他人的比较中认识自我

当大学生对自己的心理品质、能力和性格特征等的认识与他人评价相一致时，他就会巩固和发展这一方面的特征。当大学生的自我认识与他人对自己的评价相矛盾时，就应该进行自我观察、自我分析，进而进行自我矫正，这样才能得出一个肯定的自我认识。当然，在比较的过程中，最重要的是选定恰当的参照系，要用发展的眼光、辩证的方法去看待自己和他人的异同点，不能单一地"以己之长比人之短"，也不能单一地"以己之短比人之长"，两种方法都不能树立正确的自我认识。只有通过正确的比较来认清自己的优势和劣势、长处和短处，才能达到取长补短，缩小差距的目的。

3.在自省中认识自我

他人对自我的评价不等同于自己对自我的评价，两者之间往往还存在相当大的差距。曾子曰："吾日三省吾身。"大学生要学会自省，严于解剖自我，敢于批评自我。大学生可以通过自我剖析和自我批评加深对自己的认识，可以经常检查自己的行为和动机正确与否，行为过程中有什么不足，有哪些收获和缺憾，以便有的放矢地进行自我调整。平静、沉着的状态对客观地自我观察非常有利，过分紧张、激动或对某事物有极强的好恶，对自我观察的客观性和全面性都会造成一定的影响。

4.在活动成果中认识自我

社会实践是人的自我意识产生和发展的重要条件，通过对实践活动结果的分析，来了解自身的价值，也是大学生客观认识自我的途径之一。衡量一个人的价值主要是通过实践活动成果认定的，比如，个体可以通过记忆外语单词的速度、准确性、持久性来评价自己的记忆品质；通过经常性地克服实际困难的情况，来认识自己的意志品质；通过在班级、学校的活动或工作中的表现以及完成任务的情况，来确定自己的能力。因此，大学生在培养自我意识的过程中，可以正确分析自己的活动表现和成果，客观地认识自己的知识才能、兴趣爱好，进一步发挥自己的长处，弥补自己的短处。

（二）积极地悦纳自我

俗语说，"金无足赤，人无完人"。每个人都有自己的优点和缺点，长处和短处，关键是要充分发挥自己的长处，也要正确对待自己的短处。生活实践充分证明了个人的自我认知是最重要的，其中就包含了在正确认识自我的基础上积极接受自我和悦纳自我，这是发展健全自我的核心和关键。

1.全面看待自己的优缺点

要悦纳自己的优点也要接受自己的缺点。所谓"尺有所短，寸有所长"，每个人都既有长处又有短处。人既不会事事行，也不会事事不行；一事行不能说明事事行，一事不行也不说明事事不行，要肯定自己的价值，善于吸收别人的长处，克服自己的缺点，扬长避短，充分地发挥自身潜力。

2.保持乐观、性情开朗

进入大学后，大学生经常面临各种生活、学习压力，经常遇到挫折和冲突。有的同学碰到挫折时，会把挫折当笑话讲给其他人听，使自己总是保持一种愉快、充实的心境。其实，生活中谁没有烦恼呢？只要能换一个角度，乐观地去看待，那么他们一定会更快乐。

3. 有效的控制自我

自我控制是人主动地改变自己的心理品质、特征及行为的心理过程，是大学生认识自我、完善自我的根本途径。

4. 培养自信心

有自信的人并不是天生就自信，其自信来源于其自觉的维护和积极的培养。缺乏自信的人也并不天生就不自信，其不自信往往是长期缺乏自我肯定、自我激励以及被动接受外界消极评价的结果。真正自信的人首先有自爱，他知道自己有哪些长处，确信不疑而且十分珍爱，引以为荣。不自信的人缺乏自爱，他并不特别了解自己的长处，而总是盯住自己的缺点或者有意挑剔自己的不足，并且耿耿于怀；即使有优点和长处，他也十分轻视它们的价值，甚至会怀疑它们的真实性。

5. 不断地超越自我

健全自我的过程也是一个塑造自我、超越自我的过程。对于大学生而言，超越自我更是终生努力的目标。在行动上，无论对人对事，均全力以赴，使自己的能力品行得到最大限度的发挥。

完善自我、超越自我并不是一帆风顺的过程，它需要付出艰辛的努力和沉重的代价，也是一个"新我"形成的过程，是从小我走向大我，从昨天的我向今日的我、明日的我迈进。珍惜已有的自我，追求更好、更高的自我，做到一个独特、最好的自我。既注重自我又不固守自我，根据社会要求不断改造自我；既注重自我价值的实现又不仅仅局限于自我价值的实现，在为他人和社会的服务中实现真正的自我价值。

第五节 人格概述

一、人格的特征

"人格"一词的英文 personality 是从拉丁文 persona 演变来的。拉丁文的原意是面具。面具是用来在戏剧中表明人物身份和性格的，而这也就是人格最初的含义。早在古希腊时期，人们就已开始使用"人格"这一概念，并引申出较复杂的含义，包括：一个人的外在行为表现方式、他在生活中扮演的角色、与其工作相适应的个人品质的总和、声望和尊严等。在现代英文词典里，仍然可以在 personality 这一词条下看到上述含义的影子。

心理学家们对人格的定义并不完全一致。阿尔波特曾列举出 50 种不同的定义，足见人格概念中的分歧，同时这也表明了人格的复杂性。但众多定义有一个基本相似的看法，即认为人格是与人的行为风格或行为模式有关的概念。如果把诸多学说总结起来，可以这样概括：人格是心理特征的整合统一体，是一个相对稳定的结构组织，是在不同时空背景下影响人的外显和内隐行为模式的心理特性。人格标志着一个人具有独特性，并反映了人的自然性与社会性的交织。

这个定义体现了人格的复杂性与多维性，它包括以下几点。

（一）整体性

人格体现了一个人表现在行为模式中的心理特性的整合，它是一种心理组织。它不能被直接观察，但却经常体现在人的行为之中，使个体表现出带有个人整体倾向的精神风貌。

（二）稳定性

由许多个性特征组成的人格结构是相对稳定的，在行为中恒常地、一贯地予以表现。这种稳定性具有跨时空的性质，即个体人格在各种情境刺激的作用下，产生的个体行为具有广泛的一致性。但是这种稳定性是可变的、发展的而不是刻板的。这是因为，各种人格特征在某个人身上整合的程度（如稳定性）不同；一个人可能具有相反性质的特征，在不同情境中可反映它们不同的方面；暂时性地受情境的制约，表现出来的并非个人的稳定特性。

（三）个体性

由于人格结构组合的多样性，构成了不同人之间的个体差异性。尽管不同人可以有某些相同的人格特征，但他们的整体人格不会是完全相同的。

（四）动机性与适应性

人格"支撑"行为，它驱使人趋向或回避某种行动，寻找或躲开某些刺激，人格是构成人的内在驱动力的一个方面，它的动机性与内驱力或情绪不同，它似乎是"派生的"，情境刺激通过人格的"折射"引导行为，致使行为带有个体人格倾向的烙印，成为一定的行为模式。人格的这种驱动力反映了人格对人的生活活动具有适应性。

（五）自然性与社会性的综合

人格蕴含着人的自然属性和社会文化价值两方面。人格是个体在生活过程中形成的，它在极大程度上受社会文化、教育教养内容和方式的塑造，然而它以个体的神经系统为生理基础。

二、人格的结构

人格是由不同成分构成的一个结构系统，不同成分从不同侧面反映个体的差异。人格结构系统包括认知、动机、气质、性格、自我调控等成分。气质与性格是人格的重要方面。

（一）气质

气质的概念和人格概念一样古老。早在古希腊时期，人们就把行为风格同人的体液相联系，以此来说明和预测行为。在之后的认识发展中，人们又把气质同其他体质因素如腺体、体格（体型）、血型等相联系。现代心理学的一种看法是：气质是由生理尤其是神经结构和机能决定的心理活动的动力属性，表现为行为和时间的关系方面的特点，如行为的强度、反应的速度、活动的持久性和稳定性等。例如，人们常说的"冲动"与"文静""敏感"与"迟钝""急性子"与"有耐性"等，都是描述的气质，都是指行为的动力与时间特点。

不难看出，气质和人格一样，是与行为模式相联系的一个概念。然而，由于气质的定义较多、较明显地与人的体质因素相关，因此又与人格有一些区别：（1）气质更多同生理因素而不是环境因素相联系，因此较为固定而不易受外因左右；（2）既然同生理因素关系密切，从种系发展来看，气质更多同生物进化相联系，而人格则更多受社会文化历史背景的影响；（3）由于更多依赖于生理基础，从个体发展来看，气质出现得较早，而人格则是在个体成长过程中逐渐形成的。

广义地说，气质是人格形成的基础，是人格发展的自然基础和内因，它使人格带有一定的气质色彩。是构成人格的一个重要部分，是人格中较多由生物性决定的方面，是人格的先天预置结构，它对环境的依赖性较小，不带有道德价值和社会评价的内涵。

气质这个概念最早是由古希腊医生希波克拉底提出来的，后来罗马医生盖仑做了整理。他们认为人有四种体液——血液、黏液、黄胆汁和黑胆汁。根据这四种体液在每个个体内所占比例不同，从而确定了胆汁质、多血质、黏液质、抑郁质四种气质类型。其典型心理特征如下：

（1）胆汁质的人热情、直爽、精力旺盛、脾气急躁，心境变化剧烈，易动感情，具有外倾性；

（2）多血质的人大都活泼好动、敏感，反应速度快，热情，喜与人交往，注意力易转移，志趣易变，具有外倾性；

（3）黏液质的人大都安静，稳重，反应缓慢，情感不易外露，沉默寡言，善于忍耐，注意力不易转移，具有内倾性；

（4）抑郁质的人大都反应迟缓，善于觉察他人不易觉察的秋毫细末，具有内倾性。

（二）性格

性格是一种与社会最密切相关的人格特征，它是一个人对现实稳定的态度和与之相适应的习惯化了的行为方式的总和。性格体现了人们对现实与周围世界的态度，对自己、对别人、对事物的态度。

从不同角度和侧面可以对性格类型进行不同的划分，如按照理智、情绪、意志在性格中的表现程度，可分为理智型、情绪型和意志型三种。理智型的人以理智支配自己的行动；情绪型的人，情绪体验深刻，举止容易受情绪左右；意志型的人具有较明确的目标，行为主动。

按照个体的心理倾向，可分为外倾型和内倾型。外倾型的人心理活动倾向于外部，活泼开朗，善于交际，感情易于外露，处事不拘小节，独立性较强，但有时粗心、轻率；内倾型的人心理活动倾向于内部，一般表现为感情含蓄、处事谨慎、自制力强、交往面窄，但有时适应环境比较困难。

按照个体独立性程度，可分为独立型和顺从型。独立型的人不易受外来事物的干扰，他们具有坚定的信念，能独立地判断事物，发现问题解决问题，在紧急和困难的情况下不慌张，易于发挥自己的力量，但有时会把自己的意志强加于人，固执己见，不易合群；顺从型的人，随和、谦虚，易与人合作，但独立性较差，易受暗示，容易接受别人的意见，在紧急情况下易惊惶失措。

性格与气质都是构成人格的重要因素，二者相互渗透，相互影响，彼此制约。二者所不同的是，性格是人格中涉及社会评价的内容，更多受到环境的影响，具有较大的可塑性，有好坏之分；而气质更多的受生理上和心理上的特点制约，虽然在后天的环境影响下也有所改变，但与性格相比，它更具有稳定性，变化比较缓慢。

三、影响人格的因素

人格的形成与发展离不开先天遗传与后天环境的作用。心理学家们认为，人格是在遗传与环境的交互作用下逐渐形成并发展的。

（一）生物遗传因素

由于人格具有较强的稳定性特征，因此人格研究者更注重遗传因素的作用。遗传是人格不可缺少的影响因素。遗传因素对人格的作用程度随人格特质的不同而不同。通常在智力、气质这些与生物因素相关较大的特质上，遗传因素的作用较重要；而在价值观、信念、性格等与社会因素关系密切的特质上，后天环境的作用可能更重要。

（二）社会文化因素

每个人都处在特定的社会文化环境中，社会文化对人格的影响极为重要。社会文化塑造了社会成员的人格特征，使其成员的人格结构朝着相似性的方向发展，这种相似性具有维系社会稳定的功能，又使得每个人能稳固地"嵌入"在整个文化形态里。

（三）家庭环境因素

研究人格的家庭成因，重点在于探讨家庭的差异（包括家庭结构、经济条件、居住环境、家庭氛围等）和不同的教养方式对人格发展和人格差异的不同影响。研究发现，使用支配型教养方式的父母在孩子的教育中表现得过于主导，孩子的一切都由父母来控制。在这种环境下成长的孩子容易形成消极、被动、依赖、服从、懦弱、做事缺乏主动性的性格特征，有的甚至会形成不诚实的人格特征。使用放纵型教养方式的父母对孩子过于溺爱，让孩子随心所欲，父母对孩子的教育有时出现失控的状态。在这种家庭环境中成长的孩子多表现得任性、幼稚、自私、野蛮、无礼、独立性差、蛮横胡闹等。使用民主型教养方式的父母与孩子在家庭中处于一种平等和谐的氛围当中，父母尊重孩子，给孩子一定的自主权和积极正确的指导。父母的这种教养方式能使孩子形成一些积极的人格品质，如活泼、快乐、直爽、自立、彬彬有礼、善于交往、富于合作、思想活跃等。由此可见，家庭确实是"人类性格的工厂"，它塑造了人们不同的人格特质。

（四）早期童年经验

我国有句俗话："三岁看大，七岁看老。"人生早期所发生的事情对人格的影响，历来为人格心理学家所重视。需要强调的是，人格发展尽管受到童年经验的影响，幸福的童年有利于个体发展健康的人格，不幸的童年可能会使个体形成不良的人格，但二者不存在一一对应的关系。比如，溺爱也可能使孩子形成不良的人格特点，逆境也可能磨炼出孩子坚强的性格。另外，早期经验不能单独对人格起作用，它与其他因素共同决定着人格的形成与发展。

（五）自然因素

生态环境、气候条件、空间拥挤程度等这些自然因素都会影响到人格的形成与发展。比如，气温会提高某些人格特征的出现频率，如热天会使人烦躁不安等。但自然环境对人格不起决定性的作用。在不同的自然环境中，人可以表现出不同的行为特点。

四、健全人格的特点

健全人格，即全面发展的人格。具体来说，健全人格是指一种各方面都处于优化状态的理想化人格，是各种良好人格特征在个体身上的集中体现。国内外的研究表明，健全人格是各种人格特征的完备结合，综合起来有以下特点。

（一）内部心理和谐发展

人格健全者的需要和动机、兴趣和爱好、智慧和才能、人生观和价值观、理想和信念、性格和气质都向健康的方向发展。他们的内心协调一致，言行统一，能正确认识和评价自己的所作所为是否符合客观需求，是否符合社会道德准则，能及时调整个体与外部世界的关系。如果一个人失去人格内在统一性，就会出现认知扭曲、情绪失控、行为变态等问题。

（二）正确处理人际关系，发展友谊

人格健全者在人际交往中显示出自尊和他尊、理解和信任、同情和人道等优良品质。那些嫉妒心很强的人，很难想象他们能在互惠的基础上与人合作；傲慢自大的人也绝不会虚心地倾听别人的意见。人格健全者，在日常交往中既不随波逐流，也不孤芳自赏，能够使自己的行为与朋友、同事、同学协调一致。

（三）把自己的智慧和能力有效地运用到能获得成功的工作和事业上

人格健全者在学习、工作中被自己强烈的创造动机和热情所推动，有效利用自己的能力，勇于创造，善于创造，经常有所发现，有所发明，有所建树。成功又为他们带来满足和喜悦，并形成新的动机和兴趣，使他们能够得到良性发展。

【阅读】

气质类型与职业选择

一、多血质

行为表现：多血质又称活泼型，敏捷好动，善于交际，在新的环境里不感到拘束。在工作学习上富有精力而效率高，表现出机敏的工作能力，善于适应环境变化。兴趣广泛，但情感易变，如果事业上不顺利，热情可能消失，其速度与投身事业一样迅速。从事多样化的工作往往成绩卓越。

合适职业：心理咨询师、导游、推销员、节目主持人、演讲者、外事接待人员、演员、市场调查员、监督员等。

二、黏液质

行为表现：这种人又称为安静型，在生活中是一个坚持而稳健的辛勤工作者。行动缓慢而沉着，严格恪守既定的生活秩序和工作制度，不为无所谓的动因而分心。惰性使他因循守旧，表现出固定性有余，而灵活性不足。具有从容不迫和严肃认真的品德，以及性格的一贯性和确定性。

合适职业：外科医生、法官、管理人员、出纳员、会计、播音员、话务员、调解员、教师、人力人事管理主管等。

三、胆汁质

行为表现：胆汁质的气质特征是外向性、行动性和直觉性。情绪易激动，反应迅速，行动敏捷。这种人的工作特点带有明显的周期性，埋头于事业，也准备去克服通向目标的重重困难和障碍，胆汁质人一旦就业，往往对本职工作不那么专注，喜欢跳槽，经常更换工作单位，渴望成为自由职业者。胆汁质的人较适合做反应迅速、动作有力、应急性强、危险性较大、难度较高而费力的工作。

合适职业：导游员、勘探工作者、推销员、节目主持人、演讲者、外事接待员等，但不宜从事稳重、细致的工作。

四、抑郁质

行为表现：抑郁质的人为人小心谨慎，思考透彻，在困难面前容易优柔寡断。其最大的特征，是内向、情绪化。抑郁质的人有理想、高度敏感、善于发现，精确自律多才多艺，有美感，分析力强，具有天才倾向。自我为中心，不实际，不善于交际，偏向于看到负面的事物。抑郁质人无论对什么职业都能一丝不苟。他们责任心强，干什么都会加倍努力。他们中的许多人能成为中坚分子，担当着可靠的角色。

合适职业：校对、打字、排版、检察员、雕刻工作、刺绣工作、保管员、机要秘书、艺术工作者、哲学家、科学家等。

第六节　大学生的人格特征

一、人格与身心发展

人格是人的心理行为的基础，它在很大程度上决定了人如何面对外界的刺激做出反应以及反应的方向、速度、程度、效果，进一步说，人格会影响到人的身心健康、活动效率、潜能开发以及社会适应状况。因此，重视人格的整合与塑造，既是身心健康的需要，又是自我发展、自我实现的需要。

心身医学的研究已表明，许多生理疾病都有相应的人格特征模式，这种人格特征在疾病的发生、发展过程中起到了生成、促进、催化的作用。例如，哮喘患者多有过分依赖、幼稚、暗示性很高的人格特征；偏头痛患者多有刻板、好胜、嫉妒心强、刻意追求完善的人格特征；而具有矛盾、强迫性、吝啬、听话、抑郁特征的人容易得结肠炎、胃溃疡等疾病。

大学生优化人格整合、塑造健全人格的目的不仅仅是为了避免身心疾病，更重要的是发挥人格最佳作用，达到自我实现。所谓最佳作用，即人是可变的，人能够实现任何一种个体潜能，能够塑造自己的生活，促进周围环境的发展。发挥最佳作用是实现自我，不断超越自我的必由之路。

另外，人格与一个人的思想品德不仅互相影响、互相制约，而且相互包容。一些良好的人格特征同样也是良好的思想品质，比如对现实的态度（对他人、集体和对工作的态度）既是大学生思想品质的重要内容，也是大学生人格素质的具体体现。塑造大学生健全人格的过程，也是培养思想品质的过程，两者相辅相成，互相促进。

现代社会要求大学生更具有竞争意识、责任意识、机遇意识、创新意识和效率意识，具有面向世界、面向未来、面向现代化的素质，而这些往往与自信、外向、乐观、进取、顽强、灵活、守信等人格特征联系在一起。因此，要加强对大学生的人格健康教育，重视培养大学生在人格方面的自我教育能力。

二、当代大学生人格发展的基本特点

大学生正处于身心急剧发展和自我意识由分化、矛盾逐渐走向统一的特殊时期，因此，大学阶段仍然是大学生人格不断发展的重要时期。根据国内外心理学家对人格素质结构的研究，结合我国当今社会发展的现状和大学生的实际表现，当代大学生在人格发展中呈现出如下几个方面的特点。

（一）能正确认知自我

大学生首先是能自我认可，基本上能接受一切属于自我的东西，从而形成对自己积极的看法；其次是自我客体化，对自己的所有与所缺都比较清楚和明确，理解现实自我与理想自我之间的差别。大多数大学生都有明确的奋斗目标和愿望，并为之而努力。

（二）智能结构健全而合理

具有良好的观察力、记忆力、思维力、注意力和想象力，没有认知障碍，各种认知能力能有机结合并发挥其应有作用。

（三）对社会环境的适应能力较强，不断地进行社会化活动

当代大学生对外部世界有着浓厚的兴趣，有着广泛的活动范围和许多爱好，人际交往范围扩大，积极参与各种形式的社会实践。同时，能容忍别人与自己在价值观与信念上存在的差别，能根据事物的实际情况看待事物，而不是根据自己的主观愿望来看待事物。

（四）富有事业心，具有一定创造性和竞争意识

能把事业看成生活的重要组成部分，在事业上有较强的进取心和责任感；具有竞争意识，具有开放性的思想观念，少有保守思想；喜欢创造，勇于创新，甘愿冒险，独立性强，富有幽默感，态度务实。

（五）情感饱满适度

情绪上稳定性与波动性、外显性与内隐性并存，情感丰富多彩，积极的情绪、情感体验在学习、生活中占主导。

【阅读】

消极心态

拿破仑·希尔曾列举过一些消极心态。

（1）愤世嫉俗，认为人性丑恶，时常与人为忤，因此缺乏人和。

（2）没有目标，缺乏动力，生活浑浑噩噩，有如大海漂舟。

（3）缺乏恒心，不晓自律，懒散不振，时时替自己制造借口去逃避责任。

（4）心存侥幸，空想发财，不愿付出，只求不劳而获。

（5）固执己见，不能容人，没有信誉，社会关系不佳。

（6）自卑懦弱，自我压缩，不敢信任本身潜能，不肯相信自己的智慧。

（7）或挥霍无度，或吝啬贪婪，对金钱没有中肯的看法。

（8）自大虚荣，清高傲慢，喜欢操纵别人，嗜好权力游戏，不能与人分享。

（9）虚伪奸诈，不守信用，以欺骗他人为能事，以蒙蔽别人为雅好。

（10）过分谨慎，时常拖延，不能自我确定，未敢当机立断。

（11）恐惧失败，害怕丢脸，不敢面对挑战，稍有挫折即退。

第七节　人格发展异常

人格发展异常是指在认知、情绪反应、人际关系与冲动控制四个方面中，起码有两个或两个以上出现长时间持续存在的执拗与功能损害，且与其文化背景所预期的偏离甚远。这些偏执现象也出现在个人所有相关的社会情境中，譬如家庭、学校、工作、亲友间等，造成自己与他人的苦恼与伤害。人格发展异常者执拗、无法变通，难以适应生活上的变迁或压力，但并不觉得自己的行为有异。

一、大学生常见的人格问题

人格问题是介于健康人格和病态人格（即人格障碍）之间的一种人格状态，表现为人格发展的不良倾向。大学生中常见的人格问题主要有以下几种。

（一）过度空虚

空虚无聊的生活往往会成为一部分缺少自控力的大学生生活中的主流生活模式。调查发现，这样的学生往往是在依赖性强的环境中成长的。

（二）过度自卑

自卑感是对自己不满、否定的情感，往往是自尊心屡屡受挫的结果。这类大学生自我认识不客观，往往只看到自我缺点而忽略了自我的长处，不喜欢自己、不能容忍自己的缺点和弱点，否定、抱怨、指责自己，看不到自己的价值，或夸大自己的不足，感到自己什么都不如他人，处处低人一等，丧失信心。

进入大学后，这类大学生在与同学对比后发现自己在学习、社交、文体方面显露出某些不足时就陷入对自己的怀疑、否定中，产生自卑心理。因此，自卑往往是自尊心受挫的结果，没有自尊心也就不会有自卑感，过强的自卑感往往又以过强的自尊心表现出来。过度自卑对生活的方方面面都产生不良的影响，易于使人形成回避型人格障碍，远离学生群体的活动。长期过度自卑造成的精神压抑，还可能导致隐匿性抑郁症等神经症。

（三）过度依赖

过度依赖的大学生一般缺少自我意识，独立性极差，过度依赖也是人格幼稚性的表现。

（四）过度虚荣

虚荣心往往与自尊心、自卑感紧紧相连。虚荣心强的大学生一般情感脆弱、多愁善感，过分介意别人的评价与批评，与人交往总有一种防御心理，且常会千方百计地抬高自己的形象，壮大虚假的自我。

（五）懒散

懒散是指一种慵懒、闲散、拖拉、疲沓、松垮的生存状态，是不少大学生为之感到苦恼并难以克制的一种人格发展缺陷，是意志活动无力的表现，懒惰是影响大学生积极进取、张扬青春活力的天敌。

主要表现为活力不足，什么也不想做，没有计划，随波逐流；无法将精力集中在学业中，无法从事自己喜欢的事，百无聊赖，心情不爽，情绪不佳，犹豫不决，顾此失彼，做事磨蹭。

处于懒惰状态的大学生往往想得多而做得少，缺乏毅力。大学生想要克服懒惰，应充分认识到其危害性，振作精神，从日常小事做起，并力争今日事今日毕。

（六）偏狭

偏狭就是人们常说的"小心眼"，表现为斤斤计较、好嫉妒、容不得人等。心胸狭隘往往影响人际关系，伤害他人感情，也常给自己带来烦闷、苦恼，影响自己的情绪以及他人心目中的形象，因此，于人于己百害而无一利。偏狭人格多出现于性格内向者身上。偏狭不是与生俱来的，而是后天习得的。

（七）自我中心

自我中心的大学生考虑问题、处理事情都以自我为中心，将自我作为思考问题的出发点与归属，只关心自己，先替自己打算，不顾忌他人的感受和需要。表现为一切以自己为出发点，目中无人，好把自己意志强加于人，甚至自私自利，遇到冲突时，认为对的是自己而错的是他人。他们不易赢得他人好感和信任，人际关系不和谐，易遭挫折。

二、大学生常见的人格障碍（详见第一章）

人格障碍是指明显偏离正常且根深蒂固的行为方式，具有适应不良的性质，其人格在内容上、质上或整个人格方面异常。由于这个原因，病人遭受痛苦和／或使他人遭受痛苦，或给个人或社会带来不良影响。人格的异常妨碍了他们的情感和意志活动，破坏了其行为的目的性和统一性，给人以与众不同的特异感觉，在待人接物方面表现得尤为突出。人格障碍通常开始于童年、青少年或成年早期，并一直持续到成年乃至终生。部分人格障碍患者在成年后有所缓和。以下几种为大学生常见的人格障碍。

（一）反社会型人格障碍

此类型最受人注目，情绪多不稳定，常被一时的冲动性动机支配，发生各种违纪犯法的不正当的意向活动。

（二）戏剧型人格障碍

主要特点是过分做作、夸张，通过戏剧性的行为而引起别人注意。情感易变化，且受暗示性和依赖性强，高度自我中心。

（三）分裂型人格障碍

主要表现为孤独、淡漠，几乎没有体验过愉快的活动。对于批评或表扬无动于衷，多单独行动，对性接触毫无兴趣。

（四）偏执型人格障碍

主要特性是过分猜疑和敏感。

（五）强迫型人格障碍

平时常有不安全感和不完善感，过分认真、过分注意细节、过分自我克制、过分自我关注、过分拘谨和小心。

三、人格障碍的矫正方法

人格障碍的矫正虽有一定难度，但也不是什么"不治之症"。在临床实践中发现，有相当一部分人格障碍者，在精神科医生和心理学家的指导下，通过自身的努力，在可能的限度内，在人格障碍的矫正方面取得了令人满意的效果。

（一）反向观念法

人格障碍者大多伴随有认识歪曲现象，反向观念法是改造认识歪曲的一种有效方法。反向观念是指自己主动与自己原有的不良自我观念"唱反调"，原来是以自我为中心，现在则应逐渐放弃自我中心，学习设身处地为他人着想；原来爱走极端，现在则学习多方位考察问题；原来喜欢规则化，现在则应偶尔放松一下，学习无规则地自由行事。

采用反向观念法克服缺点的要点是：先对自己的错误观念进行分析，然后提出相反的改进意见，在生活中努力按新观念办事。这种自我分析可以定期进行，几天或一星期一次，也可以在心情不好或遭挫折之时进行。认识上的错误往往被内化成无意识的，通过上述自我分析，就可把无意识的东西上升到意识层次，有助于病人发现和改进自己的不良人格状态 。

（二）习惯纠正法

人格障碍者的许多行为已成为一种习惯，破除这些不良的习惯有利于人格障碍的矫正。以依赖型人格为例，人格障碍者实施这种方法有三个要点，一是清查一下自己的行为中有哪些事是习惯性地依赖别人去做，有哪些事是自做决定的，可以每天做记录，记足一个星期。二是将自主意识很强的事归纳在一起，如果做了，则当做一件值得庆贺的事，以后遇到同类情况应坚持做；如果没做，以后遇到同类情况则应要求自己去做。而对自我意识差、没有按自己意愿做的事，自己提出改进的想法，并在以后的行动中逐步实施。三是找一个信赖的人作为监督者，确立一个监督协议，当有良好表现时，予以奖励，当违约时，予以惩罚。

（三）行为禁止法

对于人格障碍者的许多不良行为，可以采取该法。例如，一个偏执型人格障碍的人当对一件事忍无可忍而将要发作时，就对自己默念如下指令："我必须克制住自己的反击行为，让我当即分析一下有什么非理性观念在作怪。"病人采取这种方法后，用理性观念加以分析，怒气便会随之消减，不少原来认定极具威胁的事，在忍耐了几分钟后，会发现灾难并未降临，不过是自己的一种无谓担忧罢了。

（四）情绪调整法

人格障碍者多半有情绪障碍。例如，戏剧型人格的情绪表达太夸张，旁人无法接受。病人采用此法前先要向亲朋好友做一番调查，听听他们对自己的看法。对他人提出的看法，应持全盘接受的态度，千万不要反驳，然后扪心自问，上述情绪表现哪些是有意识的，哪些是无意识的；哪些是别人喜欢的，哪些是别人讨厌的。对别人讨厌的坚决予以改进，对别人喜欢的则在表现强度上力求适中。对无意识的表现，将其写下来，放在醒目处，不时地自我提醒。此外，可请好友在关键时刻提醒一下，或在事后对自己的表现作评价，然后从中体会自己情绪表达的不妥之处。这样坚持下去，情绪表达就会越来越得体和自然了。

【阅读】

十大积极心态

（1）执着：对个人和团队目标、价值观坚定不移的信念。

（2）挑战：勇敢地挺身而出，积极地迎接变化和新的任务。

（3）热情：对自己的工作及学习具有强烈的感情和浓厚的兴趣。

（4）奉献：全心全意完成工作或处理事务。

（5）激情：始终对未来充满憧憬和希望，全力以赴地投入。

（6）愉快：乐于接受微笑、乐趣，并分享成功。

（7）爱心：助人为乐，感恩心态。

（8）自豪：因为自身价值或团队成绩而深感荣耀。

（9）渴望：强烈的成功欲望。

（10）信赖：相信他人和集体的素质、价值和可靠性。

第八节　大学生人格完善的途径

（一）进行客观的自我认知，优化人格

不能正确认识自我往往是形成人格障碍的重要原因之一。要保持人格健康不仅要了解自己的优点、兴趣、性格，更要了解自己的不足和缺陷，并且正视它们。只有充分了解自己，坦然接受自己，既不高估自己，也不自欺欺人，这样才会减少心理的冲突，保持健康的人格。

要健全人格，就要确保自我认识现实而客观：第一，要能全面、丰富地认识自我；第二，要做到能客观地评价自己的长处和短处；第三，要能明确意识到自己在做什么，感觉如何；第四，不管认识到自己有何优点或缺点，都要接纳自己，即使对自己的缺陷也要予以正视和接受，并努力发展自己的内在潜能，不能因此而回避。

（二）进行有效学习，提升成就感

学习科学文化知识、增长智慧的过程也是优化人格整合的过程。然而，大学生人格发展中遇到的问题往往源于他们在学业上没有成就感。因此，提升学业成就感是完善人格的一个途径。

现实生活中有很多人的人格缺陷源于知识贫乏，如无知容易粗鲁、自卑。而丰富的知识则容易使人自信、坚强、理智、热情、谦恭等。可见知识的积累与人格的完善是同步的。

（三）合理规划时间，养成良好的行为习惯

好高骛远、知行不协调是大学生心理问题产生的原因之一，大学生应养成良好的行为习惯。

1. 从小事做起

千里之行，始于足下。人格完善就是要从身边的小事做起。一个人的一言一行往往是其人格的外化；反过来，一个人日常言行的积淀成为习惯就会形成人格。

2. 合理规划

制定合理的计划，并持之以恒，磨炼自己的意志，可以为良好的人格发展构建深厚的基础。许多人所具有的坚韧、正直、开朗、热情等优良的人格其实就是长期锻炼的结果，是一点一滴形成的。培养健康人格，是一项系统的自我改造、自我实现的工程，从我做起，从小事做起，是每一个大学生努力的起点。

（四）建立良好的人际关系，融入社会环境

人格是在行为中表现出来的，健全的人格也只有在与人交往中才能体现出来。塑造健全人格，必须发展良好的人际关系：尊重社会习俗、关心他人的需要，真诚地赞美，多与他人沟通，保持自尊和独立等。

集体是人格塑造的土壤，也是人格表现的舞台。人格发展、塑造的过程是个体实现社会化的过程，是个体与他人、集体、社会相互作用的过程，在集体中，通过与他人交流，个体可以看到别人的长处，自己的不足，从他人那里获得理解、肯定，及时调整人格发展的方向。在与人交往时，个体积极的正面态度应多于消极的负面态度。

（五）坚持体育锻炼，培养健康的体质

人格发展是生理、心理因素与智力因素协同作用、相互促进的过程，健康的体质是人格健全发展的生理基础。一个体弱多病的人是很难发展健全人格的，拖拉、急躁、怯懦等人格发展缺陷与不坚持体育锻炼明显相关。

（六）学会自控，防止过犹不及

人格发展和表现中"度"十分重要，人格塑造过程中应把握辩证法，掌握好"度"，否则就会过犹不及，适得其反。

人格"度"的把握还表现在不同的人格特质要协调发展，刚柔相济。

要因人因时因地表现人格特征。凡事过犹不及，缺点往往是优点的不适当的延伸，良好个性若走向极端就会成为人格缺陷。例如，谨慎和认真本属于良好的性格特征，但超过了一定的度就会走向反面，表现为死板、固执、拘泥、钻牛角尖、苛

求完美，把很多无所谓的事情化作自己的心理负担，严重者会导致心理疾病。

自我控制是人主动地去改变自己的心理品质、特征以及行为的心理过程，是大学生健全自我意识、完善自我的重要途径。

人的人格一旦形成，想改变是比较困难的，但这并不是说，人的人格形成后就无法改变了，只要有信心、有恒心，再加上方法得当，人格是可以调整的。"播种行为，收获习惯，播种习惯，收获性格，播种性格，收获命运"是一句印度谚语，它告诉我们，人格是可以播种的，也就是说人格是可以塑造的。

人人都向往和追求健康人格。但不同的人由于客观条件、具体环境不同，个性层次也不同。培养塑造良好的人格是大学生成长发展的要求，只要坚持不懈地努力，人格就可以更加健康、完善。

【阅读】

人格魅力四特征

1. 真性情

真性情是人格魅力的基础，具有真性情的人往往单纯、可爱，他们对人没有多大的坏心眼，在他人面前也不虚伪做作，非常自然，让人觉得相处非常舒服。

2. 高智商

具有人格魅力的人往往都有很高的智商。高智商的人往往意味着他们具有很强的学习力、逻辑力与对事物有深刻的见解。他们往往比他人更容易看到事物的本质。

3. 仪容得体

所谓仪容其实就是穿衣打扮得体，"你的仪容藏着你所读过的书与走过的路"。通常仪容佳的人会显得气质非凡，在人群中往往鹤立鸡群，其实他们得体的仪容与气质，来源于他们对自己的认真负责，对生活的不将就，对工作的热爱。

4. 有雅量

雅量就是能容人之量，具有雅量的人往往都是心胸宽阔的人。具有雅量的人通常来说，是不会对他人的过失放在心上的，所以才会宽容待人，赢得很多人发自内心的认同。

【拓展活动一】

20个我是谁

一、写出20句"我是怎样的人"的叙述句

要求尽量选择一些能反映个人风貌的语句，避免出现类似。

（1）我是一个_____的人；（2）我是一个_____的人；

（3）我是一个_____的人；（4）我是一个_____的人；

（5）我是一个_____的人；（6）我是一个_____的人；

（7）我是一个_____的人；（8）我是一个_____的人；

（9）我是一个_____的人；（10）我是一个_____的人；

（11）我是一个_____的人；（12）我是一个_____的人；

（13）我是一个_____的人；（14）我是一个_____的人；

（15）我是一个_____的人；（16）我是一个_____的人；

（17）我是一个_____的人；（18）我是一个_____的人；

（19）我是一个_____的人；（20）我是一个_____的人。

二、将陈述的20个句子进行分类

分类是为了了解自己对自己各方面的关注和了解程度，某一类项目多，说明你对这方面关注和了解多；某一类项目少或没有，说明你对这方面关注和了解少或根本就没关注、不了解。健全的自我意识应能较为全面地关注和了解自己。

A.身体状况（描述你的体貌特征的句子）。

编号：

B.情绪状况（描述你的情绪情感的句子）

编号：

C.才智状况（描述你智力、能力的句子）

编号：

D.社会关系状况（描述你人际关系的句子）

编号：

E.其他（不属于上面4个类别的句子）

编号：

三、评估你的陈述

评估你对自己的陈述是积极的还是消极的。

在你列出的每句话的后面加上正号（+）或负号（-）。正号表示"这句话表达了你对自己肯定满意的态度"，负号的意义则相反，表示"这句话表达了你对自己不满意、否定的态度"。看看你的正号与负号的数量各是多少。

正号数量：　　　　；负号数量：　　　　。

如果你正号的数量大于负号的，说明你的自我接纳状况良好。

相反，你的负号将近一半甚至超过一半，这显示你不能很好地接纳自己，你的自尊程度较低，这时你需要内省一番，寻找问题的根源，比如是否过低地评价了自己？是什么原因使你成为这样？有没有改善的可能？

四、分享交流

2～4人一组，小组内成员相互交流对自己的认识以及对活动的感受。

【拓展活动二】

个人发展探索

一、请在各个方格中简单描述不同人物对你的看法、评价，及与他们任何难忘的正面或负面的经历

父亲	母亲

自己

老师

一位重要人物

其他人

二、在填写过程中，请进行如下自我探索

（1）你对哪一个人的看法最为重视？原因是什么？

（2）最难填写的或资料最少的是哪一部分？原因是什么？

（3）假如你很努力地填写，却始终出现资料贫乏的现象，请思考一下自己人际关系如何。

（4）除非有充分理由，对于全栏出现空白的情况应做出探索。

（5）各栏所填写的，若是和谐又具正面取向时，反映你有着完整健康的自我；若各栏资料出现矛盾时，或资料倾向负面取向时，你应努力面对自我。

（6）这项练习可能会引发出一些长期压抑的感受，有时还可能出现父母、其他人对自己的一些恶劣评价，甚至是羞辱性的，这是很痛苦的。面对这些情况，要设法作有效的心理调适，必要时，一定要寻求老师的帮助。

【拓展活动三】

个人盾牌

根据下列问题的答案，做一个自己的盾牌，可以是文字，可以是图案，在盾牌上可以按照自己的喜好安排位置与顺序。

（1）目前人生中最重要的一件事。

（2）目前人生中最成功的一件事。

（3）目前人生中最快乐的时刻。

（4）你希望将来的自己是什么样子？

（5）如果只有一年的生命，你将会做什么？

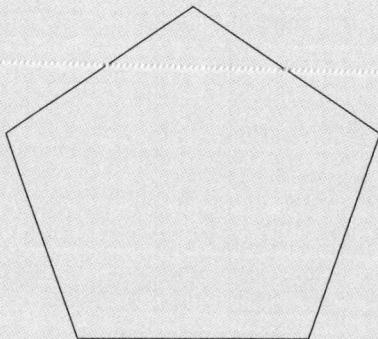

（图：空白的盾牌）

【拓展活动四】

三个我

（1）请在下面的方框中描述"理想的我"，时间约 10 分钟。写好后暂时不准观看。

理想的我

（2）请在下面的方框中描述"别人眼中的我"，时间约 10 分钟。写好后暂时不准观看。

别人眼中的我

（3）请在下面的方框中描述"真正的我"，时间约 10 分钟。写好后暂时不准观看。

真正的我

（4）完成后，将上面填写好的三个"我"进行检核，看看三个"我"是否

协调和谐。若否，则差异何在？并尝试找出原因。请你留意另外一个重点："理想的我"和"真正的我"是否协调一致？透过此重点，你往往可以发现两者之间的差异，甚至矛盾之点。同时，你往往会发觉一些对自己人生所产生的深层感受和渴求。

（5）为了达到更积极的效果，你应当努力探索，看看如何可以使三个"我"更加协调一致，制定促进三个"我"协调统一的方案。有了具体的计划，你会较易在生活中落实并改进。

一个心理健康的人，三个"我"是协调和谐的。当一个人自己和他人眼中的"我"没有太大的差距，个人理想也没有脱离现实，就是一个自我形象明确而健康的人。但当三个"我"不协调时，我们就该问自己：别人为何不了解我？我是否不能表里一致？不过，我们不必期望自己的三个"我"百分之百协调一致，因为那是不实际的期望，只会导致负面的影响。

（6）进行上述思考后，请填写以下汇总表（表2-1）。

表2-1　三个"我"是否协调一致

三个"我"	开始时	调整后
理想的我		
别人眼中的我		
真正的我		

【拓展活动五】

谈谈对你的看法

与好朋友认真沟通一次，请他（她）谈谈对你的印象和看法。

【推荐书籍】

1.《重塑自我：如何成为一个很幸福的人》 尼尔·帕斯理查

2.《放下自我》克里希那穆提

3.《自我关怀——让生命强大的必经之路》 克里斯汀娜·布莱勒

4.《德米安：彷徨少年时》 赫尔曼·黑塞

5.《给青年诗人的信》 莱内·玛利亚·里尔克

6.《学会学习》 斋藤孝

7.《理解未来的 7 个原则》 约翰·戴维·曼

8.《意志力》 罗伊·鲍迈斯特 / 约翰·蒂尔尼

9.《人生的智慧》 叔本华

10.《当尼采哭泣》 欧文·亚隆

【课后反思】

（1）你认为自己是独一无二的吗？为什么？

（2）如何进行自我管理？

（3）真正的自己究竟是怎样的一个人？

【参考文献】

[1] Beulah，Amsterdam. Mirror self-image reactions before age two[J]. Developmental Psychobiology，1972，5（4）：297–305.

[2] 车文博. 心理咨询大百科全书 [M]. 杭州：浙江科学技术出版社，2001.

[3] 刘文敏，高燕，赵丹. 大学生心理健康教育 [M]. 南京：东南大学出版社，2015.

[4] 苏京，詹泽群. 大学生心理健康教育 [M]. 天津：天津科学技术出版社，2009.

[5] 罗新兰. 大学生心理健康教育 [M]. 杭州：浙江大学出版社，2014.

[6] 扬中焕. 大学生心理健康教育 [M]. 济南：山东人民出版社，2016.

[7] 熊淑萍. 让幸福来敲门：高校心理健康辅导与矫治 [M]. 南昌：江西人民出版社，2015.

[8] 郝伟. 精神病学 [M]. 第 5 版. 北京：人民卫生出版社，2004.

[9] 格尔德. 牛津精神病学教科书 [M]. 成都：四川大学出版社，2004.

第三章

大学生人际交往

人与人不能相处，

是因为他们心存害怕；

他们心存害怕，

是因为彼此不了解；

他们彼此不了解，

是因为他们彼此没有好好沟通。

第一节　人际交往的概述

人际交往是个体通过某些手段进行信息传递、交流的过程，在此交往过程中存在着各种关系的建立、维持以及破裂等。因此，很多时候也将对人际交往的研究看作是对人际关系的探讨。

"人际关系"作为专用名词是在 20 世纪初由美国人事管理协会最先提出来的。关于"人际关系"内涵的界定至今尚未有一个统一标准，一般而言，人际关系的内涵有广义与狭义之分。从广义的角度来看，人际关系是指人与人之间关系的总和，是人们在生产或生活活动过程中所建立的一种社会关系。而从狭义的角度来看，人际关系是人与人在交往中建立的直接的心理上的联系。

由人际关系狭义的定义可知，人际关系是由一系列的心理成分构成的，它既有认知成分、情绪情感成分，也有行为成分。认知成分反映个体对人际关系状况的认知与理解，是人际知觉的结果，是理性的条件；情绪情感成分是对人际交往过程的评价态度，反映了人际交往双方在情感上的满意程度和亲疏关系，是人际关系的基础；行为成分是人际交往双方的外在表现和结果，是表现个性的一切外在行为。一般情况下，当人际关系的认知、情感和行为三种心理成分协调统一时，个体在人际交往过程中才能达到内外身心的一致与和谐。

人类社会发展本身就决定了任何一个社会人既要同自然界发生关系，又要同社会发生关系。马克思曾经说过："人的本质不是单个人所固有的抽象物，在其现实性上，它是一切社会关系的总和。"[①]大学生作为社会的重要群体，年轻活跃、受教育程度高，作为社会中坚力量的基础，肩负着社会发展的重要使命。大学时期是大学生步入社会的预备时期，也是大学生社会关系走向社会化的一个重要转折时期。培养适应社会发展的良好人际交往能力，一方面是大学生生存发展的需要，另一方面也是他们适应社会不断发展进步的需要。拥有良好的人际交往能力与和谐的人际交往氛围，对于当代大学生的学习、生活、职业发展与社会融入都有十分深远的意义。

一、人际交往的意义

（一）人际关系与心理健康

健康是每个个体人生中最大的财富。在生产力水平低下的时期，人们主要依靠体力与自然界做斗争，于是只要躯体没有疾病，有能力进行劳动，就是健康的状态。但随着生产力水平的发展，特别是现代科学和医学的发展，人们逐渐认识到人的整体性以及人与环境的统一，人们对于健康的认识发生了实质性的变化。健康不仅仅是没有疾病，而且包括躯体健康、心理健康、社会适应性良好和道德健康。因此，当今社会探讨健康这一概念时，不再局限于身体健康水平，而是更加全面地、系统地将个体发展中心理健康水平，适应能力以及道德健康等方面综合进行评价。

一滴水放到大海里才不会干涸，一个人融入社会才能活出生命的意义。人的社会性决定了人必须生活在广泛的人际关系网中，并不断从中获取物质需要与精神需要。因此，人际交往与心理健康之间存在着相互影响的作用。

1. 良好的人际关系可以提高个体心理健康水平

人际交往与个体心理健康水平的关系十分密切。我国著名的医学心理学家丁瓒曾说过："人类的心理适应，最主要的就是对于人际关系的适应，所以人类的心理病

---

① 《马克思恩格斯选集》（第 1 卷），167 页，北京，人民出版社，2012。

态，主要是由于人际关系的失调而来。"① 具体来说，人际关系对于个体心理健康有哪些积极意义呢？我们将从以下三点详细论述。

（1）良好的人际关系能引起个体积极的情绪体验。

情绪与情感是个体面对客观刺激时，以需要作为中介所产生的一种主观体验。由此可见，引起个体情绪情感体验需要具备两个关键因素：刺激与需要。日常生活中个体不会无缘无故产生某种情绪体验，无论积极的或是消极的情绪，追根溯源之下必然能发现引起情绪变化的客观刺激存在，而该刺激与个体需要之间的关系则决定了个体对于该种情绪的体验是积极正向的，还是消极负向的。

个体在人际交往过程中不断地进行着心理距离上的拉近或是疏远，不同的人际关系则会引起不同的情绪情感体验。其中，在交往过程中个体所接触的人、事、物就是引起情绪反应的刺激。而当在心理距离上不断拉近或疏远时，双方能通过交往满足或是不满足各自的需要，由此体验到积极的或是消极的情绪变化。例如，如果生活在一个幸福和睦的家庭里，家庭成员之间相互沟通与交流，彼此信赖，那么此时成员们能通过交往满足爱与归属感的需要，在情绪情感的体验上必然是积极的。若是家庭成员之间经常发生矛盾与冲突，意见与想法无法沟通和协调时，心理距离会不断疏远，这时成员们的情绪情感体验便会是消极的、负向的。

（2）良好的人际关系能满足个体的安全感与归属感。

人本主义心理学家马斯洛认为，每个个体都具有一种基本的需要：归属于一定的社会团体，得到他人的爱和尊重。这种社会性需要是和吃饭穿衣等生理性需要同等重要的缺失性需要，即必须得到满足不可。如若不能满足，主体将丧失安全感，进而影响心理健康状态。心理学家塞利格曼在针对人们幸福感进行研究的过程中发现，影响个体主观幸福感的最重要因素是"我们内心最深处的归属感以及与他人交流的需要"。他在研究中指出，拥有较高主观幸福感的学生很少独处，他们和家人、朋友或是恋人之间的关系非常稳定，并且花费很多时间与家人、朋友或恋人共处，他们更为开朗、友善，也感受到较少的压力。

（3）良好的人际关系能丰富个体的社会角色。

角色，在社会心理学里是指一定社会身份所要求的一般行为方式，以及理解事物的态度和价值观。角色的获得，是指站在他人立场上，体验他人的角色，了解他

---

① 丁瓒：《青年心理修养》，18页，丙寅医学社，1946。

人在特定交往情境中的期望与情感。通过角色的获得，个体可以知道他人对自己的期望，了解彼此的需求。

一般而言，当个体参与的社会活动越广泛，承担的社会角色越多，个体的发展就会越丰富，越全面。例如，当个体跟导师一起学习与研究时，个体承担了一个学生的角色；当兼职做一份家教工作时，个体又承担了一个教师的角色；当帮助他人的时候，个体扮演了一个助人者的角色；而当有了烦恼向朋友或亲人倾诉时，个体又扮演了求助者的角色。丰富的社会角色既能帮助个体了解别人，同时也能让个体更加清楚地认识自己。而且，当投入到一个新的角色中的时候，个体很快会感到生活的一种新的意义，对自我成长提出一份新的要求。

2. 良好的人际关系具有疗愈作用

人际关系不仅是人健康成长的基本条件，同时也是治疗心理障碍的一个重要资源。新精神分析学家霍妮认为，神经症是人际关系紊乱的表现，人类的心理病态，主要是由于人际关系失调而来的。各种对于严重的精神障碍治疗以及危机干预中，虽然方式方法不同，技术各异，但都有一个共同点：支持治疗。支持治疗中，最重要的支持来源则是周围亲人与朋友的关心与理解。

归因治疗领域的研究表明：患者家属的情绪表达（Expressed Emotion，EE）会导致精神分裂症患者病症的复发。所谓"情绪表达"是指家庭成员在讨论另一个家庭成员的时候常常选择用一种敌意的、批评的方式。例如，当患者家属将患者的病因看作是一种患者可以控制的因素（即认为患者表现出的症状是由于患者自己不努力控制所造成的），患者家属就会较多地使用敌意的、批评的方式与患者进行交流，这种不良的交往方式会导致精神分裂症患者的复发程度提高。相反，如果患者家属较少地使用敌意的、批评的方式与患者进行交流，精神分裂症的复发率明显减少。

心理学家弗洛伊德曾说过，人们在分娩过程中产生的基本焦虑，只有依靠他人的轻拍、安抚才能得以拯救。人与人之间的交往，可在一定程度上减轻缓解个体焦虑的体验。心理学家沙赫特通过实验证实了这一点。他选取了一群女大学生作为被试群体，将其随机分为两组。一组被试将被告知，她们将接受比较厉害的电击，但不会造成永久性伤害（唤起被试的高焦虑）；另一组被试则被告知将接受轻微电击，只会产生发痒或震颤的不舒适感（唤起被试的低焦虑）。焦虑唤起后，全体被试休息10分钟，休息方式可选择独处或是与他人集中一起等待。实验结果表明：高焦虑组选择和他人一起等待的人数占比为62.5%，而低焦虑组选择和他人一起等待的人数占比为 33.5%。实验结果说明，当个体感受到焦虑时，焦虑水平越高，越倾向于通过人际交往的方式进行缓解。

此外，良好的人际交往还可以改善个体性格中的一些缺陷。由于人际交往是一种双向互动的活动，他人的期待和回应往往会成为我们做出改变的动力。在与人交流的过程中，我们不断地认识他人，得到他人的反馈从而正确地认识自己，由此不断地完善自己。许多心理学研究均得以证实，环境对于性格的优劣性具有塑造作用。日常生活中，劣势性格对于个体的发展具有一定的阻碍。例如，随着社会的发展，团队合作能力逐渐成为衡量大学生核心素养的一个重要指标，然而我们身边总有一些同学性格孤僻，习惯性地与他人保持距离，独来独往，封闭自己的内心。针对这类同学，发展良好的人际关系可以帮助他们逐渐改善性格中的小缺陷，使得他们能更好地生活与工作。

（二）人际关系与个体成功

20 世纪 30 年代，英国送奶公司送到订户门口的牛奶，既不用盖子也不封口，因此，麻雀和红襟鸟都可以很容易地喝到凝固在奶瓶上层的奶油皮。后来，牛奶公司把奶瓶口用锡箔纸密封起来，以防止鸟儿的偷吃。没想到，20 年后，英国的麻雀都学会了用嘴将奶瓶口的锡箔纸啄开，继续吃它们喜爱的奶油皮。然而，同样 20 年后，红襟鸟却再也没有美味的奶油皮可吃，因为它们一直没有学会这种方法。

这种现象引起了生物学家的兴趣，他们对这两种鸟儿进行了研究，从解剖的结果来看，它们的生理结果没有很大的区别与变化，但是为什么这两种鸟儿在行为上却有如此大的差别呢？

后来科学家通过研究它们的生活习性得到了答案。麻雀是群居鸟类，常常一起行动，当某只麻雀发现了啄破锡箔纸的方法后，别的麻雀就能通过观察模仿从而习得这种行为。而红襟鸟则喜欢独居，它们以圈地为主，因此即便某只鸟儿发现了"秘密"，其他同类也很难知道。

从生活方式来看，"人"是群体性生物，人的社会属性是人的本质特征之一。因此，人际关系在个体发展中起到十分重要的作用。

美国著名心理学家拿破仑·希尔经过 20 年的不断努力，对包括福特、罗斯福、洛克菲勒等在内的 500 多位成功者进行了深入的研究，结果显示：成功＝人际关系（85%）＋业务能力（10%）＋机遇（5%）。由此可见，良好的人际关系是成功的不二要素。

零点调查公司在其发布的《中学生文化研究报告》中指出，体验不到学校乐趣的学生，即使短期内努力取得好成绩，也很难保持下去。在所有可见指标上，良好的同伴关系是学生校园生活满意度上最重要的一个影响因素。

此外，良好的人际关系能产生社会促进作用。所谓社会促进效应，是指人们在共同工作或有人在旁边观察的时候，活动效率会比单独进行时提高。社会心理学的一项研究中发现，自行车运动员训练时，单独训练时的速度要比和多个运动员共同训练时慢20%。良好的人际关系能营造出高效的合作与交流的氛围，帮助群体成员在问题解决过程中提高效率。

二、人际交往的四种模式

英国著名心理学家伯尔尼根据个体对自己或对他人所采取的态度，将人际交往归纳为以下四种基本模式。

1. 我不好—你好，我不行—你行

心理学家阿德勒在其研究中指出，人与自然界其他生物对比而言，在生命初始阶段由于缺乏一定的自我生存手段，对于周围的人的依赖性极强。成长中在与他人对比的过程中，一些儿童常常感觉到自己的无能，因而产生自卑感，在潜意识中逐渐形成"我不行—你行"的心理模式。这是一种针对自我认知的消极心理状态，持有这种心理模式的人往往对自我的评价十分消极，觉得自己处处不如他人，在与人交往过程中感觉自卑与焦虑。

2. 我好—你不好，我行—你不行

持有这种态度的个体，在交往中常常将失败与挫折归结于他人的原因，或是将自己看作交往关系中的优越者角色。这类群体看似充满自信，实际上却是过度的心理防御倾向下，用对他人的否定来实现对自我的保护。

3. 我不好—你不好，我不行—你也不行

这是一种对人际交往双方均持有否定态度的交往模式，交往者在态度与行为上均表现出消极状态，既不愿意接纳他人，也拒绝他人靠近自己。这类群体在现实生活中往往选择远离他人，在建立或维持人际关系的边缘徘徊，找不到进入关系的入口。

4. 我好—你也好，我行—你也行

这是一种健康的心理状态，它的特点是，充分体会到自己拥有一种强大的理性能力，并对生活的价值有着恰当的理解。他们爱自己的同时也相信自己值得他人的爱，能客观的悦纳自我与他人。这类群体在交往过程中，能正确地认识自己并不断的追求更好的自我发展，对他人的态度更加开放与真诚，能理解与包容他人的错误与缺点，肯定自己也肯定他人，保持一种乐观、积极、和谐的精神状态。

以上四种人际交往的基本模式是建立在一定的价值观念、认知方式、个性特质以及行为习惯等因素基础之上的，现实生活中种种复杂的人际关系均是这四种基本模式的不同程度的展现。一般而言，前面三种模式容易引起人际交往的障碍，不符合心理健康的标准。

三、人际吸引的方式

人际吸引是指个体主观上体验到的在空间以及时间上直接或间接的相互依存关系，是人际关系中的一种肯定形式。人际交往的过程实质上是人与人之间的情感、信息和物资交换的过程，在这一过程中，人际吸引是人与人之间建立交往关系的基础。简单来说，人际吸引即是人与人之间的相互接纳和喜欢。那么人为什么喜欢别人或是被别人喜欢呢？心理学家通过广泛的研究后认为，人际吸引存在以下几种形式。

1. 外貌式吸引

一个人的外貌、穿着、风度、仪表等外表因素会影响人们彼此间的吸引，尤其是在初次见面的时候，第一印象非常重要，其中外表因素尤为重要。大量的研究表明，外貌魅力会引发明显的"辐射效应"，使人们对高魅力者的判断具有明显的倾向性。例如，在实验室向大学生被试出示三张外表吸引力不同的照片，并请他们对照片上的三个人在 27 项特质上打分，并预测未来的幸福程度。结果表明：大多数被试对外貌好的给予较高的评价与预测，人们一般觉得外貌好的人聪明、有趣、独立、会交际、能干等。值得重视的是，人们对美貌的人的其他方面会给予积极评价，但如果人们感到有魅力的人在滥用自己的美貌时，反过来倾向于对其实施更严厉制裁。

2. 邻近式吸引

在日常生活中，人们更多地将喜欢的情感投向周围与自己有直接交往的对象，并在其中选择交往或合作的伙伴。能够自然而然地相互接触，彼此之间存在交往的

可能性，这就成了人际吸引的前提条件。人际关系的由浅入深，也正是由相互接触与初步交往开始的。心理学研究结果表明，熟悉引起喜欢。熟悉本身就可以增加一个人对某种对象的喜欢。熟悉不是引起喜欢的唯一变量，但熟悉可以增加人们对积极和中性对象的喜欢程度。熟悉使人们更容易辨认事物，熟悉的过程本身改变了人们辨认事物和对其进行分类的能力，这种改变使人变得更为积极。

3. 相似式吸引

在人际交往中，人们通常喜欢与自己某方面相似的人交往。正如日常生活中所讲的"物以类聚，人以群分""酒逢知己千杯少，话不投机半句多"一样，人们通常喜欢与那些在态度、价值观、社会条件以及教育程度等方面与自己相似的人交往，这样可以在交往的过程中寻找到更多的共同点，更能相互接纳和认同彼此，这就是相似性吸引。观点、看法的一致性可以看作是一种社会支持，犹如巴氏吸引律中所描述一般：我们对他人的吸引力，直接根据双方相似态度的比例而定，相似的态度越多则吸引力越大。在人际交往过程中，观点与态度的相似性能产生一种"奖励"的效果，这种效果能促进双方的交往，让人际交往双方均能在交往过程中寻求到需求的满足。

4. 互补式吸引

这里所提及的互补性吸引是指在相似的基础上，那些我们期待的特质所带来的吸引力。当人际交往双方的需要和满足途径正好成为互补关系时，双方之间的喜欢程度也会随之增加。例如，外向型性格的人喜欢与内倾型性格的人友好相处，相互欣赏；家庭经济条件优越的学生会欣赏那些克服困难求学的学生；依赖性强的人更愿意与独立性强的人交朋友，等等。研究表明，在关系建立初期，相似性是形成人际吸引的主要因素，但随着关系逐渐稳定，互补性能在交往过程中不断满足交往双方的需要，发挥的作用逐渐增强。

5. 互惠式吸引

利益是人们交往的出发点，交换是人们交往的有效手段，在人际交往过程中，我们对于付出与回报有自己的一套运算方式，但最终的归属点一定在于互惠性的存在。在一段关系中，我们不可能永远处于付出的状态，同样也不可能永远在索求，交往双方会在关系的进程中不断修正双方的付出与回报，最终达成平衡，这才是稳定人际关系维持的实质。

四、人际交往的发展阶段

勒温格等人认为，关系的发展有三个阶段：第一阶段是单向注意阶段，双方没有产生互动；第二阶段是表面接触阶段，双方有初步的、浅层的互动，但是还没有相互卷入，也就是说没有走进彼此的私我领域，一般的泛泛之交就停留在这一阶段；第三阶段是相互卷入阶段，双方向对方开放自我，分享信息和感情。

阿特曼等人提出了社会渗透理论来解释关系发展的过程。他们认为人际交往主要有两个维度：一是交往的广度，即交往或交换的范围；二是交往的深度，即交往的亲密水平。关系发展的过程是由较窄范围内的表层交往，向较广范围的密切交往发展。人们根据对交换成本和回报的计算来决定是否增加对关系的投入。阿特曼等人认为，良好的人际关系的发展，一般经过四个阶段：定向阶段、情感探索阶段、情感交流阶段、稳定交往阶段。

1. 定向阶段

在人际交往中，人们对人际交往的对象具有很高的选择性。进入一个交往场合时，人们往往会选择性地注意某些人，而对另外一些人视而不见，或者只是礼貌性地打个招呼。对于注意到的对象，人们会进行初步的沟通，谈谈无关紧要的话题，这些活动，就是定向阶段的任务。在这个阶段，人们只有很表层的自我表露，如谈谈自己的职业、工作、对最近发生的新闻事件的看法等。

2. 情感探索阶段

如果在定向阶段双方有好感，产生了继续交往的兴趣，那么两人就可能有进一步的自我表露，如工作中的体验、感受等，并开始探索在哪些方面双方可以进行更深的交往。这时，双方有一定程度的情感卷入，但是还不会涉及私密性的领域。双方的交往还会受到角色规范、社会礼仪等方面的制约，比较正式。

3. 情感交流阶段

如果在情感探索阶段双方能够谈得来，建立了基本的信任感，就可能发展到情感交流的阶段，彼此有比较深的情感卷入，谈论一些相对私人性的问题，如相互诉说工作、生活中的烦恼，讨论家庭中的情况等。这时，双方的关系已经超越了正式规范的限制，比较放松，比较自由自在，如果有不同意见也能够坦率相告，没有多少拘束。

4. 稳定交往阶段

情感交流如果能够在一段时间内顺利进行，人们就有可能进入更加密切的阶段，双方成为亲密朋友，可以分享各自的生活空间、情感、财物等，自我表露更深更广，相互关心也更多。一般来说，能够达到这种境界的关系相当少，这也就是人们常说的，"人生难得一知己，千古知音最难觅"。

五、人际关系的瓦解

每个人都希望永远拥有良好的人际关系，长久地享受美好的爱情或友谊。然而遗憾的是，由于各式各样的原因，我们可能需要面对分道扬镳的结局。从人际关系瓦解的过程来看，大致分为五个阶段。

1. 分歧阶段

分歧是人际交往双方不同点扩大，心理距离扩大，彼此接纳性下降，随之而来的是双方在直觉与理解上朝着不利于原来关系的方向倾斜的过程。当分歧出现时，双方情感的融洽程度下降，彼此开始对对方的情感和动机产生猜忌或漠视。当分歧难以解决时，冲突会转移到下一阶段。

2. 疏远阶段

交往双方明确感受到彼此关系出现裂痕，沟通质量下降，交往双方力图避免接触，即使偶尔在学习和生活中产生了接触，在情绪体验上也是消极的。从具体的行为表现上可看出，交往双方明显的有意扩大交往距离。

3. 冷淡阶段

冷淡是在交往过程中已经经过了疏远的阶段，在此基础上表现出更多的否定态度和行为。比如，在学校的某个地方，刚好是下课时间，你不想穿过拥挤的人群去向某个同学打招呼，这属于典型的疏远；即使你不和那位同学打招呼，而当他主动走过来想同你说话时，你明显表现出没有兴趣，甚至装作没看见或者没听到，这就属于冷淡。

4. 逃避阶段

随着关系的进一步恶化，为脱离痛苦的体验，交往双方会尽可能地相互回避，特别是避免只有两个人在一起的无所适从的窘境。当关系恶化到这一步时，人们往往感到很难判断对方的情感状态和预言对方的行为反应，双方常常具有不友好、敌意和对抗的举动。在这种状态下，人们都有较为强烈的自我保护欲望，对许多原本正常的人际行为产生过敏的反应。

5. 终结阶段

处于这一阶段的人际关系双方，在相互关系给自己带来的痛苦折磨下，将相互间的接触视为一种负担，以终结人际交往作为解脱痛苦的方式。这属于人际交往恶化的最后阶段，即交往双方失去联系。交往双方都没有意愿主动重修联系或者重新建立和谐的人际交往关系。

【阅读】

人际关系 SOLER 法则

沟通的外部环境很重要，沟通人的面貌也很重要，有谁愿意跟一个满脸苦相的人聊天呢？更没人愿意对着一个呼呼大睡的人畅谈理想。保持你沟通时的精神面貌，你感到舒适，对方也感到舒适，SOLER 法则可以表示一种沟通时的姿态。

SOLER 的意思是：

S-it 表示站立或坐下时要面对对方，让对方看到你的全部；

O-pen 表示保持自然、开放的姿势；

L-ean 表示倾听对方讲话时，身体要微微前倾；

E-yes 表示与对方交谈时，目光要与对方接触，不要逃避或东张西望；

R-elay 表示要放松心态与对方沟通。

第二节　大学生人际交往的特点及影响因素

大学生由于年龄、性格、气质、阅历等方面的不同，人际交往类型多种多样。从交往心理看，大学生交往呈多元化与开放化，他们渴望友谊，渴望结交更多的朋友，接受更多的新思想，在这种心理的作用下，大学生的人际交往呈现出前所未有的开放式交往趋势。面对如此众多的人际关系，有的同学因为处理不当，整日郁郁寡欢，心情沮丧；有的同学因为人际关系紧张，精神压力很大，导致程度不同的心理疾病；而更多的同学则由于不知如何处理复杂的人际关系，而经常为苦闷、烦恼的情绪所困扰。因此，如何正确处理人际交往中的各类问题，建立并维持人际关系逐渐成为衡量大学生成长的一个重要环节。

一、大学生人际关系的类型与特点

由于社会活动的复杂性与人际交往行为的多样性，大学生人际交往的类型呈现出五彩缤纷的局面，因标准不同，人际交往的类型有多种不同的划分。按照人际关系的媒介不同进行分类，可将人际关系分为血缘关系、地缘关系、业缘关系、趣缘关系四种类型。

（一）血缘型

血缘型即以血缘关系为基础的人际交往。血缘关系是指因血缘联系和婚姻联系而形成的人际交往。这种交往是人际交往中最基本、最直接、最普遍的交往。因为从一个生命呱呱落地开始，他就自然而然地拥有了父子（女）关系、母子（女）关系、兄弟姐妹关系、祖孙关系等人际关系。无论是在人类自身的生产和发展中，还是在家庭的延续中，以及个人的一生中，甚至在社会生活的各个方面，血缘都占有及其重要的地位。

血缘关系的特点：第一，血缘关系是先赋的，与生俱来的，是任何人自身无法选择的；第二，血缘关系是人的一生中交往频率最高、持续时间最长久的一种关系；第三，血缘关系的基础是血缘和感情；第四，血缘关系对人的成长和发展影响巨大，发展心理学认为，在 7 岁前，儿童的智力发展已经与成年人相差无几，18～25 岁，个性心理趋于稳定，世界观基本形成，在这些时间段里，父母对子女的影响往往起着非常关键的作用。

（二）地缘型

地缘型即以地缘关系为基础的人际交往。地缘关系是指以地理位置为联结纽带，在一定的地理范围内共同生活、活动、交往而产生的人际关系。这种交往是生活在共同地域中的人们之间进行的，主要靠社会道德、公民道德和社区文化习俗来调节，如老乡、邻居等交往关系。一定的共同地域赋予人们共同的经验范围背景，如语言、风俗、习惯、观念等。这些共同的经验范围背景自然会让人产生彼此间的相互认同，例如，在同一所学校里，一个学院，一个班级，甚至一个寝室，总会有几个来自同一省、地区、市（县）的同学，这些同学由于生长在相同的地方，有着共同的语言习惯和生活习惯，因此在人生地疏的环境中，他们的心理距离小，容易形成密切的人际关系。这种地缘性的人际交往对社会的影响非常广泛。

地缘关系的特点：第一，地缘关系是因地理位置而结成的交往，居住处所搬迁地方越少的，地缘关系就越紧密，反之，地缘关系则较淡漠；第二，地缘关系有些是天赋的，即一生下来就存在的交往，而有些是后天取得的，即因搬迁而结成的交往；第三，按范围分，地缘关系是有层次的，有村级、县级、省级以及国级，相应地，地缘关系的作用是递减的。

（三）业缘型

业缘关系是指以职业、行业、专业或事业为纽带而结成的人际交往。这种交往是在因共同的职业、行业、专业、事业而联系在一起的人们之间进行的。业缘关系又分为行业内部的领导和被领导关系，上下级关系和同事、同级关系；行业外部的彼此合作关系、伙伴关系、竞争关系等。业缘型人际交往的利益色彩更为突出，合作与竞争是永恒的主题。因而，业缘型的人际交往在整个人际交往中所占的比例最大，对社会的影响也最大。

业缘关系的特点：第一，与血缘关系和地缘关系不同，业缘关系是在血缘和地缘关系的基础之上由人们广泛的社会分工而形成的复杂的社会交往，这种交往是后天获得的，是通过交往而发生的直接或间接的人际关系；第二，业缘关系以职业关系为纽带；第三，业缘关系有阶段性和变动性，每个人都可以主动地与不同职业的人发生联系，从而在不同时期内产生不同的业缘关系；第四，业缘关系存在合作性和竞争性。

（四）趣缘型

趣缘关系是以人们的专业技术特长或兴趣爱好为纽带而结成的人际交往。人们由于趣味相投而乐于交往，表现为知己、朋友、棋友、茶友等。趣缘型交往一般以志同道合为基础，以情感上的依恋为主要特征。

趣缘型人际交往在大学生中较为普遍，因为大学生精力旺盛，兴趣爱好广泛，出于对专业的共同兴趣、对艺术和体育等的共同爱好，使得一些人交往密切，形成了一些正式或非正式的群体。大学校园中的诗社、剧团、球类等各种丰富的社团就是大学生趣缘型人际关系的体现，是大学校园文化的重要载体。

在大学校园内，大学生人际交往的主要对象集中在教师、同学之间，因此，在此我们主要针对大学生中师生关系、同学关系的特点与大家进行探讨。

1. 师生关系

老师与学生，是大学校园里两大基本群体。老师是学生人际交往的重要对象，师生关系是学生人际关系的重要内容。和谐良好的师生关系应当是尊师爱生，教学相长的关系，应当是一种民主、平等、互尊、互爱的和谐而亲密的关系。然而，有调查表明，大学生在遇到困难时，大多求助于朋友、家长，只有极少数的学生会寻求老师的帮助，即使想到老师也是最后的选择。那么，造成师生关系冷淡的原因是什么呢？

首先，在校园中老师是知识的传授者，与老师的交往是大学生知识需求获取的重要途径。然而，由于大学授课的流动性，师生之间缺乏直接的沟通，课堂上绝大部分时间被学业知识占据，课后的交往内容也多局限于知识学习方面，师生之间必要情感的交流与沟通明显不足，使得许多大学生在面对老师时表现出拘谨与胆怯。

其次，随着信息化时代的发展，学生获取信息的渠道更加多元化，获取信息的内容更加广泛，学生的独立意识、自主意识都在不断地增强。因此，那些未经过系统化学习而积攒的碎片化知识与教师授课的书本知识之间产生了碰撞，促使一些学生在对待学习、对待老师的方式与态度发生了改变，他们在面对教师的"授业"内容时表现较为消极，逐渐拉开了师生交流的距离。许多大学生花费了大量时间和精力从事着专业以外的事情，他们参加很多活动以提升自己的能力，考取很多的资格证为未来的就业做准备，而这些往往不能通过课堂教学实现，这些想法与态度逐渐成为大学师生之间的矛盾，逐渐造成了师生之间难以交流的屏障。

2. 同学关系

同学关系是大学生人际交往过程中所产生的基本关系之一，同学也是大学生人际交往的主要对象。然而现有的许多研究表明，大学生常见的一些矛盾也主要集中爆发在同学的交往过程之中。大学生生活是大学生由家庭走向社会的过渡阶段，如果说校园之外的世界是一个大社会，那么大学则像是一个微型的小社会。在这个小社会中，成员相对固定，相互之间的接触频繁，朝夕相对的同学之间产生冲突在所难免，但是如果这些矛盾和冲突得不到及时解决，积累起来就会导致同学之间长时间的误会和不和，甚至更严重的情况下，有诱发心理疾病的可能性。据某校心理健康辅导中心介绍，近一半的大学生前来寻求帮助的原因在于同学之间关系的不和谐导致内心的冲突与心理的不适。

大学生群体中，产生人际交往的成员之间存在着许多差异性，如来自不同的地域、不同的家庭背景、不同的生活习惯等。这些差异性的存在使得同学们在交往的过程中可能存在着许多"龃龉"。再加上大学生之间空间距离缩小，交往密度高而自我空间相对狭小等特点，他们对人际交往的期望较高，一旦得不到满足，容易采取消极退避的态度。

3. 恋人关系

爱情是永恒的话题，对于文化水平较高，情感体验较为丰富的大学生而言，校园爱情是大学生活中的重要一课。然而许多大学生在恋爱问题上时常感到有很多心灵困境或是心理困惑。关于这一问题的探讨，我们将在"大学生恋爱心理"这一章节详细进行展开讨论。

二、大学生人际关系的影响因素

大学生在人际交往的过程中会受到各种因素的影响，有主观方面也有客观方面的。全面分析和认识这些影响因素，不仅有利于社会、家庭、学校更好地配合，有针对性地开展大学生人际交往能力的培训工作，而且可以帮助和指导大学生提高人际交往能力，为现在和将来的心理健康、幸福生活以及建立良好的人际关系奠定扎实的基础。

在心理学中，通常将影响人的心理发展的因素简单地归纳为两个基本点：内因（遗传）与外因（环境）。人与人的交往过程中，无论是我们运用的方法与技巧，或是我们的认知与态度，其实都是心理活动的结果。因此，在探讨人际关系的影响因素时，也大致可归纳为遗传与环境两大因素。

（一）遗传

遗传是个体心理发展的生物学基础，也是我们各种心理发展的必要物质前提。在心理学的相关研究中可发现，遗传对于个体的影响无处不在。在人际交往过程中，先天的遗传因素发挥着重要作用。例如，自闭症的主要核心症状表现为社会交往障碍以及交流障碍，而在对自闭症的研究中发现，自闭症在单卵双胞胎中的共患病率高达61%~90%，而异卵双胞胎则未见明显的共患病情况。在兄弟姊妹之间的再患病率，估计在4.5%左右。这些现象表明自闭症存在遗传倾向性。

现实生活中，我们虽不常见自闭症，但是通过观察可发现，一些大学生在人际交往中表现出退缩、回避以及交流困难等，他们的父母可能也不太善于交际。

（二）环境

著名的行为主义流派心理学家华生曾经用一句经典名言，充分体现了环境决定论理论的内核，他说，给我一打健康的婴儿，并在我自己设定的特殊环境中养育他们，那么我愿意担保，可以随便选择其中一个婴儿，把他训练成为我所选定的任何一种专家——医生、律师、艺术家、小偷，而不管他的才能、嗜好、倾向、能力、天资和他祖先的种族。

人的发展是从自然人向社会人转变的过程，在此过程中环境对于个体的影响必不可缺。在1920年，印度加尔各答东北的一个名叫米德纳波尔的小城，人们常常见到一种神秘的生物出没在附近的森林，往往一到晚上，就有两个用四肢走路的"像人的怪物"尾随在三只大狼后面。后来，人们打死了大狼，在狼窝里发现这两个"怪物"原来是两个赤裸的女孩。其中，大的女孩年约7岁，小的女孩约2岁。这就是曾经轰动一时的"狼孩"事件。

像印度"狼孩"这类野兽抚养人类幼儿的事例并不止一件。1344年，在德国森林里发现过被狼抚养长大的孩子；1661年在立陶宛发现了与熊一起长大的孩子；1627年在伊朗发现了被绵羊哺育的孩子。至20世纪50年代，已知有30个小孩是在野地里长大，其中20个孩子被野兽所抚养。

这类被野兽抚养长大的孩子，在生物学意义上仍然具备人类的特征，然而他们的生活习性却与正常人类相去甚远。印度"狼孩"被发现时用四肢行走，她们喜欢单独活动，白天躲起来，夜间潜行。他们吃东西时不用手拿，而是放在地上用牙齿撕咬，每天午夜到凌晨三点会像狼一般引颈长嚎。2岁的小女孩一年之后便死去，大的女孩被人类发现后抚养，两年后才会直立，6年后才艰难地学会独立行走，直到死亡也未能真正地学会说话。根据研究者的估计，大的女孩16岁死亡时，她的智力水平只与3、4岁正常孩子的发展水平相似。

"狼孩"的研究表明，脱离社会环境的个体是很难由自然人演变到社会人这一阶段。因此，环境对于个体的发展而言，其作用可以说十分重要。个体在成长过程中，不断地扩大与人交往的范围，而这些环境因素都为其发展提供了无限的可能。

1. 文化与经济环境的影响

随着经济全球化，各种形式的新思潮大量涌入，这对于思想观念仍处于发展阶段的青年大学生是极大的考验，在处理人际关系的过程中给他们带来了多方面的困惑。另外，大学生大都来自不同的区域，拥有不同的地域文化，遵循不同的地方风俗，进入大学校园后，对不同文化、习俗经历了最初的新鲜感之后，必然面临着不同文化背景带来的交流困难和沟通障碍。一些大学生进校后喜欢和老乡交往，积极地参加老乡会，其实也是他们逃避因文化差异带来困惑的无奈选择。

同时，人与人之间的利益交往渗入到校园，利益至上、权钱交易的不良社会风气严重影响着一部分大学生，这些大学生的人际交往和人际关系的建立趋向世俗化、利益化。

2. 家庭环境的影响

从来到这个社会开始，人们就开始了社会化交往，而交往的首任对象就是父母、家人，家庭的结构、家长的教育方式以及家庭内部的和谐程度对孩子的成长起到了潜移默化的作用。在和谐、民主、轻松的家庭环境下成长的孩子，因为受到环境的熏陶，他们容易形成开朗、豁达、乐观的性格，有主动与人交往的欲望，这有助于其在日后的人际交往中取得优势地位。而那些处于家庭氛围不和谐的环境下的孩子，因为处于严厉、固执、保守的家庭环境，更容易产生猜疑、自卑、对人冷漠、仇视等不良人际交往倾向，这对于他们以后的人际关系的建立有着极其不利的影响。

3. 学校环境的影响

首先，随着社会竞争越来越激烈，当今大学生的学习压力仍然很大，大学生为了步入社会后有一立足之地，各类证件的考取成了大学阶段主要的任务之一。主观上来讲，大学生对于人际交往是有需求有愿望的，但繁重的学业压力，使很多大学生萌生了过多的人际交往和复杂的人际关系会影响学业发展的观念，因而缺乏人际交往的积极性与主动性。

其次，高校对于大学生人际交往的教育和培养，缺乏系统的理论教学和实践指导。目前，互动式的教学方法没能真正地运用到教学活动中去，课上课下大部分教师缺少与学生的交流与沟通，师生关系明显生分疏远，这也使得大学生在人际交往中遇到困难和迷惑时，不能得到教师有效地指导和帮助的机会。

4.网络环境的影响

网络的虚拟性和匿名性，决定了在网络人际交往中，大学生可以采用匿名或者虚拟的身份，这对真实可信的现实人际交往提出了巨大的挑战。如果大学生整日沉迷于网络世界的虚幻生活，满足于虚拟世界带来的荣誉感、自豪感，这将可能使其逐渐疏远、甚至放弃现实生活中真实的情感交流与沟通。网络世界中他们可能能言善辩、思维活跃，但现实生活中他们不善言语、不能正确表达自己的观点和想法，成为虚拟世界和现实生活中的"两面人"，造成这些大学生的心态冷漠、情绪低落、意志消沉等一系列的心理问题，这必将影响他们的正常生活、身心健康发展和学业进步。

第三节　大学生人际交往的原则与技巧

一、大学生人际交往原则

青年大学生想要在今天高速发展的现代社会中有所作为，应努力培养自己的交往能力，掌握正确的人际交往原则，这样有助于其在择业求职、恋爱交友、社会生活和家庭生活中营造一种和谐融洽的人际交往环境。人际交往既是一种能力，也是一种技术，它是可以通过学习和训练来培养和提高的。

大学时期是大学生在人际交往过程中增长知识、了解社会、探索人生的重要发展时期，没有一个时期会像青年时期这样强烈地渴求被人理解、被人接受。每个人都希望自己能够得到他人的认可与接受，能够与周围的人友好相处，能够获得长久稳定的友谊与爱情，但在现实生活中，并不是每个人都能够很好地处理人际交往中的种种问题。良好的人际关系不是由个人的主观意愿所能决定的，想要达成这个目标，就需要建立一些具有可行性的基本原则。人际关系复杂且微妙，但其中有些原则是有迹可循的，掌握这些原则，就能"有章可循"，做到"从心所欲而不逾矩"。

1.平等、尊重交往

俄国作家屠格列夫的《乞丐》中写过这样一个故事，主人公走在大街上，遇到一个伸手向他乞讨的老人，可他翻遍了所有的口袋却没找到一分钱，他深感不安，于是握住乞丐的手说："对不起，兄弟，我什么也没有！"虽然他没有给予物质上的帮助，但这声"兄弟"却让这个乞丐感慨万分，回答他说："哪儿的话，我已经很感恩了，这也是恩惠啊！"

现实生活中，交往的对象包括各种各样的类型，有的比自己优秀，有的却不如自己；有的是自己喜欢的类型，有的则不然。但不论他人是谁，大学生首先需要遵循的原则就是在平等的基础上尊重对方，尊重对方的人格、权利等。

平等，主要指交往双方态度上的平等，我们每个人都有自己独立的人格、做人的尊严和法律上的权利与义务，人与人之间的关系是平等的关系。在交往过程中，如果一方居高临下、盛气凌人、发号施令、颐指气使，那么他很快便会遭到孤立。大学生往往个性很强，互不服输，这种精神是值得提倡的，但绝不能高人一头，因同学之间在出身、家庭、经历、长相等方面的客观差异而轻视他人。坚持平等的交往原则，就要正确认识自己，不要光看自己的优点而盛气凌人，也不要只见自身弱点而盲目自卑，要尊重他人的自尊心和感情，更不能"看人下菜碟"。

每个人都有自己的人格尊严，并期望在各种场合中得到尊重。尊重能够引发人的信任、坦诚等情感，缩短交往的心理距离。一般来说，大学生的自尊心都较强，因此，大学生在人际交往中尤其要注意尊重的原则，不损伤他人的名誉和人格，承认或肯定他人的能力与成绩。坚持尊重的原则，必须注意在态度上和人格上尊重同学，平等待人，讲究语言文明、礼貌待人，不开恶作剧式的玩笑，不乱给同学取绰号，尊重同学的生活习惯。

2. 真诚原则

真诚是人与人之间沟通的桥梁，只有以诚相待，才能使交往双方建立信任感，并结成深厚的友谊。心理学家通过多种测量发现，在人际交往过程中"真诚"是最受人欢迎的个性品质。人作为一种高级动物，与其他所有动物一样，需要一个安全的环境，这个环境不仅是物理意义上的，也是心理意义上的。真诚的交往带给双方的是对彼此行为的预见性。通过真诚的交往，彼此可以加深了解，每个人都可以对他人下一步的行为做出正确的估计，这就形成了心理上的一种安全感。而跟一个不真诚的人交往，则对其下一步行为的预估充满了不确定性，这种不确定会促使个体产生高度的自我防御，构成了心理上的不安全感。在人际交往过程中，人们可以容忍他人的缺点与失误，但是对于虚伪与欺骗却难以接受。

坚持真诚的原则，对人、对事实事求是，对不同的观点能直陈己见而不是口是心非，既不当面奉承人，也不在背后诽谤人，做到肝胆相照、赤诚待人、襟怀坦白。

3. 互惠原则

互惠性原则是指在人际交往过程中，交往双方需要考虑共同价值与共同利益，让双方在交往过程中均能获取物质与精神上的满足与平衡。人际关系的基础是人与人之间的互相重视与互相支持，互惠性是人际交往的一项基本原则，功利性是人际交往的一种基本动力。人际交往过程中，喜欢与厌恶，接近与疏远都是相互的。心理学家霍斯曼在1974年提出的社会互动理论中对这一原则给出了解释，人际交往的过程就如同商品交换一样，是一种等价的、公平的交易，商品交易能够进行的必要条件是收支平衡，在人际关系中则是互惠互利。人际交往中的这种交易，我们不仅仅在等价地交换物质，更重要的是存在精神层面的互利。人际交往中的精神互利就是指交往双方互相理解、信任、接纳、认同，从态度、行为到观念、意识等方面均能达成一致，并能从交往过程中获取精神层面的满足与愉悦。

人际关系以能否满足交往双方的需要为基础。如果交往双方的心理需要都能获得满足，其关系才会继续发展。坚持互惠性原则，就要破除极端个人主义，与人为善，乐于帮助别人。同时，又要善于求助别人。别人帮助你克服了困难，他也会感到愉快，这也可以进一步沟通双方的情感交流。

4. 宽容原则

无论人们如何谨慎，无论如何熟识交往之道，在人际交往过程中都不可避免地会出现一些不和谐音符。"世界上没有两片一模一样的树叶"，同样世界上也不存在一模一样的人，这是个体差异性的表现，也是组成多元化社会的基础。我们总是和形形色色的各类人群打交道，在这个过程中难以避免矛盾与冲突。如果这时，我们毫不退让，斤斤计较，不仅会让自己的情绪变坏，造成心理波动与失衡，还会激起其他人的不良情绪，造成矛盾的激化，加剧冲突的程度，甚至导致关系破裂，无法补救。因此，在人际交往过程中学会宽容与忍耐，要能够站在对方的角度看待问题，即所谓的"换位思考"，要能设身处地地为他人着想，要能容下他人的某些缺点和不足，尊重他人的个性。只有"化干戈为玉帛"，才能让关系不断地延续下去。

宽容克制并不是软弱、怯懦的表现。相反，它是有度量的体现，是建立良好人际关系的润滑剂。

5.适度性原则

人世间的事，终难尽善尽美，而大学生需要掌握的一个重要原则就是"度"字。首先，交往的范围需要适度。"邓巴数"告诉我们一个道理，在人际交往中能保持亲密关系的人数在 150 人左右。现实生活中，我们的时间与精力是有限的，我们不可能与所有存在交集的人保持人际交往，这就需要我们把握交往范围的适度性。其次，交往时间的适度性。人际交往固然重要，但它毕竟不是生活的全部内容。如果一个人整天钻营于人际关系，短时间内貌似收益颇多，但长此以往，必然失去对自我的审视。人际交往是我们实现幸福生活的途径，但却不是生活本身。最后，交往的程度要适度。人际交往过程中必然存在情感的卷入，但我们必须注意到自我暴露的适度性。心理上的距离是我们自我防御的必要机制，即使再亲密的关系中，我们仍然需要自我独处的空间，"距离产生美"的由来也正在于此。

二、大学生人际交往的技巧

（一）听与说的技巧

学打保龄球的人在指导者的指导下进行练习，一球打过去，倒下了 7 个瓶子，剩下 3 个。面对这一事实，有两类指导者。一类指导者会板着脸指责说："怎么搞的，还有 3 个没打倒！"另一类指导者会用肯定的语气和期待的目光说："打得好，打倒了 7 个！"这两种评价会使得打球者在心理上产生两种不同的反应。在第一种情况下，打球者心里想：你怎么就没看见我打倒的那 7 个呢？很不服气。在第二种情况下，打球者会内疚地想：还有 3 个没打倒，下次要努力啊！这就是行为科学里著名的"保龄球效应"。

在人际交往过程中，语言是一个重要的媒介，听和说是语言交流的两个方面，同样的内容用不同的话语表达出来，听到的人会在内心产生不同的反应，直接或是间接地对人际交往的质量产生不同的影响。因此，能否有效地运用语言的艺术进行交流，听与说的技巧是否使用恰当，对于人际交往存在着一定的影响。

1.听的技巧

聆听的时候需要给予对方反馈。认真倾听，不等于一言不发，我们可通过一些非语言的方式，如表情或是动作，向对方传达我们正在倾听的状态。同样，我们也可通过提问或是简单的应答向对方表示回应。

例如，眼睛是心灵的窗户，聆听时可用眼神向对方传达出你正在专心听对方说话的状态。面部表情是内心情绪的外在表现，它们能表达人的态度和情感，如眉飞色舞表示内心高兴，怒目圆睁表示愤怒等。交往中还可用人体动作来表达思想，大学生在人际交往中根据谈话的内容和场合，正确运用非语言艺术，巧妙地表达自己的思想感情，有时能起到"此时无声胜有声"的作用。但非语言艺术要运用得恰到好处，不可过于频繁和夸张，以免给人手舞足蹈之感。在沟通时，作为听者要少讲多听，不要打断对方的谈话，最好不要插话，要等别人讲完之后再发表自己的见解；要尽量表现出聆听的兴趣，听别人讲话时要正视对方，切忌小动作，以免对方认为你不耐烦。

2. 说的技巧

语言艺术运用得好，就能优化人际交往。相反，如果不注意语言艺术，往往在无意间就会出口伤人，产生矛盾。例如，称呼的得体，称呼反映出人们之间心理关系的密切程度。恰当得体的称呼，使人能获得一种心理满足，使对方感到亲切，交往便有了良好的心理气氛；称呼不得体，往往会引起对方的不快甚至愤怒，使交往受阻或中断。所以，在交往过程中，要根据对方的年龄、身份、职业等具体情况及交往的场合、双方关系的亲疏远近来决定对方的称呼。对长辈的称呼要尊敬，对同辈的称呼要亲切、友好，对关系密切的人可直呼其名，对不熟悉的要用全称等。

任何一句话都有许多表达的方式，"良言一句三冬暖，恶语伤人六月寒"。这两句话就是告诉我们交往时要注意运用语言的艺术。

（1）委婉：委婉是社会生活中使用频率非常高的一种说话技巧。在生活中许多内容是不方便直接说出口的，否则会让人产生一些不愉快的体验，或是不美好的联想。这时运用委婉的表达方式能让所需表达的内容显得更加含蓄，让对方能更好地接受你所传达的信息，而不是在被激发负面情绪后对交流抗拒。例如，在讨论到一些敏感性话题时，或是需要拒绝对方时，委婉的表达能让对方更容易接受。

（2）幽默：幽默能创造一个轻松的氛围，拉近人与人之间的距离。心理学研究表明，人们普遍喜欢具有幽默感的人。在一项调查中显示，329家大型公司的经理中，97%的经理表示幽默感在企业管理工作中有重要价值，60%的经理表示幽默感能决定一个人事业成功的程度。幽默的表达方式能缓解交流中的尴尬，让人际交往的双方更加接纳对方的观点与看法，能提高沟通的效率。正如莎士比亚所说，幽默和风趣是智慧的闪光。

（3）赞美：赞美是对一个人的奖赏。心理学家斯金纳在其理论中指出，当我们需要对个体行为进行塑造时，最有效的方式便是强化。赞美就是一种简单而有效的强化方式。当我们与他人进行交流时，赞美能让他人心情愉悦，并在此过程中强化了他人与我们的交流频率，能让交往双方之间沟通的更加频繁。在人际关系的建立与维持中，赞美是我们能运用的一种有效而简单的方式，不但能让他人获得满足，同时也能让自己获得更加友善的回应。

当然，我们在交往过程中不可能总是和谐友善的，当我们的朋友出现错误或是存在缺点时，我们也需要掌握一些批评的策略与技巧。在众多的策略与技巧中，最重要的一个原则就是，批评的话语应该针对具体的事件，就事论事，而不要含有贬低对方的能力或人品的意味。即我们常说的"对事不对人"。不要否定他人成长的可能性，让对方认识到错误是一时的，可以通过努力加以改正。

（二）形象管理

形象是个人展现并存留在他人认知中的印象。人的形象有内在与外在之分，内在形象包括人的性格、学识、才能、三观与态度等，外在形象则是一个人通过衣着、谈吐、行为等表现出来的。塑造良好的形象是人际交往过程中的重要手段，即个体进行内外兼修，保持内在形象与外在形象的一致性，以真实而统一的自我与他人进行交往。

追求美、欣赏美、塑造美是人的天性。美的外貌、风度能使人感到轻松愉快，并且在心理上构成一种精神的酬赏。所以，大学生应恰当地修饰自己的容貌，扬长避短，注意在不同场合下选择样式和色彩符合自己的服装，形成自己独特的气质和风度。同时，大学生应注意追求外在美和内在美的协调一致。随着时间的推移，交往的加深，外在美的作用会逐渐减弱，对他人的吸引会逐渐由外及内，从相貌、仪表转为道德、才能。良好的个性特征对建立良好的人际关系有吸引作用，不良个性特征对建立良好的人际关系有阻碍作用。生活中，大家都愿意与性格良好的人交往，没有人愿意与自私、虚伪、狡猾、性情粗暴、心胸狭隘的人打交道。因此，大学生要不断塑造良好的个性特征，注意克服性格上的弱点。

（三）自我暴露

自我暴露就是把自己私人的方面展示给别人，研究发现，良好的人际关系是随着自我暴露的增加而发展起来的。随着信任程度和接纳程度的提高，交往的双方会越来越多地暴露自己。因此，自我暴露的广度和深度是人际关系程度的一个晴雨表，如果想了解自己对某个人的接纳程度，只要了解自己在他（她）面前的暴露水平就可以了。对一个人的接纳水平越高，就越期望对方的暴露越多。但是，无论关系多么亲密，每个人都有自己不愿意暴露的领域。不能因为关系亲密就期待对方完全敞开心扉，更不应该随意侵入对方不愿意暴露的区域。否则，会让对方产生强烈的排斥情绪，从而降低对我们的接纳水平。

自我暴露的内容度，由浅至深可以分为以下四个方面。一是兴趣爱好方面，如饮食偏好、生活习惯等；二是态度，如对某个人的看法，对时事的评价；三是自我概念与个人的人际关系状况，如自己的自卑感、与恋人的关系状况等；四是最为隐私的内容，如自己的性体验、个体不为社会接受的一些想法和行为等。

一般情况下，关系越密切，人们的自我暴露就越广泛、越深刻。但事情也不完全都是这个样子，彼此完全没有任何关系的人，却有可能达到完全的自我暴露。一个人不愿意告诉身边朋友的事情，可能会对自己素不相识的网友和盘托出。正是因为素不相识，而且以后对方介入到自己生活中的可能性很小，暴露所造成的风险就会减小，这个时候，个体的防御心理就会降低，从而有可能达到完全的暴露。

自我暴露时，需要遵循两个基本原则。首先，切境原则。所谓的切境是指自我暴露的需要和当时当地的环境相符合。切记不分场合、不分时间、不分对象地暴露自己。其次，适度原则。根据交往对象的熟悉程度不同，要适度地选择暴露自己的隐私。

（四）把握与交往对象的距离

心理学研究表明，人与人之间空间距离上的接近，是促进人际吸引的重要因素。首先，空间距离上的接近为人们的交往提供了条件，增加了个体之间交往的频次，从而对对方有更多的了解和关注，进而建立亲密的私人关系。其次，根据社会交换理论，人们在进行交往的时候总是期待着对方的"回报"，空间上的接近使得回报唾手可得。对于现实生活中的人来说，与空间距离接近的人建立亲密关系有很大的实用价值。与身边的人建立亲密的关系，人们可以很容易获得安全感，获得对自己有利的信息，在生活学习、工作方面得到照顾。

人与人之间空间位置上越接近，彼此交往的频率就越高，越有助于相互了解、沟通情感、密切关系。即使两个人的人际关系比较紧张，通过交往，也有可能逐步消除猜疑、误会。反之，即使两人关系很好，但如果长期不交往，彼此了解减少，其关系也可能逐渐淡薄。大学生同住在一起，接触密切，这是建立友情的良好的客观条件，应充分利用这一条件，与同学保持适度的接触频率，使人际关系健康发展，切忌"有事有人，无事无人"。

（五）修正认知偏差

所谓认知偏差，是指人们根据一定表面的现象或虚假的信息而对他人做出判断，从而出现判断失误或判断本身与判断对象的真实情况不相符合的情况。在人际交往中，常常会出现认知偏差的情况，其中包括首因效应、刻板印象、晕轮效应以及投射效应等。

1. 首因效应

首因效应是指当人与人进行接触的时候，首先被反映的信息，对于形成人的印象起着强烈的作用。首因效应即第一印象。例如，在工作面试时，很多本是条件很好的候选人，却因为面试时紧张而语无伦次、举止奇怪，被面试官拒绝。这些人一到正式场合就会感到紧张，紧张就会混乱，表现得不自然；而在生活中，他也许是一个风趣幽默、健谈的人。我们也许都有这样的体会，在初来到一个新环境时，都会在新面孔中寻找有眼缘的人，也许恰好就有一个让你觉得可以亲近、志趣相投的人，你觉得他就是你想要找的朋友，然而，当你和他相处了一段时间以后，你忽然发现他不是你想要的那种朋友。这两个例子都是首因效应使人产生的认知偏差。在当代大学生的日常生活和学习中，他们往往依据第一印象来判断一个人的好坏，进而决定是否与之交往。但是第一印象有时候是肤浅的、片面的，它带有浓厚的迷惑色彩，如果仅仅因为一个人的外表就轻易对其下结论，这在人际交往中要么极易遭受挫折打击，要么容易错过交到真心朋友的大好机会。

2. 刻板印象

刻板印象也称定型作用，是指社会上对于某一类事物产生一种比较固定的态度，或是对一类群体产生一种概括而笼统的看法。人的生活实在是太复杂了，有太多的东西要看、要听要吸收，而人只有一个大脑，1 天只有 24 小时，想要记住大量的信息，实在不是一件容易的事情。故此，人的大脑在进行信息处理的时候，就会采取分类选择的方式，将相似的资料放在同一类，以便在日后需要的时候，比较容易提取及处理。在分类的过程中，资料如果累积多了，却没有常常拿出来重新整理或是跟进时代的新发展，慢慢就会形成刻板印象。在人际认知过程中，人们常常不会将认知对象孤立为一个个体来看待，而总是将他人作为某一类群体中的一员来看待，同时将这个群体的某些特征附加在认知对象身上，形成一种笼统而概括的看法与态度。

刻板印象对社会认知既有积极作用，也有消极作用。首先，刻板印象能够帮助人们更简单有效地认识客体做出判断理解问题，特别是当面对一个陌生人或陌生环境的时候，刻板印象几乎是必需的，它能节省人的精力，避免其陷入"信息大海"中。但与此同时，刻板印象也是导致错误的社会认知的根源。因为刻板印象有时是不正确的，人们常常会忽视同一群体中人之间存在的个别差异。在日常生活中，有些刻板印象与职业、地区、性别、年龄等因素联系非常密切。人们不仅对曾经接触过的人会产生刻板印象，即使是对那些从未谋面的人，很多人也会根据间接的资料与信息产生刻板印象。刻板印象一旦形成，人看事情的弹性就会减小，认识也就会渐渐偏颇。时代日新月异，发展快速，对于年轻的一代人的语言和行为方式，很多中年人、老年人都是闻所未闻，但仍然以头脑中的那些旧标准来衡量这些年轻人，只能是怎么都看都不顺眼。某些刻板印象会不断僵化人们的认知，让其对人、事、物产生错误的判断。它不仅限制了人们交往的可能性，同时也将人们陷入一个狭隘的局面。

3. 晕轮效应

晕轮效应又称光环效应，它是指根据某人身上一种或几种特征来推论概括该人其他一些未曾了解的特征，属于以偏概全的认知偏差。

个体对他人的认知判断主要是根据个人好恶做出的，然后再从这个判断推论出认知对象的其他品质。如果认知对象被判断是"好人"，他（她）就会被一种"好"的光环所笼罩，大家就会将一些好的品质赋予他（她）；反过来，如果一个人判断是坏人，他（她）就会被一种"坏"的光环所笼罩，大家就难以发现他（她）身上其他可能存在的好的品质。

晕轮效应实际上就是个人主观推断的泛化、扩张和刻板印象的结果。大学生们在人际交往中，尤其要注意克服由于晕轮效应引发的消极作用，防止喜欢一个人某一点便认为他（她）一切都好，讨厌一个人某一点便认为他（她）一切皆糟。要有意识地训练自己从多个角度、各个方面去观察和评价他人，力求做到实事求是、客观公正地看待和评价身边的人。"路遥知马力，日久见人心。"不要被表面现象所迷惑。同时，还要学会利用晕轮效应的积极作用。比如，塑造良好的外在形象，优化自己的言谈举止，突出自己的优点和长处，以便给他人留下良好的印象。

4. 投射效应

投射效应是指个体认识他人时将自己的特性投射到他人身上的心理表现。通常表现为用自己的想法去推测别人的想法，认为他人与自己所思所想是一致的。在人际交往过程中，投射效应存在最常见的两种表现形式。第一，情感投射，即认为别人和自己的喜好厌恶相同。例如，几个同学一起外出吃饭，小王喜好吃肉，而另一位同学喜好清淡的蔬菜，于是小王感到不可思议，认为"肉这么好吃，他真傻，竟然不喜欢吃肉"，这就是典型的情感投射。第二，愿望投射，即将自己的主观愿望投射到他人身上，认为他人与自己抱有相同的愿望。例如，某男生暗暗喜欢班里的一位女生，在平时的交往和接触中自然非常留意女孩的举动，注意察言观色、探测虚实。但由于愿望投射的作用，他经常把对方表现出来的那些没有实际意义、不包含特定信息的举动主观地解释为"她对我也有意"，于是从中得到鼓舞，终于鼓足勇气向对方表白心意结果却被婉言拒绝。他非常恼怒，认为对方是在戏弄他，该男生到最后也没有意识到是自己判断失误。

投射效应的根据在于从自我的角度出发去认知他人。然而实际上，世界上没有完全相同的两个人，自己与他人在认知、情感体验、个人爱好等方面都存在着一定的差异性。因此，克服投射效应的关键在于分清认知主体与认知对象，看到自己与他人之间的差异，客观地看待他人。想要建立良好的交往关系，首先需要学会修正自身的认知偏差，认识到自己的"主观"，了解到自身的不足。其次是学会接纳，接纳他人与自己的差异性。如此，人际关系的建立才会平等与完整。

【阅读】

四则寓言故事

寓言一：狮子和老虎之间爆发了一场激烈的战争，到了最后，两败俱伤。狮子快要断气的时候对老虎说："如果不是你非要抢我的地盘，我们也不会弄成现在这样。"老虎吃惊地说："我从未想过要抢你的地盘，我一直以为是你要侵略我！"

寓言二：两只鸟在一起生活，雄鸟采集了满满一巢果仁让雌鸟保存，由于天气干燥，果仁脱水变小，一巢果仁看上去只剩下原来的一半。雄鸟以为是雌鸟偷吃了，就把它啄死了，过了几天，下了几场雨后，空气湿润了，果仁又涨成满满的一巢。这时雄鸟十分后悔地说："是我错怪了雌鸟！"

寓言三：两只乌鸦在树上对骂起来，它们越骂越凶，越吵越激动，最后一只乌鸦随手捡起一样东西向另一只乌鸦打去。那东西击中另一只乌鸦后碎裂开来，这时丢东西的乌鸦才发现，自己打出去的东西原来是自己一只尚未孵化好的蛋。

寓言四：小羊请小狗吃饭，它准备了一桌鲜嫩的青草，结果小狗勉强吃了两口就再也吃不下去了。过了几天，小狗请小羊吃饭，小狗想：我不能像小羊那样小气，我一定要用最丰盛的宴席来招待它。于是小狗准备了一桌上好的排骨，结果小羊一口也吃不下去。

第四节　大学生人际关系障碍及其调适

人生活在世上，必然要参与社会交往，社交的范围与每个人的职业、性格、爱好、生活方式及地理位置有很大关系。但现实生活中，为什么有些人总交不上朋友，或者是交上朋友后没多久，朋友又离他而去？究其原因，是这类群体在社交中心理状态不佳，阻碍了人际关系的正常发展，这种心理状态就成了人际交往障碍。

一、大学生人际交往中的情绪障碍及其调适

（一）易激动愤怒

易激动愤怒是指容易发火、发怒、过分急躁，因一点小事与他人发生矛盾，就表现出粗野蛮横的状态。因个人愿望与意图受阻挠而不能实现就不满生气，当这种不满情绪增加时便会产生愤怒，这本属人之常情。但是，大学生正处于身心急剧发展、情感丰富强烈、情绪波动大的青年期，更容易在外界刺激下产生过多甚至过激的愤怒情绪。研究表明，暴躁的人对外界的容纳性相当低，人在愤怒时意识范围会变小，考虑问题偏激，主观化严重，自控能力也随之下降，这就可能对人际关系产生不良影响。一些大学生容易动怒是因为存在一些错误认知，例如，认为发怒可以威慑别人，使人尊重自己；发怒是男子汉气概的表现；发怒可以维护自己的尊严与利益等。此

外，不良的家庭环境和教育、个性修养方面的缺陷以及先天的气质类型也是一些大学生易怒的重要原因。

无节制地发怒或是压制愤怒都不是恰当的方法，不利于建立良好的人际关系。对待愤怒，健康而有效的方式是化解和有分寸的表达。化解是把挫折、不如意、不公正看作是生活的组成部分，是每个人一生中要无数次经历和体会的东西，认识到"人生不如意事十之八九"，平静面对现实。如若一定要表达你的愤怒，就要注意分寸，选择一种具有建设性的表达方式。

（二）恐惧

恐惧是个体在面对情境并企图摆脱而又无能为力时产生的情感体验。交往恐惧感是指人在社交时出现的一种带有恐惧色彩的情绪体验，比如，见生人害羞、脸红，说话紧张，怯于与人交往，甚至变得有些神经质。究其原因，主要有三种情况。一是气质型恐惧，这是由于个体先天具有的气质类型在人际交往过程中不能或是不善于处理人际问题所导致的恐惧情绪。例如，抑郁型气质，这类个体在人际交往过程中，常常一开始便表现出对交往的抗拒，这是他们的本能反应。二是缺乏必要的实践经历。大学生从高中进入大学不但是身份的转变，同时也是学习与生活环境的重大转变。许多大学生在进入大学前一直处于求学状态，每天交往的环境与对象相对固定，因此当他们进入大学后，面对更加复杂多变的交往环境与对象时，由于未知而产生恐惧。三是自我保护意识过强造成的恐惧。这类大学生的交往恐惧感主要表现为两种类型，即丧失性恐惧感和形象焦虑。他们害怕在人际交往过程中可能出现的负面情况，如批评或是嘲笑。他们将对自我的保护过于谨慎，以至于任何风吹草动都会让其退缩或回避交往。

克服交往恐惧可以从以下几个方面着手。

1.积极行动，主动参与

主动交往至关重要，即明确人际交往是必不可少的生活技能，要督促甚至强迫自己行动起来，积极参与到与人交往的活动中，在活动的实践中培养和提高与人交往的能力。

2.寻找恐惧的原因，增强心理承受能力

有的人可能因曾经被讥笑过、讽刺过、怒骂过而产生交往恐惧感。这时，要先找出交往恐惧的真正原因，有针对性地进行人际交往挫折的教育与锻炼，提高心理

承受能力，克服交往恐惧感。

3.了解个性，改善个性

不良的个性常常也是人际交往恐惧感的罪魁祸首，而且它还是交往恐惧感得以存在和蔓延的前提。因此，了解自己个性中的不良倾向，有针对性地加以改善，是克服人际交往恐惧感的根本途径。

（三）羞怯

大学生普遍重视交往，具有一种强烈的交往意识，但在实际交往过程中有的大学生却缺乏勇气。无勇气来源于两方面原因，一是害羞，一是胆怯。羞怯心理主要表现为以下几种。

1.自卑性羞怯

自卑的个体对自己的现状悲观，觉得自己不得志，不如他人，因而害怕与人交往，尤其害怕与有所成就的人进行交往，怕他人瞧不起自己。

2.敏感性羞怯

敏感个性的个体一到人群中觉得不自在，紧张不安，总感到别人在注意自己、挑剔自己、轻视或敌视自己，以致无法安下心来做事，他们常担心自己被别人否定，总把别人看作是自己的法官。

3.挫折性羞怯

挫折性羞怯有三种表现形式：一种是反射性羞怯，如在大庭广众面前受到过冷遇，以后遇到类似情况就有种羞怯感；另一种是演化性羞怯，在与陌生人交往中曾碰到过冷遇，而后与所有陌生人打交道时就出现紧张；还有一种是习惯性羞怯，一般是由孩童时代的羞怯经历形成的习惯。

那么，如何克服人际交往中的羞怯心理呢？以下建议可供参考。

第一，丢下包袱，调整认知。许多大学生在交往过程中存在"包袱"心态，总会放大自己的错误、过失，认为总有一道聚光灯照射在自己身上。针对这部分同学，最好的建议是调整认知，调整对于自我的认知以及对于犯错的认知。每个人都会犯错，可以说是自己的能力不足，但是不能以偏概全地否定自己的全部，认为是自己什么都不行，这就是需要调整的认知。

第二，要增强自信心，不要过分关注别人对自己的评价。不管别人怎样评价，你还是你。如果过分关注或很在意别人对自己的评价，就会在交往中缩手缩脚。

第三，解决害羞的直接有效办法就是积极进行交往。这是最重要的一点。如果不进行交往，害羞始终存在而无法克服，必要时要强迫自己或请求他人督促自己进行交往活动。只有通过在各种场合下，与众多熟悉和不熟悉的人对话交谈，才能慢慢地消除羞怯心理。任何一个人在讨论擅长和熟悉的内容时都会比谈论那些完全陌生的内容更有自信，更容易交流。所以，事前训练对于建立自信和防止羞怯心理很是重要。我们经常看到主持人在台上妙语生花，却不知他们在台下的紧张焦虑，而之所以有那样出色和自然的表现，完全是他们事前艰苦训练的结果。所以，只有在不断的交往中总结经验教训，肯定自己的成功之处，才能逐步摆脱害羞心理。

（四）嫉妒

中国《心理学大辞典》中对嫉妒的定义是："与他人比较，发现自己的才能、名誉、地位或境遇等方面不如别人而产生的一种羞愧、愤怒、怨恨等组成的复杂的情绪状态。"[1]

嫉妒是人类一种很普遍的情绪，它产生的基础是人类的竞争。伴随着嫉妒心理的一些行为会造成较为消极的影响。这些由嫉妒导致的带有消极色彩的行为，归纳其特点可总结为"极欲排除别人优越地位，破坏别人的优越状态"。这些行为包括疏远孤立、中伤、怨恨、诋毁，而强烈的嫉妒行为还包括报复。落井下石是嫉妒者最善用的伎俩，喜欢幸灾乐祸，看到别人遭遇挫折，便手舞足蹈、乐不可支，嘲讽和挖苦代替了应有的同情与安慰。

嫉妒行为的出现对人际关系有很坏的影响，谁也不愿意与一个嫉妒心很强的人相处。它对人际关系的破坏作用表现在：一方面，身受其害的被嫉妒者在经历了惨痛的教训后，会远离落井下石的嫉妒者，而旁观者如果能明察嫉妒者的卑劣行径，也会对这个嫉妒者产生戒心，甚至离他而去；另一方面，嫉妒者在幸灾乐祸、落井下石之后，自己并没有真正快乐。如何克服嫉妒心理呢？

首先，要克服认识上的偏差。在嫉妒者看来，别人的成功是对自己的威胁，是对自己利益的侵占。诚然，一个单位或组织里的利益或荣誉是有限的，别人得到意味着自己失去，但是，别人的成功并不等于自己的失败。举一个显而易见的例子，在一个班级里面，别人考出好成绩，意味着自己的名次就要靠后。这样就有很多人嫉妒那个考第一名的人，认为是他（她）直接导致了自己不能考第一，感慨"既生瑜，

---

① 朱智贤：《心理学大辞典》，295 页，北京，北京师范大学出版社，1989。

何生亮"。但是反过来想一想，如果没有那个考第一的人，自己的成绩是否就比现在要好呢？不是的，如果没有那些成绩好的同学与自己竞争，自己的成绩可能更差。所以别人的成功并不等于自己的失败，而只是使自己显得不那么突出罢了。这样的结果对自己并不是一点好处没有，如果这是一个大学的班级，班里很多学生的成绩都很出色，会提高自己所学专业在同类院校中的竞争力，其结果是增加自己的就业砝码。这样看来，别人的成功给自己带来的好处要多于给自己带来的坏处，而嫉妒者之所以还痛苦，主要是因为他们没有转变自己看问题的角度。

其次，嫉妒心理出现以后要进行调适。在嫉妒心理出现的时候要把不服气的心理引导到积极的方面，力求赶上或超过对方。有些时候，由于人天生能力的限制，经过努力仍然超不过对方，这时可以将精力转而投入其他的领域中，扬长避短，在自己的优势领域胜过对方，以获得总的平衡。嫉妒心理，只要不影响自己和他人的正常生活，就不是重要问题，当嫉妒心理出现的时候，以积极的心态来对待它，全身心地投入到自己的学习和工作中，在充实的生活中，你会发现对所嫉妒的对象的关注在逐渐减小。

最后，被嫉妒的对象也有工作要做。在一般人看来，被别人嫉妒是一件比较高兴的事，因为它证明了自己在某些方面超过了别人，引起了别人的关注。而如果放任这种得意之情发展，甚至溢于言表，不知不觉中就影响了自己的人际关系。到头来，被嫉妒者可能觉得自己还很无辜："我做错了什么了？他们这样对我。"人际关系就是这么微妙，它不像一场公平竞争的考试，有一个统一的评分标准。只关注自己的努力，在人际关系上很难交出一份满意的答卷。面对自己的成绩，要学会泰然处之。面对自己的手下败将，要学会尊重和恰当地帮助。千万不要为别人的嫉妒而沾沾自喜，目空一切，到头来，自己会成为"无辜"的受害者。

二、大学生人际交往中的个性问题及其调适

（一）偏执

性格中有偏执倾向的人似乎特别热衷于争论，这类人很固执，爱钻牛角尖，对问题看法偏激且不易改变。他们往往容易动怒，对于不符合个人信条的事物表现出激烈的对立情绪与对立行为。他们常常会从他人的言行中"捕捉"到一些"不正确"的东西加以反驳。他们缺乏幽默感，也难以接受他人的玩笑。总之，偏执的人具有

苛刻、多疑、固执、易激惹的特征。这些特征在人际交往中是巨大的障碍，这类人的人际关系往往很差。

首先，偏执者主要表现为自我中心。自我中心是人的一种个性特征，自我中心者为人处世以自己的需要和兴趣为中心，只关心自己的利益得失，不考虑别人的兴趣或利益，完全从自己的角度，从自己的经验去看问题。自我中心特征很强的个体都具有特殊的成长历史，换句话说，自我中心的特点很大程度上是后天养成的。例如，一些独生子女在成长过程中"万般宠爱于一身"，这样，孩子就认为自己就是世界的中心，不自觉地养成自我中心的人格特征。在成长的过程中，自我中心者习惯了接受别人的关心，在与他人交往的时候，如果得不到关心他就会感觉心理不平衡，更别说去关心别人了。

其次，偏执者往往总是固执己见。偏执者完全从自己的经验和观点去认识和解决问题，似乎自己的认识和态度就是他人的认识和态度。由于很少从他人的角度来考虑问题，他们很少对自己的观点的正确性产生怀疑，不轻易改变自己的态度，盲目地坚持自己的意见。同时这类群体保持着很强的自尊心，因为高自尊让他们更加坚持自己的主见，难以动摇。自尊是社会评价与个人需要的关系的反映，是个体评价自己的程度及对自己的价值感、重要感的体验。偏执者对自己的能力等各方面的评价都很高，所以受不了其他人对其能力的怀疑，对其地位的不重视，用固执己见的方式捍卫自己的尊严。

在一个自由、开放、公平的社会中，很少有人能成为他人的中心，如果有，那也只是在某一方面，或某一个时间段。大学生要学会与他人以一种平等的地位发展人际关系，偏执是发展良好人际关系的障碍。这种障碍的消除必须在亲身的交往实践中去改善，在与他人的碰撞中，不断反思自己的不足，只有用真诚的态度，偏执才能慢慢得到改善。因此，克服偏执人格，首先，要学会接纳宽容异己。对那些与自己不同的人和事，要学着去理解。其次，要主动与他人交流看法。可以争论，但目的应放在解决问题上，而不要总想着以击败对方为快。再次，要学会制怒。不顾后果的激怒往往葬送掉友谊、爱情。最后，要培养幽默感，学会轻松地看待人生，参与生活。

（二）怯懦

怯懦者在生活中常常以"老好人"的形象出现。怯懦者害怕面对冲突，害怕别人不高兴，害怕伤害别人，害怕丢面子……总之由于"怕"，他们变得习惯于委曲求全，习惯于通过忍气吞声来求得相安无事。但实际这种个性往往给个人人际交往带来诸多不利。首先，在人际交往过程中过多的退让会强化他人不适宜的行为与态度，教会别人不把自己放在眼里。其次，怯懦者做出过多退让后，常常会产生一种自我挫败感，使自信心下降，并对人际交往对象产生怨恨情绪。从长远看不利于人际关系的顺利发展。

克服怯懦个性，首先要从观念上强化自己作为一个人的权利与尊严。交往中需要做出适时的、有分寸的忍让和妥协，但这要有一个限度，否则会物极必反。在交往中尤其是在大学生之间的交往，平等、尊重是首要的原则与条件。当这种原则受到侵害时，每个人都应该进行有理、有利、有节的斗争。这样才能赢得真正的友谊与人格的尊严。其次，行动上改变自己的风格。将那些经常出现的，别人有所失礼的情况列出来，然后想出相应的对策。当同样情况再次出现时就加以应用，并逐步完善这些对策。

（三）自卑

自我中心者对自己的能力和特征往往作过高的评价，而自卑者的典型特点是对自己的能力和特征作过低的评价。自卑不是因为某人在某方面的能力确实不是很强而产生的，而是因为自卑者对自己的能力评价"过低"，或者自己某一方面比较差，就产生自己各方面都不如人的想法。自卑者看不起自己，缺乏自信，办事无胆量，畏首畏尾，随声附和，没有自己的主见。这种心理如不克服，会磨损人的独特个性，影响与人的交往活动。

自卑的对立面是自傲，它表现为高傲自大，盛气凌人，总是觉得自己很了不起，喜欢拿出自己的长处炫耀，总以为自己什么都好，这种人常对他人的意见不屑一顾，嗤之以鼻。自卑和自傲是两种非常极端的态度，它们互不相容，就像跷跷板的两端。而跷跷板的中间支点是自信，自信的人既不自卑，也不自傲，是一种宠辱不惊、不卑不充的人生境界和心理状态。在人际交往中，如果想获得一个良好的人际关系，就要做一个自信的人，既不妄自菲薄也不狂妄自大，不歧视他人或疏远他人，平等待人，尊重他人，就定会得到许多朋友。

（四）鲁莽

如果说性格怯懦的人在交往中是表现不足的话，那么鲁莽的人就是表现过度。

他们的言行举止具有冲动性，而不是理智上深思熟虑的结果。因此，往往在恰当性与分寸感上把握得不好，容易伤及别人而招致不满，有时还会造成严重后果。

鲁莽的人应把"三思而后行"铭记在心。可以用延迟法克服冲动的习惯，即给自己规定，每当要说话或做事时，先延迟10秒到1分钟。还可用冷处理法，即放慢动作，把将要实施的激烈行为先压下，待心情平静下来后再做决定。

（五）猜疑

在人际交往中，最被人欣赏的品质是诚实，而最被人厌恶的品质是虚伪。猜疑心理也是一个围绕诚实与虚伪展开的话题。猜疑是指无根据地怀疑别人的正常活动，对别人的言语和动作过于敏感、多疑，认为天下所有人都不可靠，别人的举手投足仿佛都有某种针对性或含沙射影之意，从而顾虑重重，甚至担忧之心溢于言表。在人际关系中受过严重挫折的人最容易产生这种心理。一般情况下，人与人之间的交往，尤其是与陌生人的初次交往，常常会产生一定程度的戒备心理。但是，如果总是顾虑重重、忧心忡忡、对别人不信任，不仅不可能发展良好的人际关系，而且还会挫伤别人的感情。爱猜疑的人在社交中往往爱用不信任的目光审视对方，无端猜疑，捕风捉影，说三道四。例如，有些人托朋友办事，却又向其他人打听朋友办事时说了些什么，这样做很容易影响朋友之间的关系。克服猜疑的基本方法有三种，分别是自我控制法、收集证据法以及直接面谈法。

1. 自我控制法

当感觉到自己对别人开始猜疑的时候，理智地控制自己的行为，先不要做出过激的行为，以免落得不可收拾的下场。当头脑冷静下来之后，事情往往都会有转机出现。

2. 收集证据法

要坚持实事求是的原则，如果得不到确实的证据，先不要盲目怀疑，更不宜诉诸行动。所以要对自己的猜疑有一种审慎的态度，要督促自己寻找证据，努力弄清事实的真相。

3. 直接面谈法

直接面谈法是消除猜疑最有效的方法。如果有可能，可以以诚恳的态度，与当事人将事实探讨清楚开诚布公地交换意见，以此来消除彼此间的误会或证实猜疑，这是最行之有效的方法。

（六）孤僻

孤僻通俗地说，就是不随和、不合群、不能同大多数人打成一片。形成孤僻性格的原因通常有以下三点。其一，孤芳自赏，自命清高，不愿与别人为伍。认为别人的言行都是庸俗浅薄、低级趣味的，为自己所不耻，不值得接近。似乎世人皆醉我独醒，世人皆愚我独智，因而常常独来独往。其二，过分谦卑，不敢与人交往，认为自己这也不是，那也不是，从而人为地把自己孤立起来。其三，有不良的言行习惯或嗜好，如说话时动作粗鲁、语言肮脏等，使别人无法接纳，从而影响了人际交往。《沟通人生——心理交往学》中把孤僻分为怪癖型、清高型、性格型三种类型。

1. 怪癖型

怪癖型孤僻者，即那些有特殊习惯的人，由于这些常人不能接受的习惯，使得人们在与其交往的时候发生摩擦，破坏了双方的人际关系。例如，有的人爱好清洁，自己的东西都弄得一尘不染。不仅如此，还不能接受别人碰他的东西，认为别人不卫生，碰了东西后就不干净了。这种情况，虽然还算不上心理学上的洁癖，但它给个人人际关系上带来的影响丝毫不减。

2. 清高型

清高型孤僻者，相比自我中心者有过之而无不及。自我中心者是过高估计自己的能力和特征，而清高型的人不但对自己的特征和能力评价很高，还同时对别人的特征和能力评价很低，在他们看来，身边的大多数人都是不值得交往的。自命清高，孤芳自赏是对这类人最好的形容。

3. 性格型

性格型孤僻者，这也是关注的重点。根据儿童发展心理学的理论，婴儿在 5 个月的时候开始能分辨出照顾者和陌生人，亲子间的依恋开始有了明显的表现。大多数的婴儿同父母在一起时会表现得比较愉快，勇于探求外界的新鲜刺激；当父母不在身边的时候，则表现出不安、恐惧。这样的依恋类型属于安全型的依恋，这样的婴儿的比例占到将近 60%。另外，还有矛盾型依恋、回避型依恋两种类型。爱因斯沃斯根据婴儿对母亲依恋的三种类型设置了三种成人交往状态，要求人们回答哪种情况与自己的情况最接近：

（1）我很容易与人接近，信赖他们或让他们信赖我是件开心的事，我不怎么担心被抛弃，也不害怕别人离我太近；

（2）与他人接近让我不安，我很难完全相信、依靠他们，有人对我太亲近时我会很紧张，甚至当伴侣想让我更亲近一点我也有些不自在；

（3）我想让人亲近我，可别人不情愿，我常担心我的同伴不是真的喜爱我或者想离我而去。

第一种情况描述的是小时候是安全依恋类型的成人，第二种是回避型依恋的成人，第三种是矛盾型依恋成人。爱因斯沃斯将这个测验题登在报纸《落基山新闻》上，有1000多个读者给他寄回了答案。结果发现，答题者中56%属于安全型，25%属于回避型，19%属于矛盾型。研究人员就这三个问题调查了大学生，也发现了同样的百分比，而这与婴儿依恋类型的比例是相近的。这些数据显示，成人的依恋类型形成于童年。而童年的依恋类型又很大程度上取决于儿童先天的气质类型。在一定程度上说，与他人的交往模式是受先天因素影响的。有些人生来性格内向，内心体验比较丰富，喜欢独处的寂静，把心事都埋在心底而不愿让别人知道；有些人却生来外向，比较关注外界的新鲜事物，不能忍受孤独，天生就喜欢社会交往。总体来说，这两种性格各有利弊，但当把问题限制在人际交往领域时，前者显然不如后者更容易发展人际关系。尤其是当面临重大心理压力或遭受人际交往中的挫折之后，前者很容易形成孤僻的性格。有些孤僻者，不主动与人交往而妄加判断，认为自己找不到知己就感叹人际关系的复杂，受了一次打击就认为天下乌鸦一般黑。离群索居是他们逃避现实的一种方式。

以上的分析中提到了，孤僻心理分为三种类型。考虑如何克服孤僻心理的时候，也要因人而异。那些清高型孤僻者，最主要是要改变对自己的认知，重新认识自己。人际交往的基础是互惠，在这个过程中，如果一个人总是保持清高，不给予他人应有的尊重、不对他人表示兴趣，人际交往就无从开始。对于怪癖型和性格型的孤僻者，究其原因是由于先天遗传的影响或是患有某种心理疾病（如社交恐惧症）所致，有的甚至带有病理性质，这样的人需要的是专业的心理咨询或治疗加以帮助。同时，经常参加社交活动增加与他人交往的频次会对这些心理疾病的治愈起到促进作用。

（七）戒备

大学生心理闭锁性与强烈交往愿望的矛盾普遍存在。交往戒备心理是指大学生在人际交往过程中，由于某些消极心理因素的影响，形成的不切实际的固执的心理偏见，是人们在认识特定对象时的一种心理状态。由于这种偏见的存在，一些大学生在与别人交往时会歪曲从交往对象处得到的信息，从而影响他们之间的正常交往。

交往戒备心理的主要表现形式有以下几种。

1. 封闭

把自己的真实思想、情感和欲望等掩饰起来，不愿对朋友敞开心扉，不以诚相待。有的人甚至严重到对任何人都不信任，对任何人都谨小慎微，怀有很深的戒备心，从而阻碍了其与人之间心与心的交流。

2. 敌意

敌意是一种比较严重的人际交往障碍。它已经不是一般程度上的猜忌心理了。怀有这种心理的人常常讨厌他人、仇视他人，认为别人总在寻找机会暗算自己、陷害自己。把人与人之间的关系视为尔虞我诈，从而逃避与人交往。

交往戒备心理的消除，主要可以从以下方面进行。

首先，彼此多交流、多沟通信息，克服人际知觉偏见。在人际交往过程中，人们由于受到主客观条件的限制，往往难以全面地看问题，常常因各种偏见的影响而歪曲人际知觉，形成交往戒备心理。因此，大学生多参加集体活动，彼此多交往，积极沟通思想，增进相互了解，澄清事实，是克服认知偏见，消除交往戒备心理的有效方法。

其次，积极、全面、正确地认识人际关系。对人际关系有一种积极、全面、善意的认识是进行良好人际交往的基础和前提。如果把人与人之间的关系视为尔虞我诈或虚伪、冷漠、不可信任等，那么这种偏见就会影响正常的人际交往。因此，大学生要努力加强理论和文化修养，增强集体观念，学会全面、辩证地分析问题，正确看待人际关系，这样就可以大大减少人际交往中的认知偏见。

再次，学会适当的自我暴露，消除自我封闭心理。人们常常喜欢与自己比较了解的人交往，扩大彼此心理的公开区域是同别人交往的第一个步骤。因此，学会自我暴露，坦诚地向交往对象透露自己的一些秘密，对于促进良好的人际交往大有好处。然而，也不是暴露得越多越好，如果把自己的一切暴露无遗，反而会让对方无所适从，从而阻碍人与人之间的交往。

【阅读】

"示弱效应"

有这样一个著名的社会心理学实验：四位被试分成两组先后进行演讲，其中一组的两位被试才能出众，而另外一组的两位被试则才能平庸。演讲时，两组人员中各有一位无意间碰倒了桌上的咖啡。实验结果表明：才能出众组打翻杯子的演讲者得分位列第一，他的演讲被公认为最具吸引力的，同组的另一人则位列第二；而才能平庸组打翻杯子的演讲者，他的演讲则被认为最缺乏吸引力。由此可见，如果你是一个能力出众的人，适当地"示弱"或露出些"瑕疵"，反而会赢得更多的掌声。优秀却偶尔犯些小错误的人会给人以更加亲切真实的感觉，会因拉近了心理距离而深受人们的青睐。

心理学家马斯洛认为，现实生活中个人的最高需求是"自我实现"，即充分发挥了自身潜能。在对各行业从业人员的调查研究中，马斯洛总结出了自我实现者应具备的特点，其中第一条就是"能够接受并正视自己的缺陷"。没有任何一个人可以做到完美无缺，每个人都有自己的优势与弱势，我们可以自信的展现出优势面，同时，对于自身的弱势点，我们也应当认识并接纳。在人际交往过程中，过多或过于急切地展示自身优势，会给他人一种压迫感，这种无形的压力会对友好关系的建立形成阻碍，因此，适当的展现出一些"小缺陷"，可以有效缓和关系双方的心理压力，促进关系的发展。

但是，千万不要以为一个人犯的错误越多，暴露的缺点越多，就越能增加魅力。"示弱效应"有自己的产生条件：首先，示弱者在交往过程中具有吸引力，即交往双方均具有交往意图。就如上述实验中，能力较强的被试在演讲过程中具备一定的人际吸引力，这种吸引力是交往双方进一步发展的前提条件。其次，人偶尔犯一些小错误，则无伤大雅，一旦存在突破底线的缺点，犯了原则性的错误，反而会更惹人生厌。

完美本就是一种缺陷，而缺陷才是完美的最佳出口。人生在世，每个人都或多或少存在一些小缺点，正如《断臂的维纳斯》因为断臂才更加富有魅力。在人际交往中，如果想让其他人更喜欢自己，就不要把自己伪装成完美无缺的样子。我们在努力拼搏、争当强者的同时，也应适当暴露一下无伤大雅的小缺点，降低身边人的心理压力，保护他们的自尊心。如此，他人才会更愿意与你亲近。

【拓展活动一】

"我说你做"

活动材料：废纸若干，大小为 A4 折半即可。

活动目标：了解单向沟通的缺陷。

活动流程：

（1）将预先准备好的废纸发给大家（也可参加游戏者自行准备），每人一张。

（2）请大家闭上眼睛。

（3）对参与者说明活动进行方式。

指导语：同学们，请大家闭上眼睛，看看我们今天活动的名称你就可以知道我们今天要做什么。等一下，我说什么，你们就做什么，不用思考些什么，凭直觉去做就行，也不需要去看去想别人怎么做，自己做自己的即可。大家清楚了吗？

（4）开始引导大家折纸（自己也需要折纸）。

①把纸对折；

②再对折；

③再对折；

④把右上角撕下来，转动手上的纸 180 度（半圈），把左上角也撕下来；

⑤大家睁开眼睛，把纸打开。

（5）让大家互相看看折出来的东西是否相同，与你所折是否相同。

引导讨论：

（1）看看大家折出来的纸是否相同？为什么大家听到相同的指导语，折出来的纸却不同？

（2）我们日常生活中，是不是常常会发生类似的情况？为什么有时候同样的话语，不同的人理解不同？

（3）影响沟通效果的因素有哪些？

【拓展活动二】

"你怎么看他／她？"

活动目标：觉察自我对性别角色的刻板印象。

活动流程：

（1）分组：根据同学总体人数将大家共分若干组，一组7~8人。

（2）请每一位同学画出你们心目中典型的男性、女性，并各写三个形容词来形容其特质，五分钟之后请各组推派一位代表上台解说你们所画的图。画之前组员之间可以进行简短的讨论。

（3）各组代表上台解说（每组1分钟，各组代表解说完将作品贴于黑板上）。

（4）指导者总结：在我们刚才的活动当中，我们可以发现，当我们想到男性的时候，常会不假思索地认为他们应该是_____、_____、_____。当我们想到女性的时候，也常会自然而然地认为她们应该是_____、_____、_____。这些在我们脑海当中，认为男性应该是如何的、女性应该是如何的想法，我们把它称为"性别角色刻板印象"。这些性别角色刻板印象虽然看不见、摸不着，但是却很真实地存在于我们的脑海当中，并且不断地影响我们对自己的看法还有与其他人的关系。

引导讨论：

（1）什么是性别角色刻板效应？性别角色刻板效应常见的有哪些？我们该如何看待它们？

（2）性别角色刻板效应对人际交往的影响？

【拓展活动三】

"画出你的心声"

请完成这幅画。题目：请在图上补画一棵树，这棵树是为纪念新住宅而栽种的。

树的种类不限，你可以画柳树、松树、银杏树、白杨树，画什么树都可以。当然，也可以画其实并不存在的树。

结论：

（1）树的大小：外向型，内向型。

利用最大空间画的通常是外向的人，而且正处于自信心强、跃跃欲试的状态；相反，空间利用得很小的人往往则是不重视自我、没有自信心的人，常因一些小事而愁眉不展，非常关注周围人对自己的看法。

（2）有树叶吗：社交能力。

社交能力强的人，往往将树画得枝繁叶茂；反之，不画树叶，或只画冬天枯树的人，通常有些缺乏社交能力，相对的内向孤僻，常回避与他人的联系，把自己封闭在自我的圈子里。

（3）树叶与树干的比例：成熟度。

越是在精神上成熟的人，其画的树叶的比例就越大；树叶画得少的人往往不善于交际；把树叶画得像松树针叶一样的人则通常是独特怪异的人。

（4）有根吗：成熟度。

画根的人相对于不画根的人来说，在精神上更为成熟；不画出地面，而把树干画得像木棒一样的人很单纯，往往会被表面上的东西所迷惑，而漏掉本质性的东西。

（5）有无附属物：是否有想象力。

在树上画出蝴蝶、虫等额外东西的人，想象力相当丰富。这种人点子多，最讨厌做平淡无奇的事，总是不时地四处张望"有什么新鲜的事要做"，是比较个性鲜明的人。

【拓展活动四】

心灵捕手

寻找一位不太熟悉的同学，交谈约5分钟，分享以下问题。

（1）你与陌生人接触时有何感受？

（2）迟到进入教室有何感受？

（3）与人交流对某问题的看法时，他/她一直坚持自己的看法，你的感受是什么?

（4）与家人争执而勉强从命时，你有何感受?

【拓展活动五】

心灵援助

寝室成员匿名写下自己目前比较困惑的人际问题，每个成员分别提出自己的建议，最后大家集体讨论出每个问题的最佳解决方法。

【推荐书籍】

1.《心理学与社交技巧》　阳知行

2.《人际关系：职业发展与个人成功心理学》　安德烈·J.杜布林.

3.《不抱怨的世界》　威尔·鲍温

4.《非暴力沟通》　马夏尔·罗森伯格

5.《人际关系应用心理学》　贾海泉

6.《人间游戏：人际关系心理学》　伯尔尼

7.《说话的艺术》　韩云朋

8.《请停止无效社交》　路勇

9.《人际交往心理学》　牧之

10.《自卑与超越》　阿尔弗雷德·阿德勒

【课后反思】

（1）在人际交往中，你使用过哪些有效的方法?

（2）当你与朋友或家人发生争执时，你会怎么做? 有没有更好的解决方法?

（3）从认知、情绪、行为三方面思考一下，你的人际关系还有哪些方面有待提高?

【参考文献】

[1] 彭贤，李海青. 人际关系心理学 [M]. 北京：北京交通大学出版社，2013.

[2] 郑全全，俞国良. 人际关系心理学 [M]. 北京：人民教育出版社，1999.

[3] 陆卫明，李红．现代人际关系心理学 [M]．西安：西安交通大学出版社，2013．

[4] 武成莉，王淑敏．大学生人际关系心理学 [M]．西安：西安电子科技大学出版社，2016．

[5] 俞国良．大学生心理健康 [M]．北京：北京师范大学出版社，2018．

[6] 黄希庭，郑涌．大学生心理健康教育 [M]．上海：华东师范大学出版社，2009．

第四章

大学生情绪管理及压力应对

人与人之间只有很小的差异，

但这种很小的差异却往往造成了巨大的差异，

很小的差异就是所具备的心态是积极的还是消极的，

巨大的差异就是成功与失败。

第一节　大学生情绪概述

一、什么是情绪

（一）情绪的定义

情绪是一种复杂的心理历程，是个体对客观事物是否符合自身需要而产生的一种态度体验。每个人的生命过程中都会伴随着不同的情绪，如愤怒、悲伤、恐惧、快乐、爱、惊讶、厌恶、羞耻等。情绪常和心情、性格、脾气等因素互相作用，也受到荷尔蒙和神经递质影响。无论正面还是负面的情绪，都是引发人们行动的动机。尽管一些情绪引发的行为看上去没有经过思考，但实际上意识是产生情绪重要的一环。

许多学派都给情绪下过定义。例如，功能主义把情绪定义为：个体与环境意义事件之间关系的心理现象。阿诺德的定义为：情绪是对趋向知觉为有益的、离开知觉为有害的东西的一种体验倾向，这种体验倾向伴随着一种相应的接近或退避的生理变化模式。拉扎勒斯提出与阿诺德类似的定义：情绪是来自正在进行着的环境中好的或不好的信息的生理心理反应的组织，它依赖于短时的或持续的评价。这些定义都标示出情绪对人的需要和态度的关系，阿诺德和拉扎勒斯还指出了情绪依此而具有的特点，诸如体验、生理模式、评价等。

情绪的发生时间短暂、形式表面，而且容易变化，是一个十分复杂的心理过程。对情绪应从三方面来理解：情绪生理变化、情绪的内心体验、情绪的外在表现。

1. 情绪的生理变化

在不同的情绪状态下，人生理上的心律、血压、呼吸乃至内分泌、消化系统等，都会发生相应的变化。例如，人在焦虑状态下，会感到呼吸急促、心跳加快；人在恐惧状态下，则会出现身体战栗、瞳孔放大；而在愤怒状态下，则会出现汗腺的分泌增加、面红耳赤等生理特征。这些变化都是受人的自主神经支配，是不由人的意识所控制的。因此，情绪状态下的这些变化，具有极大的不随意性和不可控制性。例如，当我们遇到考试失利、情感挫折、学习上的压力时，不可避免地会出现一些情绪上的反应，即使你再不愿意，甚至努力去控制，情绪也会出现。

2. 情绪的内心体验

情绪是由刺激引起的。当刺激满足了人们的需要，我们就会有快乐愉快的体验；反之，就会有悲伤、愤怒的体验。情绪总是与需要联系在一起的，需要是情绪产生的重要基础。当人们的需要得到满足，如考试取得好成绩，与久别的朋友相聚等，就会产生喜悦、兴奋、快乐等感受，而当发生的一些事情不符合人们的需要，如丧失亲人、失恋等就会产生悲哀、失落、苦闷等感受。

3. 情绪的外在表现

情绪不仅体现为生理上的反应和内心的体验上，而且还以面部表情、声音表情和动作表情等外在形式表现出来。面部表情最能直接反映人的情绪状态，人们可通过一个人的面部表情变化，了解一个人的情绪状态。例如，当自己所参加的球队获胜时，人们会不由自主地喜笑颜开；当遇到困难和挫折时，会愁容满面。体态表情同样也反映着一个人的情绪状态，例如，在期末考试后，可通过坐立不安、手舞足蹈和垂头丧气等体态表情看出学生此时此刻的情绪状态和面临的境地。声态表情则是在与人交流时的声调、音色和声音节奏的快慢等方面的变化。例如，一个人悲伤时，语调低沉、言语缓慢、语言断断续续；而当人兴奋时则会语调高昂、语速加快、声音抑扬顿挫、清晰有力。

（二）情绪的类型

1.基本情绪和复杂情绪

情绪可以被分类为与生俱来的"基本情绪"和后天学习到的"复杂情绪"。基本情绪是人和动物共有的，不学而会的。基本情绪和原始人类生存息息相关，又叫原始情绪，具有文化共通性。基本情绪的种类有不同的分法，现代研究中常把快乐、愤怒、悲哀和恐惧列为情绪的基本形式。

快乐是指盼望的目标达到或得到满足之后，解除紧张的情绪体验。如亲人相聚时的"高兴"，学习获得好成绩时的"愉快"，工作取得成就时的"满意"等，都是快乐的情绪。快乐的程度取决于愿望的满足程度。一般说来，可以分为满意、愉快、欢乐、狂喜等。引起快乐情绪的原因很多，如亲朋好友的聚会、美好理想的实现、同学关系的团结亲密等。如果愿望或理想的实现具有意外性或突然性，则会加强快乐的程度。

愤怒是由于外界干扰使愿望实现受到压抑，目的实现受到阻碍，从而逐渐积累紧张而产生的情绪体验。引起愤怒的原因很多，恶意的伤害、不公平的对待等都能引起愤怒的情绪。只有个体清楚地意识到某种障碍是必然的时候，愤怒才会产生。愤怒的程度取决于干扰的程度、次数及挫折的大小。根据愤怒的程度，可把愤怒分为不满意、生气、愠怒、激愤、狂怒等。

悲哀是与所热爱的对象失去或所盼望的东西幻灭相联系的情绪体验。引起悲哀的原因比较多，亲人去世、升学考试失意、自己所珍爱的物品丢失等，都会引起悲哀的情绪体验。悲哀的程度取决于失去对象的价值。此外，主体的意识倾向和个性特征对悲哀情绪的体验也有重要的影响。不同的人对同一件事可能产生不同程度的悲哀情绪体验。根据悲哀的程度不同，可分为遗憾、失望、难过、悲伤、极度悲痛等不同的等级。悲哀有时伴随哭泣，使紧张释放，缓解心理压力。在比较强的悲哀中，常常伴发失眠、焦虑等反应。

恐惧是个体企图摆脱、逃避某种情境而又苦于无能为力的情绪体验。引起恐惧的原因很多，如黑暗、巨响、意外事故等。恐惧的程度取决于个体处理紧急情况的能力。

在快乐、悲哀、愤怒、恐惧这四种基本情绪中，快乐属于肯定的、积极的情绪体验，它对个体具有积极的作用。而悲哀、愤怒、恐惧通常情况下属于消极的情绪体验，对个体的学习、工作、健康具有消极的作用，因而应当把它们控制在适当的程度上。但在一定条件下，悲哀、愤怒、恐惧也可以起到积极的作用，如战士的愤怒有利于他们在战场上勇敢战斗；对可怕后果的恐惧有利于提高个体的责任感与警惕性；"化悲痛为力量"可使人摆脱困境。

复杂情绪必须经过人与人之间的交流才能被学习到，因此每个人所拥有的复杂情绪数量和对情绪的定义都不一样，并在情绪的维度上各有差异。情绪的维度是指情绪所固有的某些特征，主要指情绪的动力性、激动性、强度和紧张度等方面。这些特征的变化又具有两极性。冯特提出的三维理论认为：情绪是由三个维度组成的，即愉快—不愉快；激动—平静；紧张—松弛。每一种具体情绪分布在三个维度的两极之间不同的位置上，他的这种看法为情绪的维度理论奠定了基础。20世纪50年代，施洛伯格根据面部表情的研究提出，情绪的维度有愉快—不愉快；注意—拒绝和激活水平三个维度，并建立了一个三维模式图，这个三维模式图长轴为快乐维度，短轴为注意维度，垂直于椭圆面的轴则是激活水平的强度维度，三个不同水平的整合可以得到各种情绪。60年代末，普拉切克提出，情绪具有强度、相似性和两极性等三个维度，并用一个倒锥体来说明三个维度之间的关系。顶部是八种最强烈的基本情绪：悲痛、恐惧、惊奇、接受、狂喜、狂怒、警惕、憎恨，每一类情绪中都有一些性质相似、强度依次递减的情绪，如憎恨下的厌恶、厌烦，悲痛下的哀伤、忧郁。美国心理学家伊扎德提出情绪四维理论，认为情绪有愉快度、紧张度、激动度、确信度四个维度。黄希庭认为若撇开情绪所指的具体对象，仅就情绪体验的性质看，可从强度、紧张度、快感度、复杂度四方面进行分析。

2. 情绪状态

按照情绪发生的速度、强度和持续时间可将情绪分成心境、激情和应激三种状态。

（1）心境。心境是一种微弱、弥散和持久的情绪，即半时说的心情。心境的好坏，常常是由某个具体而直接的原因造成的，它所带来的愉快或不愉快会保持一个较长的时段，并且被带入工作、学习和生活中，影响人的感知、思维和记忆。愉快的心境让人精神抖擞，感知敏锐，思维活跃，待人宽容；而不愉快的心境让人萎靡不振，感知和思维麻木，多疑，看到的、听到的全都是不如意、不顺心的事物。

（2）激情。激情是一种猛烈、迅疾和短暂的情绪，类似于平时说的激动。激情由某个事件或原因引起，当场发作，情绪表现猛烈，但持续的时间不长，牵涉的面不广。激情通过激烈的言语爆发出来，是一种心理能量的宣泄，从一个较长的时段来看，对人的身心健康的平衡有益，但过激的情绪也会使当时的失衡产生可能的危险。特别是当激情表现为惊恐、狂怒而又爆发不出来的时候，个体可能出现全身发抖、手脚冰凉、小便失禁、浑身瘫软等症状，那就得赶快送医院了。

（3）应激。应激是个体在各种内外环境因素及社会、心理因素刺激时所出现的全身性非特异性适应反应，又称为应激反应。这些刺激因素称为应激原。应激是在出乎意料的紧迫与危险情况下引起的高速且高度紧张的情绪状态。应激的最直接表现是精神紧张。

3. 积极情绪与消极情绪

有研究表明，一般人的一生平均有十分之三的时间处于情绪不佳的状态，因此，人们常常需要与那些消极情绪做斗争。人的情绪有两种——消极的和积极的，我们的生活离不开情绪，它是我们对外界正常的心理反应，但我们不能成为情绪的奴隶，不能让那些消极的情绪影响我们的生活。

积极和消极情绪对于个体的影响差异巨大。积极情绪使行为开放，容易看到事物美好一面，愿意接纳事物。消极情绪使个体感到悲观、失望，接纳程度下降，攻击性增强。积极情绪有利于人的身体健康，而消极情绪则会给人的机体带来损害。心理学家做过这样的实验：设法收集人在生气时呼出的气体，然后将这些气体溶于水中，将溶液注射到小白鼠的体内，发现小白鼠在一段时间后死亡。实验结果告诉我们，人在生气的时候，体内的免疫细胞的活性下降，人体抵御病毒侵害的能力减弱，因此容易受到病毒的侵入，导致疾病；人情绪不好的时候，体内还会分泌出一种毒性的荷尔蒙，这种荷尔蒙聚集起来，会形成和漂白粉一样的分子结构，对人体产生不利的影响。时间一长，人容易患上慢性病甚至癌症。

学习或生活中，我们不断受到外界的干扰。乐观、失落、烦躁、郁闷，各种情感交替而至，情绪也由此形成。

4. 情商

情商（Emotional Quotient，EQ）又称情绪智力，是近年来心理学家们提出的与智力和智商相对应的概念。它主要是指人在情绪、情感、意志、耐受挫折等方面的品质。总的来讲，人与人之间的情商并无明显的先天差别，更多与后天的培养息息相关。心理学家们认为，情商水平高的人具有如下的特点：社交能力强；外向而愉快；不易陷入恐惧或伤感；对事业较投入；为人正直；富有同情心；情感生活较丰富但不逾矩；无论是独处还是与许多人在一起时都能怡然自得。

心理学研究表明，一个人是否能取得成功，智商只有20%的决定作用，其余的80%来自其他因素。情商水平的高低对一个人能否取得成功也有着重大的影响，有时其作用甚至要超过智商的作用。那么，到底什么是情商呢？

（三）情绪的功能

1.适应功能

个体在生存和发展的过程中，有多种适应方式。情绪是个体适应生存和发展的一种重要方式。例如，动物遇到危险时产生恐惧并呼救，就是动物求生的一种手段。

情绪是人类早期赖以生存的手段。婴儿出生时，不具备独立的生存能力和言语交际能力，这时他主要依赖情绪来传递信息，与成人进行交流，得到成人的抚养。成人也正是通过婴儿的情绪反应，及时为婴儿提供各种生活条件。在成人的生活中，情绪与人的基本适应行为有关，包括攻击行为、躲避行为、寻求舒适、帮助别人和生殖行为等。这些行为有助于人的生存及成功地适应周围环境。情绪直接反映着人的生存状况，是人的心理活动的晴雨表，如通过愉快可以表示处境良好，通过痛苦可以表示面临困难；人还通过情绪进行社会适应，如用微笑表示友好，通过移情维护人际关系，通过察言观色了解对方的情绪状况，进而采取相应的措施或对策等。总之，人通过情绪了解自身或他人的处境，适应社会的需求，得到更好的生存和发展。当然，情绪有时也有负面作用，如一些球迷会因为输球被负性情绪影响在赛场闹事、斗殴，破坏公共财产，甚至造成人员伤亡。

2.动机功能

情绪是动机的源泉之一，是动机系统的一个基本成分。它能激励人的活动，提高人的活动效率。适度的情绪兴奋，可以使身心处于活动的最佳状态，推动人们有效地完成任务。研究表明，适度的紧张和焦虑能促使人积极地思考和解决问题。同时，情绪对于生理内驱力也具有放大信号的作用，成为驱使人的行为的强大动力。例如，人在缺氧的情况下，产生了补充氧气的生理需要，这种生理驱力可能没有足够的力量去激励行为，但是，这时人的恐慌感和急迫感就会放大和增强内驱力，使之成为行为的强大动力。

3.组织功能

情绪的组织作用是指情绪对其他心理过程的影响。情绪心理学家认为，情绪作为脑内的一个检测系统，对其他心理活动具有组织的作用。这种作用表现为积极情绪的协调作用和消极情绪的破坏、瓦解作用。中等强度的愉快情绪，有利于提高认知活动的效果，而消极情绪如恐惧、痛苦等会对操作产生负面影响。消极情绪的激活水平越高，操作效果越差。

情绪的组织功能还表现在人的行为上，当人处在积极、乐观的情绪状态时，易注意事物美好的一方面，其行为比较开放，愿意接纳外界的事物；而当人处在消极的情绪状态时，容易失望、悲观，放弃自己的愿望，或者产生攻击性行为。

4. 社会功能

情绪在人际间具有传递信息、沟通思想的功能。这种功能是通过情绪的外部表现，即表情来实现的。表情是思想的信号，如用微笑表示赞赏，用点头表示默认等。表情也是言语交流的重要补充，如手势、语调等能使言语信息表达得更加明显或确定。从信息交流的发生上看，情绪交流比言语交流要早得多，如在前言语阶段，婴儿与成人相互交流的唯一手段就是情绪。情绪在人与人之间的社交活动中具有广泛的功能。它可以作为社交的黏合剂，使人们接近某些人；也可以作为一种社交的阻隔剂，使人们远离某些人。例如，某人暴怒时，你可能会后退或碍于他的身份而压抑自己的消极情绪，不让它表露出来。由此可见，人所体验到的情绪，对其社会行为有重大影响。

二、大学生情绪的特征

大学时期是人心理成熟的重要时期，也是情绪丰富多变、相对不稳定的时期。随着社会地位、知识素养的提高以及所处特定年龄阶段的影响，大学生的情绪带有鲜明的特征。具体表现在以下几方面。

1. 丰富性和复杂性

从生理发展分段来看，大学生正处于情感丰沛的年龄阶段，几乎人类所具有的各种情绪，都可在大学生身上体现出来，并且各类情绪的强度不一，如悲哀、遗憾、失望、难过、悲伤、哀痛、绝望等；从自我意识的发展来看，大学生表现出较多的自我体验，自我尊重的需要强烈，易产生自卑、自负等情绪体验；从社交方面来看，大学生的交际范围日益扩大，与同学、朋友及师长之间的交往更细腻、更复杂，有的大学生还开始体验一种更特殊的情感——恋爱，而恋爱活动往往又伴随着深刻的情绪体验，这种特殊的体验对大学生有十分重要的影响；在情绪体验的内容上，大学生的情绪呈现出相当丰富多彩的特征，以惧怕的情绪来说，大学生所怕的事物，主要与社会的、文化的、想象的、抽象复杂的事物和情势有关，诸如怕考试、怕陌生人、怕惩罚、怕寂寞等。

2. 波动性和两极性

大学时期是人生面临多种选择的时期，学习、交友、恋爱等人生大事基本在这一阶段完成。社会、家庭、学校及生活事件，都会对大学生的情绪产生影响。尽管大学生的认识水平有了一定的提高，对自己的情绪已有了一定的控制能力，情绪亦趋于稳定，但同已进入社会的人相比，大学生相对敏感，情绪带有明显的波动性，一句善意的话语，一个感人的故事，一支动听的歌曲，一首情理交融的诗歌，都可以使大学生情绪发生骤然变化。

同时，由于大学生正处于情绪表现的"动荡"时期，自我认知、生涯发展及心理发展还未成熟等原因，他们的情绪起伏较大，带有明显的两极化特征：胜利时得意忘形，挫折时垂头丧气；喜欢时花草皆笑，悲伤时草木流泪，情绪的反应摇摆不定、跌宕起伏。有人对大学生进行调查，发现 70% 的大学生情绪都是经常波动的，也就是像"波动曲线一样，忽高忽低，忽愉快忽愁闷"。

3. 情绪的冲动性与爆发性

心理学家霍尔认为青年期处于"蒙昧时代"向"文明时代"演化的过渡期，其特点是动摇的、起伏的，他把这一时期称为"狂风暴雨"时期。由于知识水平和认知能力的提高，大学生对自己的情绪能够有所控制，但由于他们兴趣广泛，对外界事物较为敏感，加之年轻气盛和从众心理，因而在许多情况下，其情绪易被激发，犹如急风暴雨不计后果，带有很大的冲动性。他们往往对符合自己信念、观点和理想的事件或行为迅速产生热烈的情绪；对于不符合自己信念、观点和理想的事件或行为，则迅速出现否定情绪。个别的有时甚至会盲目的狂热，而一旦遇到挫折或失败又会灰心丧气，情绪来得快，平息得也快。

大学生情绪的冲动性常常与爆发性相连的。一些大学生的自制力较弱，一旦出现某种外部强烈的刺激，情绪便会突然爆发，借助于冲动的力量驱使，以至于在语言、神态及动作等方面失去理智的控制，忘却了其他任何事物的存在，极易产生破坏性的行为和后果。

4. 阶段性和层次性

大学阶段由于不同年级培养目标和培养重点不同，教育方式和课程设置有所区别，各个年级面临的问题不同，大学生的情绪特点也不同，呈现出阶段性和层次性特点。大学新生所面临的是环境适应、学习方法的改变、新的交往对象熟悉了解以及新的目标确立等问题。新生自豪感和自卑感混杂，放松感和压力感并存，新鲜感和恋旧感交替，情绪波动大。二三年级学生经过了一年级的适应过程，能够融于校园生活中，情绪较为稳定。毕业班学生面临毕业论文（毕业设计）及择业等多方面的重大问题，压力大，情绪波动大，消极情绪多。另外，由于社会、家庭及自身要求、期望不同，能力、心理素质的差别，大学生也会表现出不同的情绪状态。

5. 外显性与内隐性

大学生对外界刺激反应迅速敏感，喜、怒、哀、乐常形于色，比已进入社会的人要外露和直接；但比起中小学生，大学生会文饰、隐藏或抑制自己的真实情感，表现出内隐、含蓄的特点。一般而言，大学生的很多情绪是一眼就能看出的，如考试第一名或赢得一场球赛，马上就能喜形于色。但由于自制力的逐渐增强，以及思维的独立性和自尊心的发展，他们情绪的外在表现和内心体验并不总是一致，在某些场合和特定问题上，有些大学生会隐藏或抑制自己的真实情感，有时会表现出内隐、含蓄的特点。例如，对学习、交友、恋爱和择业等具体问题，他们往往深藏不露，具有很大的内隐性。另外，随着大学生社会化的逐渐完成与心理逐渐成熟，他们能够根据特有条件、规范或目标来表达自己的情绪，使得自己的外部表情与内部体验不一致。例如，有的学生对异性萌生了爱慕之情，却往往贬低、冷落人家。

【阅读】

软糖实验

1960 年，美国斯坦福大学心理学家米歇尔把一些 4 岁左右的孩子带到一间陈设简陋的房子，然后给他们每人一颗非常好吃的软糖，同时告诉他们，如果马上吃软糖只能吃 1 颗；如果 20 分钟后再吃，将再奖励 1 颗软糖，也就是说，总共可以吃到两颗软糖。

有些孩子急不可待，马上把软糖吃掉。有些孩子则能耐心等待，暂时不吃软糖。他们为了使自己耐住性子，或闭上眼睛不看软糖，或头枕双臂自言自语……结果，这些孩子最终吃到两颗软糖。

实验之后，研究者进行了长达 14 年的追踪。继续跟踪研究参加这个实验的孩子们，一直到他们高中毕业。跟踪研究的结果显示：那些能等待并最后吃到两颗软糖的孩子，在青少年时期，仍能等待时机遇而不急于求成，他们具有一种为了更大更远的目标而暂时牺牲眼前利益的能力，即自控能力。而那些急不可待只吃1颗软糖的孩子，在青少年时期，则表现得比较固执、虚荣或优柔寡断，当欲望产生的时候，无法控制自己，一定要马上满足欲望，否则就无法静下心来继续做后面的事情。换句话说，能等待的那些孩子的成功率，远远高于那些不能等待的孩子。

第二节　培养良好情绪

一、理解良好情绪

心理学家们对于积极情绪的表述，可以帮助我们理解它的基本内涵。哈塞认为，积极情绪就是当事情进展得顺利时，你想微笑时产生的那种好的感受。孟昭兰认为，积极情绪是与某种需要的满足相联系，通常伴随愉悦的主观体验，并能提高人的积极性和活动能力。情绪认知理论认为，积极情绪就是在目标实现过程中取得进步或得到他人积极评价时产生的感受。很显然，上述解释都还不能给我们一个完整的概念，但是我们可以从中看出一个共同的特征，即认为积极情绪会产生愉悦感受。

积极情绪是与个体需要的满足相联系的，伴随愉悦的主观情绪体验。积极情绪是短暂的情绪状态，如高兴，快乐，感激，兴趣，满意等，只能持续几分钟。积极情绪与自信、对于他人的正面理解、亲社会性、活力、对挑战与压力的有效应对、免疫力和身体健康等个体特征密切相关，而个体这些特征是取得成功的重要保证，因此积极情绪能够促进成功。积极情绪能够促进对挑战与挫折的适应性应对；提高和增进幸福感；增加了对熟悉人的信任感；促进个体从生活压力事件中恢复。

健康的情绪是健全人格的必要条件之一。一般而言，情绪的目的性恰当、反应适度，不带有幼稚的、冲动的特征，符合社会规范的要求，就是健康的情绪。

对大学生来说，情绪健康具体表现为：情绪的基调是积极、乐观、愉快、稳定的，对不良情绪具有自我调控能力，情绪反应适度；高级的社会情感（理智感、道德感、美感等）能得到良好的发展。因此，有良好情绪的学生能正确反映一定的环境的影响，善于准确表达自己的感受；有良好情绪的学生能对引起情绪的刺激做出适当强度的反应；有良好情绪的学生应该具备情绪反应的转移能力；良好的情绪应符合学生的年龄特点。

二、良好情绪的功能

1.良好的情绪促进身心健康

人体内有一种最能促进身体健康的力量，即良好的情绪。经常保持心情愉快可以使人信心大增、增强免疫力，甚至提升个人魅力。

对 92 位百岁老人的调查结果也显示，无论经历坎坷还是平坦，家境富裕还是清贫，孩子是多是少，只要心态好的，便能活得自在洒脱，活得健康快乐。这样的老年人，即使身体受了某些折磨或痛苦，但精神世界是丰富多彩的，心理是健康的，情绪是乐观向上的。只有保持良好的心态，才能保持生命的活力，从而战胜困难，走出逆境，才能健康幸福地生活。

现代医学研究证明，人的生理疾病中，70% 同时伴有心理上的病因，情绪对人的身心健康具有直接影响。良好的情绪状态不仅使大学生对生活充满希望，对自己满怀信心，而且能够使他们的求知欲增强，思维敏捷、兴趣广泛，促使他们全面发展；而消极情绪则危及学生的身心健康，突然而强烈的情绪会使人的意识范围狭窄，判断力减弱，失去理智力。一些学生的失眠、紧张、神经性头痛、消化系统疾病等，大都是因为情绪状态没能得到很好的调整。因此、保持良好的情绪状态，是大学生心理健康的重要标志。

2.良好的情绪提升学习成效

芭芭拉·弗雷德里克森提出的积极情绪的扩展和建构理论认为，积极情绪如快乐、兴趣、满意等能扩展个体瞬间思维活动序列，而消极情绪一般会缩小个体的瞬间思维活动序列，缩小个体的认知范围。积极情绪能在一般条件下促使个体冲破一定的限制而产生更多的思想，扩大个体注意范围，增强认知灵活性，能够更新和扩展个体的认知地图。研究中表明积极情绪能够促进人的记忆功能和提取更多的积极材料，使个体在解决问题时更加灵活、完整、有效地进行思考和判断。伊森等人的研究发现积极情绪比中性状态下，个体表现出更高的创造性、问题解决的效率更高，决策更全面。对于大学生来讲，情绪状态对于学业有着重要的影响，良好的情绪影响大学生的学习和活动，有助于他们扩展思路，集中注意力。不少大学生都有这样的体验，当自己的情绪积极乐观时，学习效率高；而当自己的情绪处于低迷、忧郁或是烦躁不安时，学习效率就会较低，长期的情绪因素可导致智力缺损，危及学习能力。良好的心态，是一个人最大限度地发挥自己能力的前提和基础。

3.良好的情绪改善人际关系

心理学家发现，积极情绪可以让人更多地看到"我"和"他人"之间的联系和共同点，从而更多地以"我们"的眼光去看待事情。而消极心理会让人把"我"和"他人"对立起来，两者是孤立隔绝的。这种扩大了的"我们"的眼光被称为"自我延伸"，这不仅能帮人提高人际交往质量，而且能让人善于整合他人的资源，为己所用。良好的情绪不仅会让人跟他人有更多认同感，还会让人对环境、对大自然有认同感，也会让人更敞开心灵，用开放、接纳的姿态面对世界。

大学生不同的情绪状态会直接影响到大学生的人际关系状况。良好的情绪特征，乐观、热情、自尊、自信，是人际吸引的深层心理因素，能使彼此间的心理距离缩短、关系融洽，有助于大学生的人际交往；而焦虑、抑郁、冷漠、愤怒也会影响大学生的社会行为，从而影响人际交往和人际关系，使人际关系疏远。由于情绪具有感染力，积极情绪多于消极情绪的人，更容易获得别人的赞赏，更容易建立良好的人际关系。

4.良好的情绪有利于开发潜能

心理学家爱普斯顿的研究表明：当体验到的是积极的情绪，如感到高兴、亲切、安全平静时，大学生的行为目标也往往是积极、生动的，对新经验的领悟和接受、对周围人的尊重和理解、对价值和长远目标的献身精神等，都会明显增强；当体验到痛苦、愤怒、紧张或受威胁等消极情绪时，一部分大学生的社会兴趣下降，反社会行为增加，对新经验持谨慎甚至闭锁的态度，而另外一些大学生的行为并没有向消极方面转化，而是吸取教训，准备再十。因此良好的情绪有助于增强学习兴趣，提高学习效率，促进潜能发掘和能力发展。

总之，保持良好的情绪状态，不仅可以促进大学生的身心健康，有助于预防和抵御各类身心疾病的侵蚀，还有利于提高大学生的心理健康水平，使他们能以积极的态度、饱满的热情和旺盛的精力投入到自己的学习、生活和社会交往等各个方面。

三、培养良好情绪之道

情绪管理绝不是要人压抑情绪，不能哭泣、不能发脾气，随时都要表现愉悦的样子。情绪管理应该是要你接纳你的情绪，好好听听你内心的信息，了解自己为何会有如此的情绪，进而发展出一种新的想法，让自己不陷入情绪的漩涡中。培养良好情绪有以下几种方法。

1. 觉察情绪

觉察辨识各种情绪。当人发生情绪时，表示生活中有事件刺激至脑中杏仁核引发警报，在此同时若人们能察觉到情绪的产生并辨识情绪的种类，可以延缓情绪瞬间的爆发，使前额叶这个情绪管理中心有充分的时间进行风险及效益的评估，将灾害降到最低。

情绪的觉察必须不断自我训练，通常要不断自我询问："我现在的情绪如何？"例如，当你因为朋友约会迟到而对他冷言冷语，问问自己："我为什么这么做？我现在有什么感觉？"如果察觉到已对朋友三番两次的迟到感到生气，你就可以对自己的生气做更好的处理。

有许多人认为人不应该有情绪，所以不肯承认自己有负面的情绪，要知道，人一定会有情绪的，压抑情绪反而带来更不好的结果，学着体察自己的情绪，是情绪管理的第一步。

2. 接纳情绪

觉察自己有了情绪后，更重要的是接受每个情绪的信息，试着了解自己发生情绪的背后是否有些需要未满足；或是涉及什么问题而引爆心中的情绪。

无论如何要给自己一段时间去探索自己的感受及想法，了解发生情绪背后的意义，并试着去满足自己真正的需求。

3. 转换信念

情绪的发生是无法避免的，有些时候我们无法完全了解我们的情绪从何而来；或是我们内在的需要不见得都有方法得到满足。这时候我们必须学习转换信念，反向思考问题。

有一个故事是这样的，有个失恋的人在公园里，因为不甘心而哭泣，遇到一位哲学家。哲学家知道她为什么而哭之后，没有安慰她，反而笑道："你不过是损失了一个不爱你的人，而他损失的是一个爱他的人，他的损失比你大，你恨他做什么？

应该不甘心的人是他呀。"

换一种思考方式可以让自己活得更海阔天空。俗话说："塞翁失马，焉知非福。"

4. 懂得放下

放弃是一种智慧。现实生活中，人们有太多的欲望，因为舍不得到手的职务，有些人整天东奔西走，荒废了正当的工作；因为舍不得放下诱人的钱财，有些人费尽心思，不惜铤而走险；因为舍不得放弃一段感情，有些人宁愿岁月蹉跎……人总是这样，总是希望拥有一切，似乎拥有的越多，越快乐。可是有一天，人们忽然发现，自己并不快乐。人们在不知不觉中丧失了一切快乐的本源。

5. 学会宽容

人际间的摩擦、误解乃至恩怨总是在所难免，如果总是怀着仇恨的心理，生活只会如负重担，举步艰难，最后只会堵死自己的路。

宽容可以改善人际关系与自身的身心健康。美国斯坦福大学曾做过《斯坦福宽容计划》，通过实验发现，参加此计划的人中，70% 的人受伤害感明显降低，20.3%的人表示因怨恨带来的身体不适症状减少了。

学会宽容别人，就是学会宽容自己；给别人一个改过的机会，就是给自己一个更广阔的空间。

6. 养成快乐的习惯

良好的情绪与积极的心理状态相关联，不良的情感或情绪与消极的心态相关联，寻找一种良好的情绪取代不好的情绪状态，能够激发内心的活力，唤起内在的积极性和主动精神。有人说："快乐天天健康，忧愁平添百病。"可见这种培养快乐的训练法是非常重要的。多想快乐的事以引起积极快乐的心态，我们可以采用以下几种技巧。

（1）运用内部对话的方式

运用内部对话的方式即内心的自言自语，对积极的、快乐的某种情感、行为、场合与事件进行具体地、形象地自我陈述，由此引起个人积极乐观的心理倾向，而乐观的态度和积极的心理倾向有助于促进美好愿望的产生。当人们一旦受到自己积极的、美好愿望的鼓舞，就会积极地行动和思考。

（2）60 秒 PR 法

这是由美国佐治亚州立大学的一位教授总结出来的方法。所谓 PR 是英语"Pride（自豪）"的缩写。60 秒 PR 法主要精神就是，每天用 60 秒钟，以讲演的形式简单明了地描述自己的潜力和特点，以及自己应达到的目标和抱负。这种做法的好处在于用很短的时间进行自我赞美和鼓励，使自己对人生充满信心和活力，满怀期望地走向未来，还能"使人时刻记住为创造第一流的人生所应负的责任"。

具体做法是，为自己精心设计一篇演讲词。将它贴在方便的地方，每天对着它朗诵几遍，以激发自己的壮志。不断地修改和完善演讲内容，以便不断地修订个人的人生目标和计划。演讲内容也可以用录音机录下来，利用空闲时间来听。有的家庭每个成员都有自己的说辞，而且用录像机录下来再现在电视屏幕上。每周放映一次，每个家庭成员都接受一次家庭集体的检阅。在这种检阅过程中，家庭成员之间也要相互尊重、鼓励和赞许。

那些坚持做 60 秒 PR 法的人都认为，这种方法是一种自我鼓励、唤起自信和自尊、促人奋发进取的有效方法，而且它还能使人向自卑感告别。长期坚持这种训练，经常使自己处于积极乐观的状态，时常赞美自己优点和长处，反复明确自己的奋斗目标和计划对人生充满信心和希望，你就会感到满怀热情和具有坚韧不拔的毅力，塑造出全新的自我形象。

（3）停止思考法

妨碍积极快乐心理的主要因素是悲观沮丧，如果一个人经常考虑消极悲观的事，那就强化了自己的抑郁、沮丧和自卑感，从而失去人生意义，产生自我毁灭感。所以必须停止这种消极悲观思维，或者说限制消极思维的时间，以免悲观思想占据了你的大脑。人们称这种方法为停止思考法。

具体做法可分为三步。第一步，对自己的思维方式和习惯进行自我分析。区别出个人的僵化、消极的思维方式和习惯，当遇到不快的事物时也做具体分析和认识，然后把这些消极事物记下来，明确这些引起消极情绪的原因和带来的危害。第二步，拒绝去想，停止思考，不让它污染了我们的心理环境。第三步，如有必要的话，可以从积极的方面考虑问题的解决方法，例如，一次考试失败可能产生很大的消极情绪，你可以把失败的原因记下来，然后不再想这次失败的事，而是在之后学习中去克服学习中的不足之处，这样就拒绝反复思考那次失败的体验，停止它带来的消极情绪，以积极的心态应对学习中的缺点。

7. 学会微笑

微笑给人以美的享受，微笑还可以消除悲伤，使人获得快乐、轻松和自信，还能促进人的心身健康。笑的益处这么多，可惜有许多人还没有认识到。在现实生活中，我们常常看到那些严肃有余、活力不足且不苟言笑的人。消沉沮丧的情绪长期积压在心里，悄悄地潜伏在潜意识中，形成一个人的性格缺陷。因此他一遇到困难就加深消沉，成为了一个不快乐的人。

愉快的微笑可以改变人的消极情绪状态。人因快乐而微笑，但往往又因为微笑而快乐，常微笑的人必然能够获得更多的快乐。微笑还使人具有可亲和自信的个人形象，能带给人成功的信心和勇气。世界乒乓球冠军，我国选手陈新华在一次与瑞典队一位实力很强的对手决赛时，两位选手技术水平都相当高，比赛高潮迭起，非常精彩，尤其引人注目的是，无论比赛形势如何，陈新华总是面带神秘的微笑并伴有自言自语，在比赛的关键时刻，这种旁若无人的微笑，不仅让他变得镇定自信，而且还使对手束手无策，总向裁判提出抗议。但乒乓球比赛规则中，并没有不准微笑的条款，所以抗议无效。结果陈新华以其精湛的球技和神秘的微笑赢得了乒乓球世界冠军。所以有人说，微笑好像有奇特的魔法，像阳光驱散黑暗一样，可以把苦恼、烦恼等等一扫而光。

笑可以使人心情舒畅、精神愉快、驱除疲劳、排除忧虑、解除烦恼、心情开朗、精神振奋、充满信心，笑还可以促进循环系统的功能，使血液流动的速度加快，所以人在笑时脸色红润，容光焕发，眼睛明亮，显得格外年轻动人，正所谓笑一笑、十年少。既然笑有如此多的好处，我们就应该学会笑的艺术，学会幽默和笑的技巧，要寻找或制造各种不损害他人的笑料，要常回忆愉快的事，使心情保持愉快的状态。如果我们的内心始终保持着那一份童心的纯洁，在心灵深处永远充满着对生活的爱，我们就会觉得整个世界都是充满欢笑的。

【阅读】

踢猫效应

现代社会中，工作与生活的压力越来越大，竞争越来越激烈。这种紧张很容易导致人们情绪的不稳定，一点不如意就会使自己烦恼、愤怒起来，如果不能及时调整这种消极情绪带给自己的负面影响，就会身不由己地加入"踢猫"的队伍当中——被别人"踢"和去"踢"别人。

一父亲在公司受到了老板的批评，回到家就把沙发上跳来跳去的孩子臭骂了一顿。孩子心里窝火，狠狠去踢身边打滚的猫。猫逃到街上，正好一辆卡车开过来，司机赶紧避让，却把路边的孩子撞伤了。这就是心理学上著名的"踢猫效应"，描绘的是一种典型的坏情绪的传染所导致的恶性循环。一般而言，人的情绪会受到环境以及一些偶然因素的影响，当一个人的情绪变坏时，潜意识会驱使他选择下属或无法还击的弱者发泄。受到上司或者强者情绪攻击的人又会去寻找自己的出气筒。这样就会形成一条清晰的愤怒传递链条，最终的承受者，即"猫"，是最弱小的群体，也是受气最多的群体，也许会有多个渠道的怒气传递到他这里来。

第三节　大学生不良情绪的表现及其调适

一、认识不良情绪

（一）怎样认识不良情绪

不良情绪是指一个人对客观刺激进行反映之后所产生的过度体验。焦虑、紧张、愤怒、沮丧、悲伤、痛苦、难过、不快、忧郁等情绪均属于不良情绪。

不良情绪主要包括两种情绪体现形式：一是持久性的消极情绪体验，它是指在引起悲、忧、恐、惊、怒、躁等消极情绪的因素消失之后，主体仍很长时间沉浸在消极状态中，不能自拔；二是过渡性的情绪体验，它是指心理体验过分强烈，超出了一定限度，如狂喜、过分激动等。持久性的消极情绪体验和过渡性的情绪体验都有严重的危害性，危害的程度因人而异。

（二）大学生常见的不良情绪

对于大学生来说，不良情绪主要表现为情绪的困扰。情绪困扰，是指人的某一情绪发生的频度和强度过度时，引起情绪之间、情绪与认知及人格适应性的冲突，并加重负面情绪的反应。大学生情绪困扰的主要表现类型有以下几种（详见第一章）。

（1）焦虑：焦虑是大学生常见的情绪状态，当他们在学习、工作、生活各方面遭遇挫折或担心需要付出巨大努力的事情来临时，便会产生这种体验。

（2）抑郁：抑郁是一种持续时间较长的低落、消沉的情绪体验，它常常与苦闷，不满、烦恼、困惑等情绪交织在一起。一般来说，这种情绪多发生在性格内向、孤僻、敏感多疑、依赖性强、不爱交际、生活遭遇挫折、长期努力得不到回报的大学生身上。

（3）愤怒：处于精力充沛、血气方刚的青年时期的大学生，在情绪情感发展上往往容易产生好激动、易动怒的特点。

（4）嫉妒：嫉妒是自尊心异常的一种表现，在大学生中普遍存在。具体表现为当看到他人学识能力、品行、荣誉甚至穿着打扮超过自己时内心产生的不平、痛苦、愤怒等感觉；当别人身陷不幸或处于困境时则幸灾乐祸，甚至落井下石，在人后恶语中伤，诽谤。

（5）冷漠：冷漠是指人对外界刺激缺乏相应的情感反应，对生活中的悲欢离合都无动于衷。

此外，大学生的不良情绪还通过外显的行为反映出来，常见表现有以下几个。

（1）神经过敏行为：习惯性肌肉抽搐、皱眉、不断地眨眼、咬嘴唇、口吃、经常脸红或脸色苍白、病态性抱怨、经常啜泣等。

（2）情绪反应偏离正常：对错误过分焦虑，对失败过分悲伤；谨小慎微，注意细节；逃避责任，不愿承担新的和困难的工作；对周围的一切漠不关心，感到周围的人和事都使自己烦恼；对工作目标缺乏兴趣；不喜欢讲话，不能控制语言或傻笑、有过分的表情动作。

（3）情绪未成熟行为：不能单独一个人工作；不能独立做出判断；有自卑感；心情沉重；过多地猜疑或指责别人；容易接受暗示；易恐惧、优柔寡断。

（4）好出风头行为：逗弄或推挤别人；动作生硬，不严肃；过分引人注目；过分献殷勤；不断地自夸；经常欺骗别人。

（5）违法乱纪行为：对别人残忍；恃强凌弱，辱骂他人，污秽语言；对学习缺乏兴趣，逃学，旷课。

（6）身心失调：服饰习惯颠倒或混乱；情绪悲痛时产生恶心或呕吐；有各种各样的躯体疼痛症状。

（三）不良情绪困扰的形成因素

1. 认知因素

大学生对于自己的学习与生活问题，如果能做出正确的认知评价，就会产生积极的情绪体验和行为反应，反之，会产生消极的情绪和行为反应。大学生作为一个特定的社会群体，自然也存在许多特定的问题，诸如对新的学习环境、学习任务的适应问题，理想与现实的冲突问题，人际关系与恋爱问题，学习劳动的付出与就业回报的反差等问题。

认知的偏差易导致各种心理冲突和不良情绪。如果根据就业好坏来评价知识的有用价值性，便会降低专业学习兴趣，产生厌学情绪。对自身学习不正确的认知也会引起心理的紧张、焦虑、强迫、压抑、自卑等不良情绪反应。人际交往中的认知偏差同样会引起心理的紧张、恐惧、焦虑。职业选择中所遇到的心理挫折和冲突更易导致抑郁、焦虑，甚至大失所望。

2. 遗传因素

其对情绪的影响主要表现在人的神经类型上，不同神经类型的人在情绪体验上存在较大差异。

二、不良情绪对大学生的影响

大学生正处于青春发育后期，情感丰富且极易波动，由于受生理发育、心理发展和客观环境影响，大学生的情绪变化较为明显。这种频繁情绪波动对大学生的学习、生活、人际关系、身体健康等无不产生影响。

1. 大学生的学习方面

情绪好时，学习效率会倍增；而情绪低落时，消沉、忧郁、悲观等消极的情绪会使大学生出现思路阻碍、操作迟缓、心不在焉、注意力不能集中等状态，学习效率会一落千丈。一个经常处于抑郁状态的学生，尽管非常聪明，大多也不会在学业上取得非常优异的成绩。

2. 大学生的人际交往

一个情绪稳定，笑对他人，积极向上的人，周围一定有很多好朋友；一个喜怒无常，常常莫名其妙发脾气的人，周围的人只会对他敬而远之。而人际交往在整个大学阶段都是非常重要的必修课，没有好的人际关系，又会直接影响个体的情绪感受，最终导致恶性循环。

3. 大学生的身体健康

俗话说："笑一笑，十年少；愁一愁，白了头。"现代医学认为，很多疾病的发生，都不是器质性的病变，而是与精神状态不佳、情绪异常有关。消化系统是对情绪反应的敏感器官。人在恐惧或悲痛时，胃黏膜变白，停止分泌胃酸，引起消化不良；在焦虑、愤怒、怨恨时，胃黏膜充血，胃酸分泌增多，经常如此会导致胃溃疡。血压对情绪的变化非常敏感。如果经常处于愤怒、焦虑、恐惧等强烈的不良情绪状态中，较容易发展为高血压病。而持续出现的不良情绪，是导致心脑血管疾病的主要因素。许多冠心病患者就是在不良情绪的刺激下，导致心绞痛和心肌梗死发作，甚至死亡。才貌双全的林黛玉，因其性格多愁善感，忧郁猜疑，最终积郁成疾，呕血身亡。三国时东吴的大都督周瑜，因为妒忌多疑、心胸狭窄，而被诸葛亮活活气死。大量的临床医学研究表明，充满心理矛盾、压抑、不安全感和不愉快情绪体验的人，免疫力减弱，容易患癌症。中医学中也有一种说法：喜伤心、怒伤肝、思伤脾、忧伤肺、恐伤肾。由此可见，情绪与身心健康的关系十分密切。愉快的精神状态，可使人心情开朗；不良的精神刺激，会使人心情抑郁，疾病缠身。

4. 大学生个性发展

不良情绪会造成个体的自卑、抑郁，会使个体对社会产生不正确的认识，会引起心理上的疾病和心理变态。

5. 消极情绪具有传染性

值得一提的是，恶劣情绪具有传染性。病毒和细菌会传播疾病早已众所周知，然而新近研究发现，恶劣情绪与病毒和细菌一样具有传染性。美国洛杉矶大学医学院的心理学家加利·斯梅尔长期研究发现，原来心情舒畅、开朗的人，若同一个整天愁眉苦脸、抑郁难解的人相处，不久也会变得情绪沮丧起来，一个人的敏感性和同情心越强，越容易感染上坏情绪，这种传染过程是在不知不觉中完成的。美国密西根大学心理学教授詹姆斯·科因的研究还证明，只要 20 分钟，一个人就可以受到他人低落情绪的传染。大学生是以集体的形式在学校生活，如果一个小集体特别是宿舍里有一个人情绪比较低落，这往往会影响到这个集体里的其他成员，如果处理不当，还会出现群体性情绪问题。

三、不良情绪的管理之道

（一）自我放松法

对于一般的紧张或焦虑，可以尝试以下三种放松方法。

1. 调息放松法

当你在紧张焦虑时，一种简单但可能颇为有效的努力就是控制呼吸，通过深呼吸缓解焦虑。

具体的做法是保持坐姿，身体向后靠并挺直，松开束腰的皮带或衣物，将双掌轻轻放在肚脐上，要求五指并拢，掌心向下。先用鼻子慢慢地吸足一口气，保持涨满状态 2 秒钟。再用鼻子慢慢地、轻轻地呼气。接下来再学习控制呼吸的速度，可以在呼吸时数数："1、2、3、4……"要求自己均匀缓慢地数数，用四个节拍吸气，再用四个节拍吐气，如此循环。每次连续做上 4~10 分钟甚至更长。经常这样做深呼吸，对身心放松、缓解焦虑大有好处。

你还可以闭上眼睛做。如果闭着眼睛，在做深呼吸的同时还进行一些想象的话，效果会更好。

当你能在坐姿下熟练地运用深呼吸技术之后，你可以进一步增加操作难度：你可以尝试在不同的姿势下运用，看看是否可以在躺着或站着的时候运用；你还可以尝试在不同的情境下使用，除了安静的环境，还可以在看电视、洗脸、走路时做。同时还可以尝试在有别人在场之类干扰的情况下使用。如果你在各种复杂的场合都能运用自如，那么，在感到焦虑紧张时，运用起来就更能得心应手、更具效用。

2. 想象放松法

你可以直接用想象法放松，如果结合调息法则放松效果会更好。

想象法主要是通过对一些广阔、宁静、舒缓的画面或场景的想象达到放松身心的目的。这些画面和场景可以是大海、花园、躺在小舟里在平静的湖面上飘荡等等。总之，一切能让心灵平静愉悦的美好场景，都可以尝试。平时你可以多多练习和使用这些方法，找出几个能使自己放松的画面或场景使用。这样，在紧要关头就能助自己一臂之力。

3. 肌肉放松法

肌肉放松法是最常用的放松方法之一。

（1）头部放松。用力皱紧眉头，保持 10 秒，然后放松；用力闭紧双眼，保持 10 秒，然后放松；皱起鼻子和脸颊部肌肉，保持 10 秒，然后放松；用舌尖抵住上颚，使舌头前部紧张，保持 10 秒后放松。

（2）颈部肌肉放松。将头慢慢地下弯，努力使下巴抵达胸部，保持 10 秒，然后放松。

（3）肩部肌肉放松。将双手自然放在两侧，尽最大努力提升双肩向上，保持 10 秒，然后放松。

（4）臂部肌肉放松。将双手掌心向上平放在椅子扶手上，握紧拳头，使双手及前臂肌肉保持紧张 10 秒，然后放松。

（5）胸部肌肉放松。将双肩向前收，使胸部四周的肌肉紧张，保持 10 秒，然后放松。

（6）背部肌肉放松。将双肩用力往后扩，体会背部肌肉的紧张感 10 秒，然后放松；向后用力慢慢弯曲背部，努力使胸部弓起，挤压背部肌肉 10 秒，然后放松。

（7）腹部肌肉放松。尽量收紧腹部，好像别人向你腹部打来一拳，你要收腹躲避，保持收腹 10 秒，然后放松。

（8）臀部肌肉放松。夹紧臀部肌肉，收紧肛门，使之保持紧张 10 秒，然后放松。

（9）腿部肌肉放松，绷紧双腿，并将膝部伸直上抬，好像两膝盖间夹着一枚硬币，保持 10 秒，然后放松；将双腿向前绷紧，体会小腿部的紧张感 10 秒，然后放松，将双腿向膝盖方向用力弯曲，保持 10 秒然后放松。

（10）脚趾肌肉放松。将脚趾慢慢向下弯曲，仿佛用力抓地，保持 10 秒然后放松；将脚趾慢慢向上弯曲，而脚和脚踝不动，保持 10 秒，然后放松。

所有动作应熟练掌握到能连续完成，并在各种情境下都能自如运用。一开始由于不熟练，做一遍需要不少时间。随着越来越熟练，只要 10 分就可以完成了。你可以在早晨醒来后和夜晚临睡前各做一遍，或者在感到焦虑紧张时做，效果应该不错。

以上介绍的是三种比较简便、自己可以把握操作的放松方法。如果你的焦虑不是十分严重的话，这些方法已经够用了。如果你的焦虑过分严重，那么就有必要去做心理咨询或心理治疗了。心理咨询师或治疗师会根据你的具体情况帮助你缓解心理困扰。

另外，需要提醒的是，对于放松方法的运用，最好在平时就多加练习，而不是临时抱佛脚。如果在平时能熟练掌握，经常使用，到考试时或其他紧张焦虑的场合也能运用自如；反之，如果平时知而不用，到临场想救急不一定会有好效果。

（二）认知转换法

某高校一名女生，在一次期末考试当中，由于情绪过度紧张，头天晚上还记得牢牢的东西，当看见考试题目时却怎么也想不起来了。结果，这次考试一连几门功课成绩都很差。不用说，她自己非常沮丧，心情沉重。从此，她就对考试产生了特别的恐惧心理。每次考试前总担心自己没有学懂、复习不够全面，在忧虑、焦躁的情绪中夜以继日地学习，搞得精疲力竭。上考场的时候，情绪紧张万分，记忆与思维受到严重抑制，考出的成绩很不理想，在一段时期内形成了恶性循环：越紧张，就越考不好，越考不好，就越害怕考试，在考场上就更紧张，成绩也就越差，她已经有 3 门功课不及格。如果以上情形继续发展下去，甚至可能影响毕业，那将是令人难以承受的结果。

在老师的帮助下，她决心调整自己的认知，设法控制、消除这种有害的紧张。其基本过程与内容如下：

（1）诱发事件是考试；

（2）自己对考试产生的一些不合理信念；

（3）成绩必须超过别人才算好成绩；

（4）考试成绩代表了我的价值；

（5）我应该门门都得好成绩；

（6）如果考不好，自己就没面子了，别人都会笑话我；

（7）一次考不好，就证明自己能力差，以后也同样会失败；

（8）自己每次考前都复习得不全面，因此在考场上必定会碰到不会做的题目；

（9）不管对知识熟记到什么程度，也是靠不住的，到了考场上仍然会忘记。

以上的不合理信念，有的是对自己提出了过分完美的要求，有的歪曲了考试分数对人的意义，有的是缺乏根据的自我怀疑，这表明自己的在这些问题上是缺乏理性认识的，有绝对化、以偏概全和主观臆测的倾向。

由以上不合理信念导致了不良情绪和行为后果：考前害怕、担忧、焦躁不安，考场上紧张万分，导致身心疲惫，考试成绩下降。

她与不合理信念展开辩论，将其驳倒，如下。

（1）成绩必须超过别人才算好成绩。每个人的能力大小、专业特长都不一样，一个人在有的方面可能优于别人，在另一些方面有可能劣于别人，这是正常的。只要一个人尽了他最大的努力，所取得的成绩就是好成绩，因此不要与别人盲目攀比而给自己造成不必要的压力。

（2）考试成绩代表了我的价值。考试究竟是什么？考试只是检查学习成效的一种手段，目的是显示出知识中已掌握与未掌握的部分，促使人求知上进。考试成绩只能表明我学习的成绩与不足，此外说明不了更多的问题。一个人的价值由许多部分组成，表现在品德、知识、能力、个性、理想、事业、家庭、友谊等方面，仅仅是学习上的不足，并不能否定一个人的全部价值。如果说要体现自己的价值，那么就应当认真、积极地对待学业，努力设法弥补学习上的缺陷，乐观进取，做一个身心健全、德才兼备的人。

（3）我应该门门都得好成绩。金无足赤，人无完人。大多数人只在其擅长的方面做得优秀，而其他方面平平，这并不妨碍他们事业有成，自己也不例外。自己并非是全才，只要达到学校的要求，尽了最大努力就应该满足了。个别科目若能发挥自己的专长，名列前茅，当然最好。但是没有必要斤斤计较、苛求自己十全十美，否则只会给自己造成难以承受的精神负担。

（4）如果考不好，我就没面子，别人都会笑话我。考试成绩差，对我的自尊心的确是一种打击。但是，考试并不是为了人的面子设立的，目前成绩的优劣，反映的是我对所学知识掌握的程度，并不能预示我将来是否有足够的能力在社会上立足、为社会服务。较之长远的目标，目前面子上的荣辱算得了什么？如果我能够不为面子学习，就会以更踏实的态度对待学习中的每一个缺点与不足，就会在平静的心态中稳步前进。否则，背负沉重的压力，只会在忧虑不安中越走越累，越走越慢。况且，老师、父母和同学都会真诚地帮助我克服困难、提高成绩，没有理由对我的困境报以冷眼和嘲笑，因为我们大家的目标是一致的。

（5）一次考不好，就证明自己能力差，以后也同样会失败。一次考试失败，肯定有原因，但寻找原因要客观、全面，不应该单纯地从能力方面去追究失败的原因，还可能有情绪上、身体上、环境上的原因。当然，考试失败在一定程度上反映了能力存在某种缺陷，或者是对知识的理解有误，或者是基本功不扎实，或者是记忆障碍，或者是思维缺乏变通与突破等。这些能力上的缺陷可以通过适当的方式加以弥补，并非是不可改变的。因此，失败之后，重要的是客观、全面地总结教训，找到原因，针对可改变的因素千方百计以求改进。对那些自己无法控制的原因，不必怨天尤人、纠缠不休。一旦我真正改进了自己的缺陷，下一次考试就一定有希望成功。倘若用暂时的失败把自己彻底否定，那么这种毫无自信的心态会埋下再一次失败的祸根。

（6）自己每次考试前都复习得不全面，因此在考场上必定会碰到不会做的题目。考试既然是对学生学习成效的检验，那么它必然要符合学生所学知识的范围，否则怎么达到检验的目的？自己每次考前复习，都是按照课本上及老师所讲授的内容进行，并且相当详细、深入。由于担心有疏漏，还一再多找题目来练习，反复巩固所学内容，应当相信考题不会超出自己力所能及的范围。考试无非是让你在一张卷子上做题目，如果类似的题目在平时都会做，有什么理由不能在考卷上做出来？单从能力方面来说，对考试时做不出题目的担心是站不住脚的。这种不必要的担心使我在考前忧虑不安，分散了注意力，又迫使我超量地复习，身体疲惫不堪，在一定程度上产生了厌学情绪。在考试中，这种担心又使得我神经紧张、思维迟钝，导致该做出来的题目没有做对。因此，这种无根据的担心是一种自我挫败，必须清除。

（7）不管对知识熟记到什么程度，也是靠不住的，到了考场上仍然会忘记。如果不是自己的大脑出了问题，那么我应当同正常人一样服从记忆的一般规律，即只要对某一材料达到一定的熟记程度，必然会在一定的时间间隔内对它保持完好的记忆。我在考场上忘记了有关的知识，并非是我的大脑记忆功能低于正常人，也不是记忆的性能变幻莫测、无法把握。在没有考试的时候，我能够持久地、充分地记忆许多知识，而且在考前我记得非常熟练的东西，在走出考场之后仍能正确回忆大部分，却恰恰在考试过程当中对大部分知识无法正确回忆，这说明，不是我的大脑有问题，而是我的心理状态出了问题。紧张的情绪妨碍了我对头脑中已贮存的信息进行成功的提取。因此，我不必怀疑、贬低自己的记忆力，应当对自己充满信心，以放松、镇定的情绪去迎接考试，表现出自己真实的能力。

放弃了关于考试的种种不合理信念之后，她开始用更为理性的态度去看待考试，情绪与行为随之产生了明显的变化。不再担心考不过别的同学，也不再把考高分看得那么重要，能集中注意力进行复习。不再分心，不再焦躁不安，心情平静、稳定，有一种踏实感。对于已经掌握的知识，不再反复复习，而是复习难点和薄弱环节。在考试时情绪平稳，精力充沛，头脑清晰，遇到难题时能充分调动所学的知识，给出合理的假设与推理，考试结果令自己十分满意，学习成绩开始稳步回升，使自己信心大增，对考试害怕情绪被有效地遏制了，她的考试焦虑症状再也没有出现过。

（三）转移调节

转移调节就是根据自我要求，有意识地把自己已有的情绪转移到另一方面上，使情绪得以缓解。例如，有的人在盛怒时拼命干活，或者干脆到操场上跑几圈。当他累得满头大汗、气喘吁吁时，就会感到精疲力竭。此时，他的气恼心情就会基本平静下来，郁积的怒气也会消失一大半。因此，当产生消极的情绪时，可通过转移话题或做些别的事情的方法来分散注意力。用愉快的活动占据自己的时间，用时间的推移来逐步淡化心里的烦恼，用积极的情绪来抵消消极的情绪。找朋友聊聊天、下下棋，或听听音乐、打打球、观赏一下自然景物等都是可以选择的转移方式。

例如，使用环境转移，大自然的景色，能扩大胸怀，愉悦身心，陶冶情操。到大自然中去走一走，对于调节人的心理活动有很好的效果。心绪不好或感到心理压力大、闷闷不乐时，千万不要一个人关在屋子里生闷气，苦恼自己。而应该走出去，到环境优美、空气宜人的花园、郊外，甚至是农村的田园小路上去走一走，舒缓一下心绪，去除一些烦恼。而且长期处于紧张工作状态的人，定期到大自然中去放松一下，对于保持身体健康，调解身心紧张大有益处。

（四）宣泄调节

作家罗兰在《罗兰小语》中写道："情绪的波动对有些人可以发挥积极的作用。那是由于他们会在适当的时候发泄，也在适当的时候控制，不使它泛滥而淹没了别人，也不任它们淤塞而使自己崩溃。"情绪宣泄的方法有很多种：倾诉、哭泣、高喊等。适度的宣泄可以把不快的情绪释放出来，使波动情绪趋于平静。当你心中有烦恼和忧虑时，可以向老师、同学、父母、兄弟姐妹诉说，也可用写日记的方式进行倾诉；当受委屈、遭挫折或遇伤心事产生不平、沮丧、悲哀的情绪时，可在独处时或在亲朋好友面前大哭一场，以消除压抑的情绪；当对某一特殊事物产生不满、厌恶的情绪时，可用"喊叫疗法"来发泄烦恼，宁心息怒。不过，情绪的宣泄要有节制，要注意方式方法和时间场合，尽量不影响别人，不损害自己，否则会带来新的情绪困扰。

流眼泪并非懦弱的表示。研究发现，情绪性的眼泪和别的眼泪不同，它会有一种有毒的生物化学物质，会引起血压升高，心跳加快和消化不良，通过流泪，把这些物质排出体外，对身体自然有利。据观察，长期压抑、不常流泪的人，患病率要比常流泪的人高。据调查，有85%的女性和73%的男性说他们哭过以后，心里好受多了。所以有人主张该哭当哭，该笑当笑，但要把握好一个度，否则会走向反面。

（五）暗示调节

暗示是通过语言（第二信号系统）的刺激来纠正或改变人们的某种行动状态或

情绪状态。暗示可以分为自我暗示和他人暗示两种。自我暗示是指有意识地将某种观念暗示给自己，从而对情绪和行为产生影响。例如，走进考场，产生恐惧心理时，可自我默诵"不要怕，怕是不能解决问题的""胆要大，心要细"等，以此来消除恐惧心理；当要发怒时，可轻声告诉自己"不要发怒，发怒有害无益"；当陷入忧愁时，可反复用言语暗示自己："忧愁于事无补，还是振作起来面对现实吧！"在使用暗示技术时，要避免运用不当的消极暗示，必须使用积极的自我暗示。

（六）运动

对不良情绪所产生的能量可用运动加以调整。例如，当生气和愤怒时，可以到空旷的地方去大喊几声，或者去参加一些重体力劳动，也可以进行比较剧烈的体育活动，跑两圈，扔几个铅球，把心理的能量变为体力上的能量释放出去，气也就顺些了。

第四节　压力管理与挫折应对

一、压力管理

（一）认识压力

1.压力的概念

压力就是人对付那些自己认为很难对付的情况时，所产生的情绪和身体上的异常反应。它是人和环境的相互作用的结果，是机体内部状态，是焦虑、强烈的情绪和生理上的唤醒，以及对待挫折的各种情感和反应。压力是压力源和压力反应共同构成的一种认知和行为体验。人的内心冲突及与之相伴随的情绪体验是心理学意义上的压力。从心理学角度看，压力是外部事件引发的一种内心体验。

心理压力是个体在生活适应过程中的一种身心紧张状态，源于环境要求与自身应对能力不平衡；这种紧张状态倾向于通过非特异的心理和生理反应表现出来。完全没有心理压力的情况是不存在的，现代生活中每个人都有所体验。压力过大、过多会损害身体健康。现代医学证明，心理压力会削弱人体免疫系统，从而使外界致病因素引起机体患病。

社会经济的飞速发展也造就了压力的剧增,压力的来源也是多方面的,而造成压力的主要是以下三个方面:(1)生物性压力源:直接阻碍和破坏个体生存与种族延续的事件,包括躯体创伤、疾病、饥饿、性剥夺、睡眠剥夺、噪声、气温变化等;(2)精神性压力源:直接阻碍和破坏个体正常精神需求的内在和外在事件,包括错误的认知结构、个体不良经验、道德冲突、不良个性心理特点等;(3)社会环境性压力源:直接阻碍和破坏个体社会需求的事件,包括纯社会问题和由自身状况造成的人际适应问题(如社会交往不良等)。

2. 压力与应激

在一些研究文献中,研究者常将压力和应激两个概念混为一谈。实际上,压力是应激的来源,因此也称为应激源(stressor)。应激是个体对外界刺激的反应,既包括心理反应,也包括生理反应。任何生物体,都会对外来刺激做出反应。刺激是否构成压力,是否使个体感受到压力,感受到什么样的压力,是良性的动力还是负性的压力,这与个体对外界刺激的认知、个体的人格特点、特定的生活和学习环境都有密切关联。然而,不管压力的作用和意义是正面的还是负面的,在面对压力的时候,个体由于主客观因素的不同,都要伴随不同的生理和心理反应。这些生理和心理反应往往更多是消极的、痛苦的,轻者紧张、焦虑、担心、头痛胃痛、腹泻;重者沮丧、忧郁、绝望、失眠、溃疡、免疫力丧失。因此,压力对于人的生理、心理和社会生活都会造成严重的负面影响。

当然,大学生的压力并不是灾难性的,与压力相伴随的是学生的习得或与生俱来的抗压特质,许多优秀学生的坚韧性或抗逆力表现都较好。对一部分学生来说,压力是动力和挑战,会调动其潜能,激发其行为反应;而对另一部分学生来说,压力会导致应激,出现负面情绪、挫折感、防御、逃避以及不良生理反应。压力下的个体更倾向于求助非理性的直觉反应,这种反应能够满足个体迫切的个人情感需要而非真实的客观需求。长期承受压力可能会引起心理健康异常,会影响理性思考和其质量,继而对学习成绩产生负面的影响。

加拿大医学家和心理学家汉斯·塞利对人的应激状态进行了应激的机制与来源深入的研究。他认为人面对压力产生应激现象是个体对环境刺激的一种生物性的防御性反应。他提出了著名的"一般性适应综合征(general adaptation syndrome, CAS)"概念,简单而精辟地揭示了生物体面对外界压力的应激过程。这一过程包括警觉、抵抗和耗竭三个阶段。

（1）警觉阶段：当人初步遇到压力源，身体会自行调动保护机制来应对压力，出现警觉性生理反应。此时会有大量激素进入血液，更多葡萄糖和氧气进入脑部、骨骼肌和心脏里。个体出现血压升高、心跳加快、身体紧绷等状态，机体迅速调集能量和注意力来对抗压力。此时，压力应对曲线会逐渐升高，由原来的松弛状态上升为紧张状态。

（2）抵抗阶段：如果压力持续存在，警觉反应的生理反应将消失，代之以各类腺体的分泌，个体以高于常规抗压水平的状态和能量来抗衡压力。如果压力长时间存在，机体的生理平衡将会被打破，造成体内资源过度消耗，出现亚健康状态，并伴随各种心理问题困扰。如果压力消失了，机体会恢复到警觉前期。如果压力持续存在或强度加大，则转入耗竭阶段。

（3）耗竭阶段：此时个体无法再利用各种激素和能量，资源和能力消耗殆尽，有可能出现身心倦意和崩溃，导致不同程度的心理和生理疾病，甚至失去生命。

在很多情况下压力本身并不可怕，对压力的过度感知和应激反应才是造成心理健康异常的主要原因。也就是说，压力一旦成为心病，成为精神负担，成为心理压力，其负面作用就开始显现了。

3. 压力对健康的影响

塞利早期对压力的定义反映了压力下某些行为对身体健康的影响。之后大量关于压力的研究也都强调了压力在疾病中的作用。科学研究人员能够辨别出产生压力的条件，之后检验出压力改变生理和健康状况的机制。这些机制关系到人们如何面对当前情况。毫无疑问的是，压力会使健康状况越来越糟。人们经过长时间的观察发现：如果在一起生活多年的夫妇，其中一人去世会使另外一人更易于受到多种疾病的侵害，从蛀牙到癌症。当配偶死后，另一人在六个月后也去世的可能性比其他正常死亡的同龄人要大 40%~50%。人们在其他不那么严重的生活变故之后也会生病。例如，很多学生形容他们的大一学年是产生压力的时期，而且他们中的一些人还因此产生了健康问题。

4. 大学生压力类型

最近一项在校大学生心理健康状况调查显示，75% 的大学生认为压力主要源于社会就业。50% 的大学生对于自己毕业后的发展前途感到迷茫，没有目标；41.7% 的大学生表示目前没有考虑太多；仅有 8.3% 的人对自己的未来有明确的目标并且充满信心。综合以往的研究，表明大学生常见的压力有以下几种。

（1）就业压力。我国是个人口大国，大学生毕业人数逐年上升，而社会需求的岗位数量却变化不大。根据对中国未来新增劳动力人口的预测，未来数年我国青年新增劳动力人口每年仍保持在1500万~2200万之间的高位，供大于求，大学生毕业初次就业率逐年下降，直接导致就业压力增大。

（2）学习与生活的压力。大部分大学生都曾感到过学习的压力，但如学不会释放压力，精神就会长期处于高度紧张的状态下，极可能导致强迫、焦虑甚至是精神分裂等心理障碍的出现。目前，在校生中约有20%是贫困生，而这其中5%~7%是特困生。调查表明，70%以上的贫困生认为自己承受着巨大的学习、生活压力。

（3）经济上的压力，对于大学生来说，有大部分的同学不愿意再伸手要钱，他们用课余时间用来打工挣钱。但是随着年级的增长，学生的各种开销也逐渐地上涨，谈恋爱，过生日，交际应酬……这些费用的增加让很多的学生非常的发愁，在经济压力方面，16%的学生感觉到压力很大，48%的学生认为有压力但不严重，没有经济压力的学生占36%，说明现在的大部分学生都担心经济问题。

（4）情感上的压力。大学生对情感方面的问题能否正确认识与处理，已直接影响到大学生的心理健康。大量个案表明，大学生因恋爱所造成的情感危机，是诱发大学生心理问题的重要因素，有的人因此而走向极端，甚至造成悲剧。

（二）压力管理之道

大学生自己要正确面对压力，提高心理承受能力。大学生自己应该认识到大学生活并不总是一帆风顺的，困难是不可避免客观存在的。因此，当遇到困难时，不应该退缩，要无畏地去正视它，解决它。应采取积极态度看待压力，压力可以磨炼人的意志，激发人的智慧和潜能，把压力看成是生活的挑战，成长的机会。

1. 努力学习，打好扎实的基础

面对激烈的社会竞争，学好知识，打好扎实的基础是十分关键的，只有具备足够的实力，大学生毕业在选择工作时，才能足够自信，才会有更多的选择机会。在大学期间，大学生可以多看一些书，多学一点东西，提高自己的素养，培养独立的思考能力。大学真正培养的是一种学习的能力，只有慢慢养成这种能力，有了基础，今后不管是进一步深造，还是职场奋斗，都可以轻松面对的。所以，努力学习，全面发展自己，是我们面对压力积极可靠的方法。

2. 树立自信心

现在的大学里有很多成功人士的讲座，他们或是"海归"博士后，或是在事业上如日中天，或是三十而富，或是情场得意。实际上，这些人无论是智力还是外貌，与我们并无大的区别，在资质方面很普通，上天也没有对他们格外地眷顾。只因为他们懂得让好习惯替他们创造好机运。深入那些所谓的佼佼者之中，不难发现他们身上的确有着异于一般人的特质，他们的心从不受到束缚，而是执着于自己的理想，为此甘愿承受重负；他们有着果决的行动力；对生活抱着积极热忱的态度；他们有着行之有效的自律生活，积极进取、毫不虚华、踏实努力的态度，所以最终受到生活的厚遇，在平庸中脱颖而出。人和人之间只有很小的差别，那就是每个人的心态，但是它造就了人与人巨大的差别，那就是一生的成功与失败。成功者的心态包含众多的层面，最重要的是具有自信心。

3. 学会自我调整

保持良好的身体和心理状态，减轻过大的心理压力，可以从日常生活的小事做起，大家可参考以下方法。

（1）充分休息，不管多忙，每天必须保证 8 小时的睡眠时间。

（2）调适饮食，禁烟少酒。酒精和尼古丁只能掩盖压力，不能解除压力。

（3）去商场为自己挑选礼物。

（4）参加社交活动，多与知心朋友交流沟通。

（5）敢于说"不"。对自己感到难以承受的工作和义务，要敢于拒绝，量力而为。

（6）不要事事要求完美。只要尽心尽力做好每件事，即使达不到预期目标，也不要自怨自艾。

（7）不要将他人的过错归因于自己，无须对他人的情绪承担责任。

（8）参加健身活动，身心完全放松。

（9）遇到困难，先设想一下最坏的结果，这样会对自己的应变能力更具信心。

（10）不为自己无权干预、无力监管的事情操心。

（11）打开相册，重温过去的美好时光。

（12）享用美食。

（13）给爱说笑的朋友或亲人打电话。

（14）回忆曾经拥有的最幸福时刻。

（15）享受大自然，去郊外畅游。

（16）解不开的心底烦恼，应找朋友或心理医生倾诉。

4. 学会自我解脱

面对压力，大学生应学会用理智管理。可以尝试以下方法。

（1）回避法。当人陷入心理困境时，最先也是最容易采取的便是回避法。躲开、不接触导致心理困境的外部刺激。在心理困境中，人大脑里往往形成一个较强的兴奋中心，回避了相关的外部刺激，可以使这个兴奋中心让位给其他刺激引起新的兴奋中心。兴奋中心转移了，心理困境也就摆脱了。"耳不听心不烦"正是说的这一道理。此外，还可采取主观回避法，即通过主观努力来强化人本能的潜在机制，努力忘掉自己不愉快的经历，在主观上实现兴奋中心的转移，注意力转移是最简便易行的一种方法。在你痛苦愁闷的时候，集中精力动手去干一件有意义的事，自然就回避了心理困境。

（2）升华法。文豪歌德年轻时曾遭受失恋的痛苦，几次企图自杀。但他最终把破灭的感情当作素材，从爱情的焚毁中得到灵感，写出了震惊世界的名著——《少年维特之烦恼》。正所谓"塞翁失马，焉知非福"。困境和挫折，绝非人们所祈求的，因为它给人带来心理上的压抑和焦虑。善于心理自救者，能把这种压力升华为一种力量，引向对己、对人、对社会都有利的方向，在获得成功的满足时，也清除了心理压抑和焦虑，达到积极的心理平衡。

（3）低调法。人出于本能会不断提高自己的人生期望值。这自然有其积极意义，它是个人进取、社会进步的一种心理驱动力。但物极必反，一味不切实际地以过高的期望值来对待人生，也许正是有些人每天都在郁闷愁怨的心理困境中消磨宝贵时光，终生不能享受生活的快乐和幸福的心理根源。期望值越高，心理上的情绪冲突越大，这是社会心理学的一个结论。

（4）幽默法。幽默对释放压力是极有助益的自救策略之一。英国首相威尔森在一次演说进行一半时，台下突然有人喊："狗屎！垃圾！"这分明是指责他演讲的内容。但威尔森却微笑以对，装糊涂地问："狗屎？垃圾？公共卫生？各位先生，我马上就要谈这个社会问题了。"就这样，他不仅没陷入困境，反倒得一片喝彩。笑是精神消毒剂，幽默是走出心理困境的阶梯，是缓解压力的良方。当感受到压力时，幽默的行为和语言，常常能使困境和窘迫转为轻松和自然，从而使精神紧张得到放松，缓和气氛，释放情绪，减轻焦虑，摆脱困境。

（5）补偿法。人无完人，一个人在生活或心理上难免有某些缺陷，因而影响某一目标的实现。人会采取种种方法补偿这一缺陷，以减轻、消除心理上的困扰，这在心理学上称为补偿作用。这种补偿是以另一个目标来代替原来尝试失败的目标。如日本著名指挥家小泽征尔，原是专攻钢琴的，他在手指受伤、十指的灵活度受到影响后，一度十分苦恼。后来他毫不犹豫改学指挥而一举成名，从而摆脱心理困境。另一种补偿是凭借新的努力，转弱为强，达到原来的目标。希腊政治家德摩斯梯尼因发音微弱和轻度口吃而不能演讲。他下决心练习口才，把小卵石放在嘴里练习讲话，并面对海滨高声呼喊。最终，他的语言劣势得到补救，成为闻名的大演说家。

5. 放声大笑

压力过大，心绪不佳，烦恼苦闷的人，看周围一切都是暗淡的，看到高兴的事，也笑不起来。这时候如果想办法让他高兴起来，笑起来，他的一切烦恼就会被丢到九霄云外了。笑不仅能去掉烦恼，而且可以调解精神，促进身体健康。美国斯坦福医学院的一位精神病专家指出，当人大笑时，他的心肺、脊背和身躯都得到了快速锻炼，胳膊和腿部肌肉都受到了刺激。大笑之后，人的血压、心率和肌肉张力都会降低，从而得到放松。这也许是对笑能治病的简要的生理与心理的分析。

6. 冥想训练

冥想是缓解压力的一种有效方法，冥想具有训练注意力、控制思维过程、提高处理情绪的能力和放松身体的作用。只要坚持练习，运用得当，冥想是应对压力、忧郁、烦恼以及其他不良心理和情绪问题的最有帮助的方法之一。以下是冥想引导语。

"冥想开始时使大脑思维缓慢下来，想象自己的大脑是一个透明的大玻璃罐，你可以看到头脑中发生的任何事情。现在想象你所有的每一思想都是一个彩色的大理石，它们在玻璃罐子里滚动，里面有许多种颜色，令你眼花缭乱。

慢慢地使这些大理石完全停止下来，它们一个个缓慢停下来最后全部停在罐子的底部。罐子中盛满了各种颜色的大理石：红的、橙色的、黄的、绿的、蓝的、紫色的、白的、黑的等所有颜色。然后从罐子里把大理石拿出来，把它放在罐子旁边的篮子里。从最上面的开始，拿出来一个，又拿出一个，罐子里的石头越来越少，最后一个也被拿出来了，罐子空了，看看旁边的篮子。

篮子里的大理石慢慢开始融合在一起，它们形成了一个非常美丽的彩虹，上面有各种各样的彩条，你把这些颜色混合在一起，然后想象罐子旁边有一条小溪，你把这些颜料倒在这条小溪里，包围着彩虹的颜料消失了。

再看看这个罐子，罐子是空的，非常安宁，非常平静……"

7. 音乐疗法

音乐疗法是运用音乐特有的心理、生理效应，使受治疗者在相关人员的指导和帮助下，通过专门设计的音乐内容，经历音乐的体验，以消除心理障碍，恢复心理及生理健康，达到强健身心、防病治病、延年益寿的目的。

研究表明，音乐对人的情绪有着极大的调节作用，不同的曲调和不同的节奏能使人产生不同的情绪体验。音乐可以分为五类：①柔和、优美、抒情类；②平稳、松弛、安静类；③激情兴奋类；④低沉、伤感、悲哀类；⑤活跃、欢快类。一方面，音乐声波的频率和声会引起生理上的反应。音乐的频率、节奏和有规律的声波振动是一种物理能量，而适度的物理能量会引起人体组织细胞发生和谐共振现象，会直接影响人的脑电波、心率、呼吸节奏等。科学家认为，优美悦耳的音乐可以改善人的神经系统、心血管系统、内分泌系统和消化系统的功能，促使人体分泌一种有利于身体健康的活性物质，可以调节体内血管的流量和神经传导。另一方面，音乐声波的频率和声压会引起心理上的反应。良性的音乐能提高大脑皮层的兴奋性，可以改善人们的情绪，激发人们的情感，振奋人们的精神。同时有助于消除紧张、焦虑、忧郁、恐惧等不良心理状态，提高应激能力。

不同的个体因不同的个性特点、心情、时间和场合而对乐曲有所选择。如节奏感强的乐曲适合忧郁、好静、少动的人；旋律优美的乐曲适合兴奋、多动、焦虑不安的人。因此，在一些国家，音乐调节已应用到了外科手术及精神病、抑郁症、焦虑症等病症的治疗中。如忧愁烦恼时可以听《蓝色多瑙河》《卡门》《渔舟唱晚》等意境广阔、充满活力、轻松愉快的音乐；失眠时可以听优雅宁静的《摇篮曲》《仲夏夜之梦序曲》等乐曲；情绪浮躁时可以听《小夜曲》等适合的音乐来调节自己的情绪状况。

总之，音乐治疗不同于一般的音乐欣赏，它是在特定的环境气氛和特定的乐曲旋律、节奏中，使人进行自我心理调节，从而达到减压的目的。

二、挫折应对

（一）认识挫折

1. 挫折的含义

挫折，是指人们在有目的的活动中，遇到的阻碍人们达成目的的障碍。心理学上指个体有目的的行为受到阻碍而产生的必然的情绪反应，它会给人带来实质性伤害，表现为失望、痛苦、沮丧、不安等。挫折易使人消极妥协。心理挫折包含以下三个方面的含义：

一是挫折情境，即指对人们的有动机、目的的活动造成的内外障碍或干扰的情境状态或条件，构成刺激情境的可能是人或物，也可能是各种自然、社会环境；

二是挫折认知，即指对挫折情境的知觉、认识和评价；

三是挫折反应，即指个体在挫折情境下所产生的烦恼、困惑、焦虑、愤怒等负面情绪交织而成的心理感受，即挫折感。

在挫折的三个含义中，哪一个最重要呢？

例如，有一天你走在校园里，看见班主任迎面走来，他好像正在深思。你冲他笑笑，说："李老师好！"可他似乎毫无表情地与你擦肩而过。这时你可能很不愉快，想："好大的架子！难道我以前有什么事情得罪他了？哼，我还不爱理你呢！"于是，你和李老师之间就埋下了误会的种子。但是，如果你换一种想法，"李老师在想什么呢？我这么大的声音都没听到"，或者开玩笑地大声喊道："李老师，虽然我很苗条，但你也太无视我的存在了吧！"那么可能误会就不见了，你心中也不会产生不愉快的挫折感。

这个例子说明不同的挫折认知产生了不同的心理反应与体验。一般来说，当挫折情境、挫折认知和挫折反应三者同时存在时，便构成典型的心理挫折。但如果缺少挫折情境，即使只有挫折认知和挫折反应这两个因素，也可以构成心理挫折，这是因为主体认知不当的缘故。因此，在挫折情境、挫折认知和挫折反应这三个因素中，挫折认知是最重要的因素，挫折情境与挫折反应没有直接的联系，它们的关系要通过挫折认知来确定。由此可见，挫折反应的性质及程度，主要取决于挫折认知。一般说来，挫折情境越严重，挫折反应就会越强烈；反之，挫折反应就会较轻微。但如果个体主观上将严重的挫折情境认知为不严重，其反应就会比较轻微，反之，如果将并不严重的挫折情境认知评价为严重事件，那么也会引起强烈的情绪反应。

挫折反应和感受是形成挫折的重要方面，个体受挫与否，是由当事人对自己的动机、目标与结果之间关系的认识、评价和感受来判断的。对某人构成挫折的情境和事件，对另一人不一定构成挫折，这就是个体感受的差异。即使面对同样的挫折情境，不同的人也会产生不同的挫折反应。如同样是考试不及格，有的学生痛不欲生，有的学生懊悔不已，有的学生则不以为然，这就是因为他们对考试不及格这一挫折情境的认知不同所造成的。

2. 遇到挫折的反应

（1）压抑。自我压抑是一种心理防御机制。若用是否有利于身心健康的好与坏评价，它应属于中性可变的心理防御机制。之所以是中性可变，是因为压抑的程度决定了是否有利身心健康。自我压抑程度大，不利于身心健康，压抑程度小，可能就有利于身心健康。压抑程度大小的判断，以能迅速缓解心理反应为准。

（2）否认。否认就是不承认心理痛苦。例如，一个人遇到挫折会说："我挺好的，我没事儿！"否认不是一种良好的心理品质。因为这样很难争取到周围人的支持、社会的支持。人是社会当中的人，人在社会生活当中要与环境互补，要争取到社会的支持，一个好汉三个帮，遇到挫折，应该承认现实。

（3）文饰。文饰是指遇到挫折后，杜撰一些理由摆脱困境或内心的痛苦。例如，一个人考试没考好，真实原因是那天睡懒觉，耽误了考试，他却编了一个谎言，说是在路边勇斗歹徒，结果误了考试。如果是符合社会伦理道德、合理化的方式来进行排解，未尝不可，是一种好的心理防御机制。但是，文饰的方式一定不能违背社会伦理道德、法律规范。

（4）升华。升华指的是遇到挫折以后，将自己内心的痛苦用合乎社会伦理道德的方式表现出来。例如，《少年维特的烦恼》《红楼梦》，这两本书应该说是作者体验的升华，是化悲痛为力量，是升华。升华与思维方式、知识储备、经历、经验有关。

（5）推诿。推诿指的是遇到挫折后强调客观理由。例如，一个人考试没考好，他却强调是老师题出得不好。推诿不是一种良好的心理防御机制。因为推诿之后的结果，是不能从失败当中总结经验、吸取教训。

（6）幻想。幻想指遇到挫折之后，不是客观地分析问题所在，而是超前地想象。例如，有的学生考试没考好，看着其他同学高兴的样子，心里却想："你们美什么？等着吧，下次我非考一个全省第一！"这种反应在青少年学生中较为常见。他们想得很远，但眼前的现实问题没解决。幻想容易使人浮躁，不能面对现实，不能脚踏实地地解决问题。

（7）反向。反向指的是内心体验与外在的情感反应相反。当遇到挫折以后，不是认认真真地总结经验、吸取教训、化悲痛为力量，而是吹牛皮、夸大、强颜欢笑、故作姿态，甚至可能出现一些过激行为。

（8）补偿。补偿指遇到挫折了以后，通过别的事物把因挫折带来的损失，从内心体验一直到行为都给予补偿。例如，有的学生期中考试没考好，便及时吸取教训，调整学习方法，争取期末把分考高一点，补回来。

（9）幽默。幽默是一种良好的心理防御机制，一个人要是学会自嘲了，那他的心理就成熟了。幽默很容易缩短与周围人的距离，而且能够帮助自己有效地寻求社会支持。

3. 大学生挫折的类型

近年来由于对大学生挫折教育的重视，人们对这个问题的研究也越来越多，并提出了不同的见解，归纳一下大致有以下几种。

（1）从挫折产生的原因角度，可以将挫折分为外部挫折和内部挫折。由外部因素包括自然环境和社会环境因素所构成的挫折情境而引起的挫折叫外部挫折，由个人主观因素如生理条件限制、能力限制、动机冲突等所引起的挫折叫内部挫折。

（2）从挫折所持续的时间长短角度，可以将挫折分为短时性挫折和长时性挫折。持续时间较短的挫折叫短时性挫折；由导致挫折的条件和情境的相对稳定性所带来的持续性挫折叫长时性挫折。长时性挫折的危害明显地大于短时性挫折。

（3）从对挫折的准备状况的角度，可以将挫折分为意料中挫折和意料外挫折。事前有所觉察或戒备的挫折是意料中挫折；而在人们毫无准备的状态下突然遇到的挫折是意料外挫折。

（4）从挫折对人的影响程度来分析，可以将挫折分为一般性挫折和严重性挫折。在日常生活中一些不太重要的事情上所遇到的挫折，对人的影响较小，属一般性挫折。而在与自己关系密切或意义重大问题上所遭受的挫折是严重性挫折，它对人的内心会产生巨大震动，引起强烈的情绪反应。

4. 挫折对大学生的影响

（1）挫折对大学生心理的积极作用。

第一，挫折能增强大学生情绪反应的力量。挫折是一种内驱力，它能推动个体为实现目标而做出更大的努力，花费更多的精力。社会生活中有许多身处逆境但通过努力实现自己夙愿的佼佼者，他们的成功就是挫折驱动的结果。

第二，挫折能增强大学生的容忍力。个体对挫折的容忍力的大小，与其过去生活中的挫折经验有关。如果一个人从小到大一帆风顺，畅通无阻，从未遇到失败与不幸（事实上这种人是没有的），或一遇挫折就逃避，则其容忍力极小，这类人极少会取得成就，是成不了大才的。个体经受挫折的锻炼多了，对挫折的容忍力就会增强。

第三，挫折能提高大学生的认识水平。当一个人面对挫折与失败时，往往会总结经验，吸取教训，改变策略，最终实现目标。所谓"吃一堑，长一智"就是这个意思。

（2）挫折对大学生心理的消极作用。

一般来说，挫折对大学生心理影响的消极成分远远大于积极成分。其消极影响表现在以下几个方面。

第一，挫折影响大学生实现目标的积极性。由于挫折，人的情绪会处于不安、烦恼等消极状态之中，往往会过低估计自己的能力，过高估计各种困难，从而降低个体的抱负水平，影响积极性，以致难以达到预期的目标。一个经常遭受失败的人是不可能制定出很高目标的，其抱负水平每况愈下，最后变得胸无大志，得过且过，无所作为。

第二，挫折降低大学生的创造性思维活动的水平。个体由于遭受挫折，引起情绪紧张、苦恼、失望等消极反应。如果是重大的挫折，则会引起情绪状态的剧变，就会直接使神经系统，特别是大脑功能处于紊乱、失调状态，当然无法进行创造性思维活动。这是因为只有当神经系统的功能正常和得到最佳发挥时，其创造性思维活动才能得以展开。现代生理心理学研究表明，在不良的情绪状态下，大脑会释放一种使人身心疲劳的有害物质，从而影响个体对问题的分析和解决；在不良的情绪状态下，大脑神经元联系的精确度会发生变化，引起主体心理状态的消极性的改变，从而影响思维的敏捷性。挫折正是使情绪处于不良状态的重要原因，严重的挫折甚至会导致个体大脑神经细胞被破坏，人变得呆若木鸡，毫无创造性可言。

第三，挫折有损大学生身心健康。个体由于遭受挫折，不能实现目标，会产生紧张、焦虑、矛盾冲突等心理状态，当情况严重而得不到解决时，就发展为应激状态。生理心理学研究表明，挫折所导致的应激状态对个体的威胁性很大。加拿大生理学家谢尔耶的研究发现，应激状态的延续能击溃个体的生物化学保护机制，从而降低抵抗力，使个体易生病，个体因挫折而产生的消极情绪发展到应激状态是激发精神病的病因之一。近年来，生理心理学家和精神病学家在采用"应激"学说探索精神病的发病机制时发现，导致精神病源来自躯体和心理，其中由各种各样社会心理因素造成的精神刺激（心理刺激）是更重要的原因。在社会生活中，大学生由于长期心境不良而患神经衰弱、神经官能症的情况时有发生。

第四，挫折减弱大学生的自我控制能力，容易发生行为偏差。个体由于挫折而处于应激状态时，感情易冲动、控制力差，往往不能约束自己的行动，不能正确评价自己行动的意义，不能估计到自己行动的后果，以致言语偏激，甚至发生攻击性行为，违反社会规范，严重的则会触犯刑律，这样的例子在大学校园中并不少见。

5. 大学生挫折产生的原因

人的需要、动机只是一种主观愿望，它同客观现实之间总是存在着这样或那样的矛盾，这种主观愿望和客观现实之间的矛盾是挫折心理产生的重要原因。挫折心理是指人们在通往既定目标的道路上，遇到挫折时产生的心理上紧张和情绪上的不适应状态，其既有阻碍目标实现的种种主观因素，也有由于某种障碍和干扰致使需要不能满足而产生的愤怒、恐惧、焦虑、悲观、痛苦、不安等心理反应。因此，大学生挫折心理产生的原因是多方面的。随着社会的进步和外部环境的变化，我们主要从以下两大类来分析。

（1）客观环境因素

客观环境因素即外部产生挫折的原因，是指由于客观因素给人带来阻碍和限制，使得需要不能满足而引起挫折。客观环境因素又分自然因素、物质因素和社会因素。

自然因素是指各种人为力量无法抗拒的因素，如无法预料亲人的生老病死等。例如，有一位成绩好、对自己要求高的学生，在一次期末考试前得了急性阑尾炎要住院治疗而不能参加考试，他心里很着急，患得患失，病好后却怎么也不能集中精力准备其他考试了。

物质因素包括家庭经济状况、学校生活环境和学习环境等。其中家庭经济困难使大学生心理产生挫折的可能性最大，许多贫困学生因此意志消沉或心态失衡。有资料显示，因经济拮据而造成的心理挫折在各年级大学生中都有一定的比例。

社会因素指社会生活中的政治、经济、道德、习惯等因素。如入党、评优等愿望因某种原因不能实现，或因人际因素、社会生活事件等而产生的挫折。同自然和物质因素相比，社会因素给学生带来的影响更复杂，更普遍，更广泛。

（2）主观条件因素

主观条件因素产生的挫折也称为内部原因产生的挫折，是指由于个人生理、心理因素的阻碍和限制所产生的挫折。

生理因素产生的挫折是指因自身生理素质、体力、外貌以及某些生理上的缺陷所产生的限制，导致需要不能满足或目标不能实现的挫折，如个子太矮、容貌不佳、智力不高等。尽管人人都追求外表美，但如果能正视自己、悦纳自己，重视培养自身的内在气质，自信、自强、快乐，便会形成一种过人的人格魅力。一个连自己都不能接受的人，怎么能让别人喜欢呢？

心理因素产生的挫折是个体因需求、动机、气质、性格等心理因素导致活动失败、目标无法实现而产生的挫折。

一是自信心不足。自信心强的学生敢于挑战，百折不挠，勇往直前；而自卑感强的学生，意志消沉，虚度光阴，犹豫不决。

二是个体抱负水平过高。个体抱负水平是指一个人对自己的行为所规定的标准。个人的自我估计、期望水平恰当与否，往往是造成心理挫折的重要因素。抱负水平太高的学生若为自己制订了一个无法实现的人生目标，那么必然遭受挫折。

三是心态失衡。由于不能全面正确地看待事物，不能正确对待自己和他人，从而产生嫉妒、失望、自卑等心态。

四是动机冲突。动机冲突是指产生了两个或者两个以上的动机，但由于条件限制，两者不能兼得，如"鱼和熊掌不可兼得"的冲突。在现实生活中，一个人经常同时产生两个或多个动机，假如这些并存的动机受条件限制无法同时获得满足，就会产生难以抉择的心理矛盾，即动机冲突。如果这种冲突持续得太久、太激烈，或者一个动机得到满足，而其他动机受阻，都会产生挫折。

（二）挫折应对之道

就大学生的心理健康而言，最重要的不是挫折本身，而是挫折对个体造成的负面情绪及其内心感受，因而在遭受挫折之后，大学生首先要面对和需要解决的是如何从挫折而导致的诸如愤怒、沮丧、抑郁、焦虑、委屈等情绪状态中走出来。挫折和失败是人生中的必然，然而对于不同的人来说，它们却有着截然不同的意义，它或是你完美人生的点缀，或是你人生中永远的伤痛，或是你成功的垫脚石，或是你前进的绊脚石，这完全取决于对待挫折的态度，即对挫折的认识和应对方式。面对挫折大学生应该学会从不同的角度看待挫折对于人生的意义，在挫折中吸取教训的同时，学会看到挫折背后所蕴含的积极意义。心理学家认为，经受过挫折和失败的人，更能够勇敢地迎接挑战。在成长的过程中时常经历挫折的人，经过多年的磨炼，会具备一种在逆境中生存的强大能力。无论出现怎样的困难，他们都不会像茅草屋遇到暴风雨时那样容易被摧垮；在灾难像飓风一样袭来时，也能够巍然屹立、毫不动摇。面对挫折，年轻的大学生们可采用以下的方法。

1. 冷静面对、客观评估

大学生遇到挫折以后，应当客观而冷静地分析评估。首先，挫折原因的分析。是什么原因导致挫折的？是环境方面的因素，还是个人方面的原因？是基于某种客观的障碍，还是源于主观的态度或观念？了解了挫折的原因，就可以谋求补救措施，可以避免重蹈覆辙，也可降低情绪方面的反应。其次，对挫折后果的分析。它究竟将对自己产生多少影响？会造成何种损失？多么大的损失？这一层分析颇为重要，因为有些挫折看上去似乎很严重，好像会引起重大的损失，而事实上却未必如此。如果能客观评估挫折的后果和影响，心理上的负担将大为减轻，从而降低消极的挫折反应及其对心理的不良影响。

美国心理学家韦纳对人们失败和挫折的归因方式进行了研究，认为一般情况下，挫折与失败感是由客观因素（包括任务难度和机遇）和主观因素（人的能力与努力）造成的。人们的归因方式对挫折、失败感及以后的活动都有很大影响。只把失败归因于主观因素，会使人感到内疚和无助，因而抱怨自己，过多地责备自己；只把失败归因于客观因素，会产生气愤与敌意，因而不再努力去克服困难和改变失败的处境。这两种习惯性归因，不可能找出造成挫折的真实原因，无助于战胜挫折。所以，大学生受挫折以后，应当冷静、客观地分析自己失败的原因，找出造成挫折的真实原因，对挫折做出客观、准确、符合实际的归因，从而有效战胜挫折。

2. 积极应对、寻求补偿

挫折和失败固然是人们生活中不可避免的现象，但是遭受了挫折之后，还是要积极应对、谋求补救。大学生可以从以下几个方面着手。

一是修订自己的目标。在很多遭受到挫折的事件里，目标定得不恰当是颇为普遍的原因。目标定得高，可以激发大学生的潜能，为目标实现不断努力，但是也会因为达不到目标而产生挫折感。

二是增进自己对于挫折情境的了解。对挫折情境的了解愈清晰，所遭遇的困难将愈少。再者，明确了解当时的情境，对所发生的事件将有更深入的体会，能有更合理的解释，这样可减少情绪性的反应，使人能心平气和地去处理它，使问题得到解决。

三是制定有效的对应措施。在遭受到挫折之后，是否就应当放弃原来制定的目标呢？这是该慎重考虑的问题。如果在经过分析以后，觉得自己所制定的目标是合理的、必要的，自然不应放弃。但是大学生要寻求一个有效的途径，来应付面临的困难。这里强调"有效"这两个字，就是要针对所遇到的障碍，去研究克服的途径。像前面所提到的攻击反应和防卫性行为，都不是"有效"的措施，因为那样的行为都于事无补，不能真正解决问题。

四是尝试其他可能成功的途径。"条条大路通罗马"，走向成功的路有很多条。"成功"对各人的意义是不完全一致的。当一个人遭遇了挫折时，并不表示他全盘失败，或是所有的路都走不通，只是在方法、路径或目标上有了问题而已，所以不应立刻放弃努力，宜在通盘检讨之后，寻求补偿的办法。所谓补偿，就是利用自己的长处，去补救或掩盖自己的短处。古语说："尺有所短，寸有所长。"每个人都不是各方面均衡发展的，而是有某些方面优越，另一些方面比较弱，个人应设法发挥自己的优点和长处，避免用本身弱的一面去与人争长短。

五是选择积极的应对方式。生活的挫折是人人都会遇到的，但每个人对挫折的态度和应对方式都有很大的差别，有人在挫折面前一蹶不振、退缩、幻想奇迹发生、等待，结果被淘汰。要适应生活就得积极想办法去改变现状。与其闪避、畏惧、排斥，不如迎面而上。面对不可拒绝的挫折，积极应对。

3. 建立失败的正确观念

失败大家都不喜欢，但是在日常生活中，这两个字出现得太多了一点。没有成功或没有达到目的，就算失败了，这种将事情简单划分为成功和失败两种相对的状况，并不能符合事实。很多事情，常需要多次的努力，才能有机会获得成功。每一次的失败，能促使大学生吸取更多的知识和经验，经过调整及再次努力后，他们会更进一步地接近成功。

世界上很少有十全十美的事情。任何事情，只要确实尽了最大的努力，就不必过分计较其成功或失败，因为还有许多因素，不是在自己的控制范围之内的。大学生们更应该看重过程，因为从这些过程中，他们可以学到很多有益的东西。人们不赞成"以成败论英雄"，就是这个缘故。挫折经验，人人有之，不必也不应当让自己永远背负着沉重的负担。大学生们要利用失败的经验去发现新的途径，而不应该被它打垮。

4. 提高心理适应能力

从适应的观点看，个人适应环境的基本形式主要有两种：个人改变自己以适应环境；坚持自己的主张去改变环境。也就是说改造环境与改变个人是帮助个人获得良好适应的途径。所谓改造环境就是指使社会的政治、经济、文化、教育等活动更有利于个人的适应和发展。所谓改变个人就是指个体面对新的生存环境，在心理上、行动上调整自己，学会适应。就个人而言，每个人是无法选择自己所在的社会环境的，而只能依靠调整自己，支配、控制自己的行为来适应社会。

一是提高对挫折的耐受能力。现代社会是竞争激烈的社会，变化迅速的社会，生活中的挫折在所难免。对挫折的不良反应，常常是导致心理疾病的主要原因。有了对挫折的耐受能力，就可以应付各种挫折环境，及时疏导消极情绪，减轻和排除精神压力，防止心理失调。挫折承受能力主要体现在对挫折有正确的认识和态度，能够选择理智的应对方式，掌握情绪的调节方法。

二是建立协调的人际关系。人的心理适应主要是人际关系的适应。现代社会是人际交往频繁的社会，处处需要与他人建立关系。人际关系的冲突是现代人心理适应中最常见的问题。和谐的人际关系有心理保健的功能，给人以支持的力量，同时满足人的归属感、安全感、自尊、自信等多种心理需要。学习人际交往的技能，以诚待人，乐于助人，有助于大学生获得强大的社会支持系统。

三是塑造健全的人格品质。人格是一个人总体的精神面貌，是一个人素质的综合体现。人格健全的人，能够适应变革的社会环境，适应社会现代化的要求，乐于接受新事物，了解自己，悦纳自己，面对现实，目标适当，自信自强，敢于超越自我，努力完善自我，不断发展自我。人格的完善没有止境，认识自我是前提。在现有人格基础上不断优化，扬长避短，可以使人格更健康。

四是保持积极的心态。大学生们面对生活时要以积极的心态对待现实，就是要以"一分为二"的态度看待现实。现实生活总是善与恶同在，光明与黑暗并存，顺境与逆境交错。如果大学生们只能接受那些美好的、顺心的、看得惯的事物，而对那些丑恶的、不顺心的、不喜欢的人或事一概拒绝和排斥的话，那么，他们将很难同环境保持良好的适应关系，也很难使自己的心态保持平衡。有些同学上大学前把大学想象成实现个人美好理想的乐园，入学后面对现实，感到处处不尽如人意，幻想破灭，希望落空，接受不了眼前的现实，感到无比痛苦，有的人甚至因此而悲观失望，导致悲剧发生。所以，要适应现实，就要对现实进行分析并区别对待。就像有人说，任何选择终究是后悔。这句话也可以换种说法，任何选择都是一种幸运。事物永远有着两面，所以，与其后悔，不如来享受选择带来的那份幸运吧！例如，对学校严格管理制度不适应的同学可以对自己说，"正是学校的约束可以让我用更多的时间学习，至少这几年我会过得更有意义"。

【阅读】

快乐是换个角度看问题

塞尔玛陪伴丈夫驻扎在一个沙漠的陆军基地里。她丈夫奉命到沙漠里去演习，她一个人留在陆军的小铁皮房子里，天气热得受不了。在仙人掌的阴影下也有125华氏度。她没有人可以聊天，周围只有墨西哥人和印第安人，而他们不会说英语。她非常难过，于是就写信给父母，说要丢开一切回家去。父亲的回信只写了一行字，这只有一行的信永远留在她心中，完全改变了她的生活。她父亲的信上写道："两个人从牢中的铁窗望出去，一个看到泥土，一个却看到了星星。"

塞尔玛一读再读这封信，觉得非常惭愧，她决定要在沙漠中找到星星。于是，她开始和当地人交朋友。她对纺织、陶器很感兴趣，当地人就把最喜欢但舍不得卖给观光客人的纺织品和陶器送给了她。塞尔玛研究各种沙漠植物，学习有关土拨鼠的知识。她观看沙漠日落，还寻找几万年前的海螺壳。原来难以忍受的环境变成了令人兴奋、流连忘返的奇景。

是什么使这位女士内心有这么大的转变？

沙漠没有改变，周围的人也没有改变，但是这位女士改变了。她为发现新世界而兴奋不已，并为此写了《快乐的城堡》一书。她终于找到了自己的星星。

快乐就是换个角度看问题。是高兴还是不高兴，从根本来讲，完全由本人的思维决定。卡耐基曾说过："如果我们有着快乐的思想，我们就会快乐。如果我们有着凄惨的思想，我们就会凄惨。如果我们有害怕的思想，我们就会害怕。如果我们有不健康的思想，我们还可能会生病。"

【拓展活动一】

情绪识别

视频播放：川剧变脸

向学生出示表情图片（愁眉苦脸、不开心），请学生在座位上演示这个表情、并思考这个表情表达了什么情绪？

请学生思考如何将这张愁眉苦脸变成一张开心快乐的脸？

变脸：教师将表情翻转成笑脸。

请学生思考最近什么事情让自己有了这样的情绪？

请学生概括出以上两种情绪的区别，教师写在黑板上。

教师总结：偏向于正向的感受，有利于我们的身心健康的情绪，我们称为积极情绪；相对应，我们把偏向于负面的感受归为消极情绪，它们不仅仅会给自己带来困扰，而且同时也会给身边的人带来不愉快。

【拓展活动二】

情绪传染图

（1）围圈而立。请大家把快乐的情绪表现出来，再逐步说出怒、哀、乐等，请大家表达，作为游戏的热身。

（2）教师先说一种情绪，自己先一边以动作、表情和声音配合表达，一边向其中一位同学走去，并取代其位置，该同学须把该种情绪延续，即以自己的表达方式，一边以动作、表情和声音配合，一边向另一位参与者走去并取代其位置。如此这般把情绪传染出去，每种情绪传播六七个人后，教师说出另一种情绪，须注意不同程度的情绪。

（3）教师事先拟定不同情境（如得到小奖品、见到喜欢的人、考试成绩一塌糊涂……），方法基本同上，但是被传染和取代位置的同学可以把上一人的情绪变成自己在该情境下会有的情绪。六七次后，教师换另一个情境，须留意学生对同一情境所表达的不同情绪。

（4）围圈而坐。大家讨论自己在不同情境下通常有的情绪、自己的情绪表演是否适当、是否表演错情绪、自己的情绪受别人的影响和自己情绪对别人的影响、平日自己处理情绪的方法等。

教师总结：同一件事，我们从不同的角度去看时，就会看到不同的东西，从而拥有不同的心情。之所以会有不同的情绪感受是因为大家经历了不同的事件吗？不是，而是我们对事情的看法不同（板书：事情——看法——情绪三者间的关系）。生活中的你呢？是否有这个能力去转变自己看问题的角度，转忧为喜呢？

【拓展活动三】

一吐为快

你最近有不顺心的事或不良情绪吗？是怎么引起的？请找到和你抽取同一签号的同学，向他倾诉你的烦恼！教师计时。

规则：

（1）每组同学固定时间为10分钟，每位同学5分钟倾诉时间。

（2）在一位同学倾诉时，另一位同学只可以倾听，通过一定的语言、动作和表情表示自己对对方情绪状态的理解，不得插入关于自己情绪的话题。

（3）时间一到，立刻交换倾诉方，不得拖延。

教师请个别学生分享对方的情绪。

【拓展活动四】

情绪测测测

积极的情绪有益于我们的学习和生活，消极的情绪有损于我们的学习和生活。你了解自己情绪体验的状态吗？

请在符合自己的选项上面打"√"。

（1）我感到很愉快。

A. 经常　　　　B. 有时　　　　C. 较少　　　　D. 根本没有

（2）我对一切都是乐观向前看。

A. 几乎是　　　B. 较少是　　　C. 很少是　　　D. 几乎没有

（3）我对原来感兴趣的事现在仍感兴趣。

A. 肯定　　　　B. 不像从前　　　C. 有一点　　　D. 几乎没有

（4）我能看到事物好的一面。

A. 经常　　　　B. 现在不这样了　C. 现在很少　　D. 根本没有

（5）我对自己的穿着打扮完全失去兴趣。

A. 不是　　　　B. 不太是这样　C. 几乎是这样　D. 是这样

（6）我感到情绪在渐渐变好。

A. 几乎是　　　B. 有时是　　　C. 很少是　　　D. 不是这样

（7）我能很投入地看一本书或一部电视剧。

A. 总是　　　　B. 经常　　　　C. 很少　　　　D. 几乎没有

题做完了，怎样才能知道自己的情绪状态呢？生活中我们是否遭遇过类似的挫折？我们的情绪如何？

选 A 得 0 分；选 B 得 1 分；选 C 得 2 分；选 D 得 3 分。计总分。

良好情绪 <9 分 < 不良情绪。

【拓展活动五】

日常生活中的情绪调节

（1）微笑着走向生活——表情调节法。心理学家把人的内在情绪、情感的外显行为特征，统称为表情。一般而言，人的表情是对外交流的窗口，能反映一个人的身心状态。反过来，表情的改变，也会使内心的情绪状态发生应有的变化。你不妨皱皱眉，做愁苦状，你能体验到愉快吗？再请你舒展眉头，翘嘴角，弯眼睛，做微笑状，你的体验和刚才皱眉时的体验一样吗？有意识地改变自己的姿态或表情以调节情绪的方法叫作表情调节法。

（2）走路速度加快，使忧郁的心情开朗起来。我们都有这样的经验，如果有高兴的事，脚步会变得轻快，甚至哼起歌。而忧郁或心里有些不安，一定会闷闷不乐，脚步也变得沉重，甚至无精打采。有意识地变化动作，你的心里就会产生一种活力，也会浮现顺利进展的信心。

（3）内部微笑技术。真诚的微笑能够表达你自己和他人的爱的力量。发自内心地对自己微笑能提高自身的能量水平并为取得最好的成绩做准备。这里有一种内部微笑体操，介绍给大家。

笔直地坐在椅子上，两腿分开与臀部同宽。双脚平放在地上。双手舒适地放在大腿上。闭上双眼，正常呼吸。开始放松你面部的所有肌肉。想象在一个非常舒适的地方，或许那是你生活中感觉最放松的地方。现在想象看到你自己微笑的面孔从你面部走出来，滑进你的喉呢，滑过你的脖颈，进入你的心脏进入你的肺部和肝骨，能量输送到臀部和大腿，甚至扩展到你的小腿和脚。这时你能感觉到那种微笑的力量，感觉到你整个身体体验到爱和感激。

【推荐书籍】

1.《如何控制自己的情绪》 康利

2.《情绪的惊人力量》 埃斯特·希克斯，杰瑞·希克斯

3.《正能量：正面情绪改变自己和他人》 勒登

4.《情绪自控力：青少年摆脱焦虑的行动计划》 丽萨·M.萨伯

5.《让坏情绪不再纠缠你》 强麟

6.《情绪是什么》 乔瓦尼·弗契多

7.《情绪自控力》 钱静

8.《共情的力量：情商高的人，如何抚慰受伤的灵魂》 亚瑟·乔拉米卡利、凯瑟琳·柯茜

9.《情绪的奥秘》 曾仕强

10.《我的情绪为何总被他人左右 》 阿尔伯特·埃利斯阿瑟兰格

【课后反思】

（1）思考自己常出现哪些积极情绪？常出现哪些消极情绪？

（2）你掌握了哪些情绪和压力调适方法？

（3）面对各种压力，你将从认知、情绪、行为上如何应对？

【参考文献】

[1] [美] 施塔，卡拉特.情绪心理学 [M].周仁来，译.北京：中国轻工业出版社，2015.

[2] 彭聃龄.普通心理学 [M].第 3 版.北京：北京师范大学出版社，2001.

[3] 郭小艳，王振宏.积极情绪的概念、功能与意义 [J].心理科学进展，2007（5）.

[4] 杨世昌.大学生心理健康教程 [M].第 3 版.北京：科学出版社，2016.

[5] 卡莱特.情绪 [M].北京：中国轻工业出版社，2009.

[6] 郑冬冬 . 大学生心理健康 [M]. 重庆：重庆大学出版社，2014.

[7] 徐虹 . 大学生心理健康教育：和谐与成长 [M]. 北京：高等教育出版社，2014.

[8] 孙东东 . 追求阳光心态 [M]. 上海：华东师范大学出版社，2004.

[9] 傅小兰 . 情绪心理学 [M]. 上海：华东师范大学出版社，2016.

[10] [美] 丹尼尔 . 情商：为什么情商比智商更重要 [M]. 北京：中信出版社，2010.

第五章

大学生恋爱心理

爱情不是花荫下的甜言，
不是桃花源中的蜜语，
不是轻绵的眼泪，
更不是死硬的强迫，
爱情建立在共同的基础上。

第一节 大学生恋爱心理面面观

一、认识爱情

爱情是人与人之间的强烈的依恋、亲近、向往，以及无私、专一并且无所不尽其心的情感。爱情是人性的组成部分，狭义上指情侣之间的爱，广义上还包括朋友之间的爱和亲人之间的爱。著名社会心理学家弗洛姆在其著作《爱的艺术》一书中认为，人的爱分为五种，即兄弟之爱、父母之爱、异性之爱、自我之爱和神明之爱。爱情的定义主要涉及生物因素、精神因素和社会因素三个方面。生物因素是指爱情产生的生物本能使人产生性欲，从而具有与之相结合的强烈愿望；精神因素主要是指爱情是一种高尚的情操，健康的爱情会愉悦身心，使人产生美好的心理体验；社会因素是指爱情是社会现象，一方面受社会道德、法律规范制约，另一方面还将涉及养儿育女的社会功能。

二、爱情三元理论

假如有一个真爱幸福的公式"幸福＝$x+y+z$"，那每个人认为的 x、y、z 是什么，答案五花八门，"性＋金钱＋专情""父母＋小孩＋爱""尊重＋性爱＋和乐相处""包容＋专情＋诚实"……这些公式各有智慧，虽然可能有的公式会空有架构却缺乏血肉，有的公式可能讲求道德、对等却少了爱的成分……但珍贵的是每一个真爱幸福公式都反映了不同人的社会、生活、家庭、情感价值观，反映了其所看重的事物、信念，这些都无法用对与错来截然二分，这些公式进一步帮助我们更了解爱情的初级图像。

耶鲁大学的心理学教授斯滕伯格，在 1986 年提出"爱的三角形理论"。爱的三角形理论提到完整的爱由三个元素构成，亲密、激情、承诺缺一不可，是目前普遍被认为对爱情研究得最完整的理论。

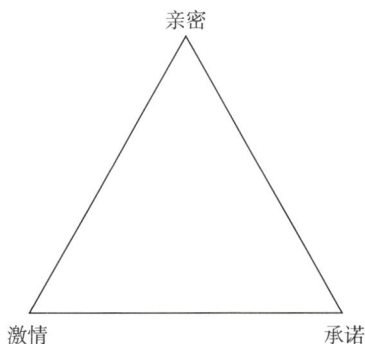

（1）激情（passion），双方关系令人兴奋的部分，包含强烈的吸引力，想更多认识、更多接触对方，也包含浪漫的感觉、外表的吸引力、身体的亲密、性等。

表 5-1　检查"激情"元素

1	仅是见到＿＿＿＿就会让我兴奋起来。
2	我发现自己白天经常想着＿＿＿＿。
3	我跟＿＿＿＿的关系非常浪漫。
4	我发现＿＿＿＿非常有个人魅力。
5	我把＿＿＿＿想得很美好。
6	我无法想象还有谁能够像＿＿＿＿那样令我快乐。
7	我情愿跟＿＿＿＿在一起，而不是跟别人在一起。

续表

8	对我来说，_____和我的关系比什么都重要。
9	我尤其喜欢跟_____有身体的接触。
10	我跟_____的关系有点"神奇"的感觉。
11	我对_____非常倾心。
12	我无法想象人生没有了_____。
13	我和_____的关系充满了激情。
14	每当我看浪漫电影或小说的时候，就会想起_____。
15	我对_____充满幻想。

（2）亲密（intimacy），是因沟通、互动、心与心交流，彼此有深刻的认识而产生的亲近、联结、相知、相惜、信赖、安全的感情。

表5-2　检查"亲密"元素

1	我非常为_____的幸福着想。
2	我跟_____有很温馨的关系。
3	有需要时，我可以信赖、倚重_____的援手。
4	_____有需要的时候可以倚重我。
5	我很乐意让_____分享我自己以及我的财物。
6	我从_____那里得到相当大的精神支持。
7	我给_____相当大的精神支持。
8	我跟_____的沟通良好。
9	我非常珍惜_____出现在我人生里。
10	我跟_____感到很亲近。
11	我跟_____有一种很自在的关系。
12	我感到自己真的很了解_____。
13	我感到_____真的很了解我。
14	我感到自己真的可以信赖_____。
15	我跟_____会互吐心事。

（3）承诺（commitment/decision），包括开始决定爱一个人，和长期与对方相守的意愿及决定。它会使人为彼此的关系负责，一起面对未来，愿意牺牲、奉献、经营爱的关系。

表5-3　检查"承诺"元素

1	我知道自己很关心_____。
2	我承诺要维护我和_____的情缘。
3	由于我对_____许下承诺，所以绝不会让第三者有机可乘。
4	我对自己和_____关系的稳定很有信心。
5	我不会让任何事妨碍了我对_____的承诺。
6	我期望自己对_____的爱此生永不渝。
7	我永远都会对_____有强烈的责任感。
8	我视自己对_____的承诺是真心真意。并非空口白话。
9	我无法想象跟_____会结束关系。
10	我很确定自己对_____所付出的爱。
11	我视我自己和_____的情缘会天长地久。
12	我视自己和_____的情缘是明智的决定。
13	我感到对_____有责任。
14	我打算要让自己和_____的情缘继续下去。
15	就算_____很难相处，我也会信守自己对这段情缘的承诺。

这三元素以不同形式组合在一起会呈现出形貌各有不同的情感类型，现在我们就来看看，这三个元素的相对强弱，会组合成哪些不同类型的情感？

（1）无爱：三种元素都没有，大多数异性间的人际关系属于这种类型。

（2）联系（喜欢）：只有亲密的元素，彼此有沟通、互动，是朋友的关系。

（3）迷恋：只有激情的元素，如一见钟情、初恋、暗恋之情等。

（4）空洞之爱：只有承诺的元素，例如奉父母之命的婚姻、同床异梦的夫妻等。

（5）同伴之爱：亲密与承诺的组合，是深刻的友谊或柏拉图式的爱情或已退去激情，坚贞相守的老夫老妻。（经过大风大浪，我们是最佳拍档。）

（6）浪漫之爱：亲密与激情的组合，不愿意或不能付出承诺。（不在乎天长地久，只在乎曾经拥有。)

（7）情欲（愚蠢）之爱：激情与承诺的组合，无亲密关系为基础，例如闪电结婚或奉子成婚。

（8）完整之爱：三者皆有。

斯滕伯格强调完整的爱需要兼具三个元素，缺了任何一个元素都不是完美的爱情。不知你在目前情感的状态中，测试下来的结果如何（见表5-4）？

表5-4 爱情分类表

爱的形态	亲密感	激情	承诺
无爱	－	－	－
喜欢	＋	－	－
迷恋	－	＋	－
空洞的爱	－	－	＋
同伴之爱	＋	－	＋
浪漫爱情	＋	＋	－
情欲之爱	－	＋	＋
美满之爱	＋	＋	＋

＋：有此要素 　－：无此要素

三、大学生恋爱的特点

（一）大学生恋爱的形式特点

1. 年轻化

与以前大学生多数在高年级或毕业班谈恋爱不同，现在不少大学生往往从低年级就开始谈恋爱，不少大学生一进大学就纷纷谈起了恋爱。

2. 公开化

以往大学生谈恋爱常采取比较隐蔽的方式，不到情感比较成熟不愿意公开，而现在的大学生谈恋爱不在乎别人的目光和议论，一些大学生在大庭广众下公然形影不离，勾肩搭背，旁若无人。

3. 快速化

以往的学生从恋爱走向结婚常经过漫长的岁月，而现在大学生从相识到热恋进展迅速。

（二）大学生恋爱常见问题

1. 情感依赖较重，承受能力薄弱

当代的大学生很多是独生子女，他们习惯了别人的呵护和关爱，又比较容易产生孤独感，所以他们谈恋爱常显示出"情感寄托"的依赖心理，缺乏独立意识，缺乏自立能力，缺乏自己的想法。有依赖心理的大学生谈恋爱比较容易受挫。

大学生中"有情人"虽多，但终成眷属者少，这样就产生一批失恋大军。感情挫折后出现一个心理不适期是正常的，但一部分学生摆脱不了"情感危机"，有的失去信心，有的放弃对爱情的追求，有的一蹶不振认为一切都失去了意义。因失恋而失志、失德者，虽属少数，但影响很大。

2. 注重恋爱过程，轻视恋爱结果

这和一些大学生的恋爱动机不纯有关，他们并不是想终成眷属，而是抱着游戏的心态，追求的是一时的感觉，是不负责任的行为。注重恋爱过程，有利于双方互相了解、加深认识，也有利于培养感情、增加心理相容度，同时也反映了大学生有意追求爱的真谛的理想。但是，只注重恋爱过程，强调爱的"现在进行时"，把恋爱与婚姻分离，不考虑爱的"将来完成时"，未免考虑不周。一些大学生把恋爱当作一种感情体验，及时行乐，借以寻求刺激，满足精神享受。一些大学生是为了解除寂寞，填补空虚，把恋爱当作一种消遣文化。只重恋爱过程，轻视恋爱结果，实质上是只强调爱的权利，而否定了爱的责任。

3. 主观学业第一，客观爱情至上

大学阶段以学习为主，这是大多数大学生所认同的。他们赞成学习是学生的天职，爱情应当服从学业；或者希望学业和爱情双丰收，既渴求学业有成，又向往爱情幸福。

但是，不少大学生还是不能做到真正在客观上、行为上正确处理好学业和爱情关系。这些大学生一旦坠入情网就不能自拔，强烈的感情冲击一切。学习同样受到严重影响：有的大学生整天如痴似醉，想入非非，沉浸在卿卿我我的甜言蜜语中；有的大学生中午、晚上不休息，"加班加点"谈恋爱，致使上课时倦意甚浓，无精打

采，甚至有的大学生干脆逃课。很多大学生在不知不觉中变得"儿女情长，英雄气短"，成就学业、事业的热情一天天冷却，爱情逐渐成为生活的唯一追求。可见，摆正爱情与学业的关系，是大学生必须正确处理的问题。

（三）恋爱发展阶段特点

德国著名诗人歌德曾在《少年维特的烦恼》中写道，天下哪个倜傥少男不善钟情？天下哪个妙龄少女不善怀春？一个人步入青春期后，性开始成熟。随着性发育日趋成熟，青年男女的性欲意识越来越强烈。从这个角度出发，当前高校大学生谈恋爱现象比较普遍，而且是呈有增无减之势，这是可以理解的。但是大学生既是成熟的，又是不成熟的。从生物学角度看，大学生的社会心理并没完全成熟，社会责任感、道德观念、恋爱态度、恋爱与学习关系的处理等都是不成熟的。因此，了解大学生恋爱心理状况，积极做好对他们的引导和教育工作，是高校学生教育和管理工作的一项重要任务。

大学生的恋爱不是一成不变的，而是有一个发展的过程，其过程大致可分为萌芽期、发展期、稳定期三个阶段。

1. 萌芽期

经过高考千军万马的角逐，挤过了升学独木桥，进入大学殿堂的青年一下子从升学的压力中解脱出来，个个得意扬扬，思想上暂时出现了"空档"。同时，远离了父老乡亲，面对着全新的生活环境、全新的人际关系，心里的孤独感油然而生，渴望得到别人的关心、帮助，与人建立友谊。于是，互相间找老乡、找朋友，你来我往，慢慢地，男生女生接触变得频繁。尤其是在这时，有些高年级学生有意于某位低年级的女生，便倍加关心，无微不至，进而与对方成了恋人，坠入情网。

2. 发展期

经过一年左右的大学生活，大学生们已完全去掉了中学时代的"尾巴"。知识、能力、体魄、风度、服饰、语言等都彻头彻尾地大学生化了。经过一年左右的大学生活，他们已对同学有了较深入的了解，与同学之间建立了友谊。友谊是一种表现为情感依赖的人际关系，它使人发现自我，善解别人，从中体验到深深的情感依恋。友情可以成为爱情的基石。这样，二三年级的大学生谈恋爱成迅速发展之势。

3. 稳定期

进入四年级后，大学生变得更加成熟，看问题也更加现实。他们的精力多花在毕业实习、论文或设计、未来的工作等问题上，加之他们害怕出现新的"牛郎织女"，所以对爱情的思考趋于冷静理智，恋爱呈现较稳定的态势。

四、大学生恋爱能力的培养

（一）什么是爱的能力

爱的能力是指和他人建立亲密关系的能力，它对人的一生发展有着重要的意义。具备了爱的能力会引导一个人真正地爱他人，也真正地爱自己，能真正体验到爱给人带来的快乐和幸福。恋爱的过程也是培养爱的能力的过程。

真正的爱就像弗洛姆讲的，意味着"关心、尊重、责任、认识"，它不是为某个人所爱之意义上的一种情感，而是为所爱的人的成长和幸福进行积极主动的奋斗，它根植于自身的爱的能力。"爱某个人是爱的能力的实现和凝聚"，人对自己生命、幸福、成长、自由的确定，同样根植于其爱的能力，也就是说根植于关心、尊重、责任和认识。如果一个人有能力产生爱，他也就爱他自己，如果他仅爱其他人，他就根本不能爱。自私和自爱是不同的，它们实际上是对立的。自私的人，爱自己不是太多，事实上他是仇视自己。在爱别人之前先学会爱自己是十分重要的。

（二）爱的能力的组成

爱的能力实际是一种综合的素质，表现为在爱的过程中许多方面的能力。

1. 表达爱的能力

当你爱上一个人时，能否用恰当的方式和语言向对方表达出来呢？表达爱需要勇气和信心。表达爱，是表达爱一个人时的幸福感受，即使可能得不到回报。你让对方知道被一个人爱着，这是一种很崇高的境界。

2. 接受爱的能力

当期望的爱来到了身边，能否勇敢地接受也是爱的能力的一种表现。有的大学生在别人向自己示爱后，内心很高兴，但又不敢接受别人的爱，或者对爱缺乏心理准备，或者觉得自己不配、不值得被爱，因此而失去发展爱的机会。

3. 拒绝爱的能力

有爱的能力的人不是对爱来者不拒，或者将自己认为不好的爱简单地拒之千里。当然也有不少大学生当别人向自己示爱时有些优柔寡断，又怕伤害对方，又怕对方误会。拒绝爱的能力表现为，一是对他人的尊重，要感谢对方对自己的欣赏和感情；

二是要态度明确，表达清楚，即和对方只能是什么样的关系，同学还是一般朋友，或者什么都不是；三是行动与语言要一致，可能有些同学怕对方受伤害，虽然语言上拒绝了对方，但是行动上还与对方有较亲密的接触，如单独去看电影、吃饭等，使对方容易误解，认为还有机会，仍纠缠在与这位同学的情感中。

4. 鉴别爱的能力

鉴别爱是指能较好地分清什么是好感、喜欢和爱情。有鉴别爱的能力的人，是自信也尊重别人的人。有鉴别爱的能力的人，会自然地与别人交往，主动扩展交往的范围，珍惜友谊，会尽量多体验他人的感受。过于的自我孤立，从自我的角度考虑问题，往往会对他人和自我感受的认识发生偏离。

5. 解决爱的冲突的能力

爱的冲突一方面来自日常生活中的不一致、不协调；另一方面可能来自性格的差异。相爱的人要学会如何协调、合作、用建设性的方式去解决冲突。爱需要包容、理解、体谅，沟通是非常有效的方式。恋人间需要有效的沟通，表达清楚自己的思想、感受。伤害性的争吵或者冷战都不利于问题的解决。

6. 面对失恋的心理承受力

失恋可以说是人生中一个很大的挫折，考验的是人的耐受挫折的能力。失恋使人产生痛苦的感觉是很自然的事，每个人都会有，只是可能程度有差别。失去爱会使人感到一种重要关系的丧失，一种身份的丧失，需要一定的时间去面对和适应。大学生应该正确认识失恋，失恋只是一种选择的结果。在失恋中学习，把失恋作为一种人生的财富。

7. 保持爱情长久的能力

保持爱情长久的能力，其实需要上面多种能力的综合。爱需要两个人真正地关心对方，走进对方的内心世界，以对方的快乐为自己的快乐。要保持爱情的常新，需要智慧、耐力、持之以恒及付出心血，同时又有自己的个性，有自己的追求与发展。学新的东西、善于交流、欣赏对方，是爱的重要源泉。

五、爱的升华艺术

要使爱得到升华，必须做到以下几点。

第一，培养高尚的恋爱道德。爱情是人类最美好、最圣洁的感情之一。它以终身共同生活为目的，以性生理和心理成熟为前提，以两性相悦、心心相印、事业和生活相互理解、相互支持、相互激励、相互监督、相互关心，同甘共苦为主要内容，具有专一性、持久性和责任性的特点。爱情的价值不仅在于它能满足恋爱双方的情感和归属需要，达到两情相悦，更表现在恋爱者的相互期望和督促以及自我期望和警醒会成为双方不断完善、提高自身素质和努力追求成功的强大精神动力。只有懂得了爱情的真谛，才能采取对他人和自己都高度负责的态度，慎重选择恋爱时机，在自己真正成熟、恋爱观基本稳定、成才目标基本实现以及彼此了解较深、真正相互倾慕的时候，文明节制地进行恋爱交往，自然而然地步入爱情殿堂，并使爱得到升华。

第二，摆正爱情与学习的位置。爱情是人们生活当中非常重要的部分，但爱情并不是生活的全部内容。爱情若没有学业和事业支撑，就好像没有基石的大楼。有相当一部分恋爱中的大学生，由于对爱情冲动缺乏心理准备，一旦掉入爱河便完全沉醉于絮语缠绵之中而无心学习，这种爱，只能说是一种盲目的爱。大学生正处于学习的关键时期，这个时期的学习对一个人一生的发展是至关重要的。因此理性地对待学习与爱情，使爱情与学习相助相长，爱情才会绽开美丽的花朵，结出丰硕的成果。

第三，处理好爱情与友谊的关系。首先，不要错把友谊当爱情。友情与爱情有着本质的区别。一是性质不同，前者是友爱之情，后者是身心交融之情；二是包容性不同，前者不排他，后者排他；三是稳定性不同，前者可能随环境、时间的变化而变化，后者不会变化；四是冲动性不同，前者相见冲动平缓，后者相见具有强烈的冲动性。其次，谈了恋爱后仍应建立广泛的友谊，这样才有利于互相学习，培养良好的合作精神和竞争意识。在谈恋爱的过程中不要局限于"二人世界"，这无益于身心发展，应以友谊作为补充。友谊能为爱情提供养料，开阔视野，有利于丰富、更新爱情生活，有利于爱的升华。

第四，注意克服恋爱中的心理偏差。恋爱中的心理偏差主要有自卑心理、猜疑心理、嫉妒心理、控制心理、报复心理等，这些都不利于恋爱的健康发展，更妨碍爱的升华。大学生应注意用已学过的心理调适方法培养健康的人格，克服这些心理偏差，在恋爱的过程中不断完善自己。

【阅读】

爱的表白被拒绝怎么办?

大学生活自主而宽松,大学生有更多的时间、更多的机会接触更多的人,交往范围扩大,交往方式多样。在这样的浪漫季节,大学生常常会对异性产生爱慕之情。然而"落花有意,流水无情",并不是每一份感情都能圆满,在追求爱情时,大学生可能因为各种原因遭到对方的拒绝。这时,有人会觉得委屈,有人会觉得自卑,有人会觉得懊悔,有人会因此奋发,有人则因爱生恨。这时,不妨尝试以下几种方法来排解痛苦。

1. 厘清思绪,寻找原因

被拒绝的原因是多种多样的,有的是两人性情不合,有的是对方早已心有所属,也有的则是因为自己的表达方式不当,或是确实自身有缺点和不足。分析清楚原因,才能确定自己以后怎样做。

2. 天生我才必有用

自信是最吸引人的魅力,每个人都有优点,何况我乎? 心中实在颓废,就来一个自我优点轰炸;心情低落时,强迫自己列出十条自己的优点,并出声地解释,说服给自己听。

3. 天涯何处无芳草

持之以恒并不是爱情成功的法宝。"识时务者为俊杰",遭遇拒绝,不妨暂且把自己的感情搁置一边,虽然这很难做到,但时间是医治伤痛的良药。与友人同聚,积极与他人交往,只要不沉溺于自己的小世界,自会进入"海阔凭鱼跃,天高任鸟飞"的境界。

第二节　健康的恋爱观与择偶观

一、树立正确的恋爱观

大学生要用正确的恋爱观对待爱情生活,遵守恋爱道德。健康恋爱观的内容应包括以下几点。

（一）正确的人生观

健康的恋爱观要求我们尊重对方的情感和人格，平等地履行道德义务；恋爱自由是必须遵守的道德准则，每个人都有爱和被爱的权利，有选择各自爱人的权利；在当事人确定恋爱关系时，要彼此相爱，诚实守信，不能有欺骗、隐瞒或其他违背爱情基本要素的行为。

（二）忠贞专一

爱情是人的生理性需求与社会性需求的统一，爱情不仅要求双方在相貌、人品、情感、能力等方面能够和谐共鸣，还要求双方共同承担相应的社会责任和义务，因为爱情是相互的。

爱情具有鲜明的专一性和排他性，爱情包含特有的情感和义务，只能存在于恋爱双方之中，不允许有任何第三者的介入。只有忠贞不渝、始终如一，爱情才会幸福，生活才会美满。

（三）自尊自爱

纯真的恋爱是两个人彼此的欣赏、相互倾慕、自尊自爱。现实中，一些大学生轻视社会公德，道德滑坡，行为失范而不知。如果把爱情等同于性欲的满足，就是对纯洁高尚爱情的亵渎，不加理智地放纵，只能把爱情葬送。

二、大学生健康择偶观

你恋爱了吗？你的择偶标准是什么？周围大多数同学择偶的标准是什么？

有学者在全国各地 884 名大学生中做了一次调查，发现大学生在恋爱择偶时有以下特点。

1. 重视对方的道德品质

大学生择偶时把理想志向、诚实、善良、正直等放在最重要位置，希望对方与自己"志趣相投"。追求高品位、高格调的情感生活。单就人格品质而言，调查显示：女生最讨厌的男性缺点中，"不求上进或不学无术"排首位，男生最讨厌的女性人格缺点中排首位的则是"轻浮和虚荣"。

2. 强调对方的才干

"勤奋学习、刻苦钻研、兴趣广泛、博学多才"的人受人青睐，"组织能力""社会活动能力"强、"能说会道""有办法、会办事"的人易受人钦佩。值得一提的是，分别有 57.4%、57.3%、45.3% 的男生对女生也提出了"能力""聪明""才华"的要求标准，"女子无才便是德"等封建传统观念在大学生中已不复存在。

3. 男女生均重视对方的健康情况

大学生们认为"良好的身体、健康的体魄是事业成功的保证，是爱情婚姻生活幸福的基础"。同时认为，异性的"健"与"美"紧密相连，如体态健美、匀称、精力充沛、充满活力等，这表现出大学生的一种对健美的认知与追求。

4. 把对方的家庭背景状况放在次要位置

诸如"家庭财产""父母态度""兄弟姐妹"等项排序很靠后，大部分学生也没有把经济等条件放在非常重要的位置。

择偶标准并不是一成不变的固定之物。许多大学生也并不完全按照一个既定的框框去筛选周围的异性。但对大多数人来说，根据自己的需要对理想恋爱对象定出一些主客观条件还是必要的。

孙守成等在《当代大学生心理学》一书中根据大学生择偶的目标取向把择偶标准分为三类。

（1）精神满足型。这类大学生选择恋人以理想、信念、价值、事业、能力等标准来衡量对方的水平，或以气质、性格、兴趣的相投作为共处的基本要求。他们对外貌、金钱、家庭背景等并不在意，而是以达到高层次的精神满足为标准。孙守成认为，这种高尚的择偶标准在今天的大学生中占大多数。

（2）以获得纯粹感官满足为目的之爱情，它是一种对"情欲之爱"的追求。择偶者着重注意恋爱对象的外表（身材、皮肤、相貌）和风度的吸引力。这类受外表吸引的爱情很难维持长久，天长日久的相处会使外表失去新鲜感而降低吸引力。

（3）以社会地位、经济条件等为标准。这就是所谓的现实之爱，其实质是一种相互交换互惠的理性考虑。现实的择偶标准分为物质、虚荣和利用三种类型。物质型指以经济条件为追求目标，为满足物质需要而恋爱；虚荣型则看重地位、职称等荣誉；利用型择偶更具指向性，往往是为了达到某一明确目的，达到后则着手将恋爱对象抛弃。

三类择偶标准都是客观存在的，但纯粹持一种标准的人很少。大多数人择偶是在三种标准的混合中找出自己对理想对象的要求。

爱情之花是美丽而娇嫩的，人们热切地追寻它，但有时候往往不知如何去呵护它，以至于爱情之花夭折。如何才能保证爱情的和谐呢？

心理学家曾经调查大量幸福美满的家庭，得出爱情和谐至少需要以下三项保证：相互了解、地位背景相配、气质类型相投。前二者恰恰是友情之爱和现实之爱的特点。第三项则是心理学的范畴。要使大学生的恋爱生活和谐，减轻恋爱对大学生心理健康的不良影响，指导大学生选择与自己心理特点相配合的恋人是有必要的。

（1）胆汁质的人心理活动一般较强，心理变化比较频繁，对爱情的追求具有主动狂热的特点。他们对自己的内心秘密毫不掩饰，对异性也非常热情，一旦确定目标就会毫不羞涩地向对方表白自己的爱。这种气质特征的缺点是热情有余而冷静不足，造成爱情不能专一持久，两性关系较随便。

（2）多血质的人敏感而感情丰富，能灵活地适应环境。他们善于交际，易博得异性好感，其表露爱情方式也较大胆直率，而且多血质人较高的创造性使他们的爱情生活充满情趣。但这种气质的人在爱情的稳定持久方面亦显不足。

（3）抑郁质的人怯懦腼腆，不善与异性交往。他们的感情深沉内向，经常缺乏表露的勇气，这使得他们的感情生活并不顺利。但这种气质的人对爱情的体验非常深刻持久，不易改变。

（4）黏液质的人做事较有计划，他们对异性的追求也是如此。通常是先对异性进行周密的考察，再制订一套计划，按步骤行动。他们在爱情追求上有锲而不舍的韧劲。

各种气质都有其优缺点。气质的相投主要是指一种互补效应。从择偶心理上来说，人们容易对相同气质的人排斥，而想通过恋爱弥补自己的缺点。一般说来：胆汁质的男性宜选择黏液质女性；抑郁质男性宜选择胆汁质女性；多血质和黏液质男女应相互选择。这并不是说其他的选择就不可以。但最好不要是胆汁质气质的男女互配或抑郁质的男女互配。从气质嵌合的角度来说，以上两者是最不理想的搭配。选择互补气质的恋人可以使恋爱生活处于心理平衡的状态。

三、正确对待异性吸引

异性间的吸引力是爱情的一个显著特征。不少大学生由于对爱情的真正含义、爱情所含的全部内容尚缺乏全面正确的认识，往往容易被异性间的相互吸引这一特征所迷惑，误把异性之间产生的一些好感当成爱情的降临，伴之对美好生活的憧憬。这种情况很容易在不知不觉中被假想的爱情牵引着，步入一个危险的情网。因此，大学生必须端正对异性吸引的认识，特别是女性在这方面更须重视。

大学生由于性生理的逐渐成熟，性意识开始觉醒。在心理上强烈地意识到男女有别，意识到男女之间和同性之间的交往，无论在交往的方式上还是在交往的内容上，都会有许多不同。因而不自觉地会产生一种戒备心理，进而不可避免地产生对异性的一种朦胧的好奇心，渴望了解异性，在自觉与不自觉中产生了对异性的爱恋之情。这时的他们，开始有意识地修饰自己的外表，注意讲究自己的谈吐，希望能够引起异性的注意，同时也让异性产生好感。他们在异性面前或是表现得热情、兴奋，用种种方式表现自己；或是表现得慌乱、羞怯和不知所措，并表现出极大的不安。大学生的这种变化都是青春期异性之间相互吸引的表现，是一种正常的心理变化。但是，大学生也不能因为这是正常的心理变化，就任其自然发展，更不能将这种由于青春期的变化而产生的异性之间的吸引，当成爱情去盲目追求，从而坠入情网。大学生面对这种心理变化，必须理智地、自觉地运用道德和法律意识来规范自己的行为，克服头脑中的某些不正当的欲念。

那么，恋爱中的行为举止怎样才是适度的呢？恋爱期间对身体敏感部位的触摸是否算出格行为？这类行为的发生是否意味着人品的不良？

作为一个女大学生，在观察男友的行为时，主要看他是不是能为你设身处地的着想。比如你是保守的，他应当尊重你的意愿而不轻易地触及你；如果你是开放的，他能适可而止地而不去一味地附和你。再者，对于两人一见面就亲昵，对方总围绕着性接触主题转，步步紧逼，甚至利用女生的弱点以达到不轨目的者，要提高警惕，采取防范措施，以至分手也在所不惜。很多明智而理性的男大学生，他们知道如何爱护女友，虽然有亲昵行为，但从不过分。

四、树立正确的恋爱动机

爱情来临时是一种感性，一种情绪，一种若有若无的感觉。青年男女都渴望能寻找到一个称心如意的伴侣，享受甜蜜温馨的爱情。"你为什么谈恋爱？""你恋爱了吗？"这好像是很傻的问题。不过心理测验网站进行的一项"大学生爱情观"网上调查发现，大学生谈恋爱并非都是为了"爱"。

参加这项调查的共有 560 人，其中男大学生为 358 人，占总人数的 63.92%；女大学生 202 人，占总人数的 36.08%。表 5-5 是他们对"您是在何种情况下开始恋爱的"这一问题的回答。

表5-5　您是在何种情况下开始恋爱的

您是在何种情况下开始恋爱的			男性		女性	
	总数%		人数	%	人数	%
一见钟情	205	36.61	135	37.71	70	34.65
摆脱压抑感	146	26.07	101	26.21	45	22.26
证明自己的魅力	91	16.25	56	15.64	35	17.33
满足好奇心	82	14.64	42	11.73	40	19.80
赶潮流	36	6.43	24	6.70	12	5.94

这个调查表明，大学生的恋爱动机是多样的。那么这些动机产生的原因又是什么呢？

1. 一见钟情

一见钟情看上去是很神秘的，两个陌生人居然一下子就产生了"感觉"。不过这感觉并非无端产生，它有以下这些原因。

（1）大学生已经基本发育成熟，因此会有性的欲望和需求。这是产生一见钟情的生物学基础。

（2）大学生的文化背景中的某一部分对这一行为是肯定的。在他们所接触的古今中外艺术经典中，不乏一见钟情的故事。

（3）当事人的意识与潜意识目标相符，正所谓"众里寻他千百度，蓦然回首，那人却在灯火阑珊处"。所谓潜意识目标，就是心目中理想爱人的图画，这幅图画是在家庭、社会的种种影响下形成的。一旦现实生活中出现了类似的目标，就会不知不觉地把脑中的影像投射出去，并采取行动。

（4）大学的文化氛围有较多理想主义的色彩，一见钟情正表现了年轻人对生活的意义和本质的浪漫主义的思考，是对理性主义、功利主义的反叛，是符合大学的文化氛围的。同时，与社会的生存竞争力相比，校园环境比较轻松，不需要做太多的现实考虑。

2. 摆脱压抑感

为什么摆脱压抑感会导致恋爱的发生呢？

（1）逃避痛苦是人的本能。在大学生活中，人际交往、学习、考试等都可能给大学生造成身心压力，使他们产生压抑感。而恋爱建立起一种比较亲密的关系，可以造成注意力的转移，也可以摆脱孤独。

（2）大学生毕业后没有明确而固定的去向，他们需要自己去择业。一些大学生对信念、价值和自我长期把握不定，不知道自己该相信什么，遵从什么，产生茫然、沮丧和没有归属感的情绪。而在恋爱中，有人共同来分担这种情绪，从而释放了压力。

3. 证明自己的魅力

为什么证明自己的魅力会导致恋爱的发生？这可能与恋爱者的性格特点和童年经历有关。有些人非常需要他人的赞同，"有人爱"似乎是自身价值的某种证明，因此他们会寻求爱情。

还有一些人，在童年时没有得到父母足够的关爱，成长期间经历欠缺或不完整，因此内心深处总有一种"我拥有的还不够"的感觉。这样的人往往怀疑自己是否有资格被爱，所以强迫性的追求爱。

4. 满足好奇心

为什么满足好奇心会导致恋爱的发生？未知的事物是神秘的，充满了诱惑力。对于没有恋爱经历的人来讲，恋爱可能具有刺激物的相对特异性，因此具有很强的诱惑力。大学生正处于喜欢探究世界与自我的年龄，所以当机会出现时，即使不爱对方，有人也会去尝试。

5. 赶潮流

为什么赶潮流会导致恋爱的发生？这与从众心理有关。在一个群体中（如同一宿舍），如果大部分人都在谈恋爱，剩下的人也会受到影响。处于青春期的大学生往往对自我缺乏充分的肯定，甚至会有人因为自己没有恋人而自卑，所以他们不会"逆潮流而动"。

赶潮流还与周围文化环境的诱导有关。超越生死的爱情电影，风花雪月的言情小说，缠绵悱恻的爱情歌曲，体验恋爱感觉的广告片……校园里流行的一切都会潜移默化地影响大学生的行为。

总而言之，大学生恋爱的动机是复杂多样的，这里需要提醒大家的是，恋爱并不包治百病，不健康的爱情还会给自己和他人带来伤害。

【阅读】

正确对待网恋

网恋，也许不能说是一种时尚，但网恋的确在大学生中颇为常见。大学校园充满浪漫气息，追求新潮与刺激是我们年轻人的特征，而且学校的现代化教育设施日益普及，图书馆、机房甚至教室和宿舍里都可以方便地上网，主客观的条件都在把校园变成网恋的"温床"。

网恋魅力何在？小A如是说："现实生活中的爱情有太多遗憾和缺陷，恋爱与现实紧密相连，而网恋则是一种纯粹的精神上的交流和慰藉。网恋因与现实无关而更能打动心灵。"小B如是说："现实生活中的恋爱过于功利和沉重，要考虑很多诸如经济、外表、学历等现实因素，还要与婚姻挂钩，网恋则很单纯，很柏拉图，很轻松。"小C如是说："同学都在网恋，没网恋过会被认为老土，反正闲着也是闲着，就网恋一次，体验一下也无妨。"

网恋真的如此纯净吗？

网恋揭幕一："我个子矮小，长得丑，生活中我没有勇气也没有可能和心爱的人在一起，然而，在网络中，我的帅气、魁梧、事业成功赢得了无数网上恋人的青睐。"

网恋揭幕二："网恋中，我可以体贴温柔，可以娇嗔霸道，可以是白领，也可以是服务生，网络隐藏身份，快哉乐哉。"

网恋揭幕三："异性是什么，我很想知道和了解，在网络这个开放的媒介中，我可以轻易地浏览、涉猎甚至尝试……"

网恋是一把双刃剑，有人从中得到快乐，也有人被欺骗、被作弄。网恋虚幻，也因虚幻而不安全；网恋自由，也因自由而偏激。网恋占用了我们大量的时间，花费了我们大笔的金钱，在与网络中的友人愈走愈近的同时，我们也与生活中的老师、同学越来越远。因此我们应该适度地把握网络这一交流工具。网络、学习、交友、课外活动等这些都是生活的一部分，我们可以乐在其中，也可能从中有所收获，但它们之中的任意一个都不能代替生活，成为生活的全部。

第三节　如何正确面对失恋

一、爱情中断原因

大学生恋爱中断的原因多种多样，种种情况的出现亦因人而异，下面分析一些恋爱中断的原因。

1. 外在与内在的两难

爱情的基础当然是性的吸引，但又不仅仅是性。如果把性、外表看作是一个人的外在魅力，那么，一个人的志趣、理想、学问、修养等，则构成内在吸引。一般说来，年轻人多看重对方的外在魅力，但爱情应同时考虑到外在和内在的吸引，在外在魅力方面，要求"互补"，在内在魅力方面，要求"相同"。从理论上讲，外在魅力与内在魅力的不同搭配，就形成了不同的组合：外在魅力"互补"，内在魅力"相同"或"相似"，这是最理想的类型。在这种情况下，开始男女双方会相爱得真诚、热烈与持久。外在魅力"互补"，内在魅力不"相同"或"相似"，在这种情况下，男女双方开始时会相爱得很热烈，但以后会发生变化；如果发现对方魅力十足，则会深入交往，如果发现对方魅力不够，感情便会黯然失色。外在魅力十分缺乏，而内在魅力"相同"或"相似"，则双方可能相爱，但这种爱是冷静的、理智的，总觉得缺少些韵味。外在魅力严重不足，内在魅力也严重不足，则不可能产生爱情。

2. 期待心理与现实的矛盾

大学生在面临爱的选择时，有时会举棋不定，矛盾重重。这表现在两个方面：首先，他们希望自己在生理及心理方面的需要得到满足，如心灵寄托、审美、受尊敬、成功与安全等，但实际上在某个对象身上很难全部得到满足，因而产生内部期待的矛盾。其次，爱情是两个人之间的私事，也是一种社会性的行为，它的发展必然会受到外部力量的影响和干预，比如家庭和社会等。这就产生了内部期待与外部期待之间的矛盾。

3. 因为不够了解而分手

对于大学生来说，恋爱动机形形色色，更多的是出于对异性的好奇和关注。他们在双方并不太了解的情况下，借着光环效应或是晕轮效应开始了恋爱，刚开始的一段时间，因为这种感觉完全不同于友情或者亲情，身处其中往往会感到幸福，会认为两人情投意合。但是，花前月下只是生活的一部分，总也有独处和冷静的时候，此时，种种不适便会显现出来，从而造成分手。

4. 因为误解而分手

恋爱中如果因为了解而分手是一种无奈的话，那么因误解而分手则是恋人之间因某种意外状况的出现而带来的双方不可解决的裂痕。这种裂痕不像前面分析的因了解而分手的状况，却是因为理解的角度不同而出现的偏差，以致引起的不该发生的结果。

造成误会的原因有很多种，因人而异。恋人之间能够相处在一起是一种缘分，双方都应该珍惜这种缘分。如果双方因为性格不合或其他不可调和的原因而不能在一起，这是不可挽回的事实。但是爱情是很美好的事物，是可遇不可求的，每个人都不希望留下遗憾。那么在交往中，尤其是大学生们，怎样才能避免不必要的误会呢？第一，要尊重双方的意愿和个性；第二，要保持民主作风，切忌大男子主义或独断专行；第三，要学会理智。

当然，还有其他一些原因造成分手的，如父母的反对，如果真心相爱，那就更需要共同努力，精心呵护爱情的花蕾。

综上所述，当代大学生的恋爱是一种十分微妙的文化现象，它既是特别的校园文化，又是独特的青年文化，还是细腻的心理文化。我们必须掌握大学生的心理脉搏，要运用心理科学，以理性的态度客观地分析、认真地对待恋爱这一大学生人生道路上的感情关，积极地加以引导和进行科学的管理。

花季的大学生对于爱情充满了感性的幻想和憧憬，然而，当他们驾着爱情之舟在人生的湖面上荡漾，突然进入了失恋的漩涡而无所适从时，这无疑是他们青春旅途中最难以应付的一次挫折。离开了父母的怀抱，走出了家庭精心营造的呵护与温情，当他们开始在对情感的渴望中追求自我的尊严和价值时，任何一种形式或程度上的失败都会带给他们打击和伤害，尤其是自信心的挫败以及自我价值、自我尊严的迷失。而这种迷失将会直接影响到大学生们对社会、对生命、对人生、对家庭的理解和体味。失恋将会引起痛苦和恼怒等一系列的情绪反应，倘若这种激烈情绪得不到排解，就会导致心理失衡，或自卑惆怅，产生报复心理；或玩世不恭，得过且过，这些不良心态将严重影响大学生的身心健康。引导他们从困惑和迷失中重新找回自我，是大学生恋爱心理研究课题之一。

二、对待失恋的错误方式

（一）"爱不成反成仇"

从高考中解放出来，大学生们在大学生活中逐步培养一种成人的感觉，对于异性的渴望和追求也成为其本身展现自我价值、自我能力，实现自我信心的一种方式。他们渴望成功，渴望得到异性的尊重和认可。如果恋情的结果是成功的，这无疑将膨胀大学生的自信心；然而，一旦失败，他们对于自我的认识和他人的认识便会出现偏差，"爱不成反成仇"就是这样一种心态下的产物。

咨询中了解到，一个女孩子和一位高中男同学原系青梅竹马，两人从高一到大四整整相恋了七年，每个寒暑假见两次面，女孩子就在这种对寒假和暑假的期盼中默默地、平淡地度过了大学四年。毕业后男孩却突然与她分手，她无法接受，开始恨这个男孩。

案例中的女孩的心态，就是这种"爱不成反成仇"的心理。她没有时间和空间来考虑别的事情，如父母的期盼、正在攻读的学业等。其实，她应该冷静地分析一下，首先，正视一下这段感情，失去的感情是最真实和最稳定的吗？是一生中最珍惜和最可贵的吗？他们是高中时期的青梅竹马，但是很长一段时间的分开，这种远距离所带来的朦胧情感是否仍如七年前那般真实和完美呢？社会在变化，人也是如此，处于不同环境、经历着不同生活境遇的人，很难说七年之后仍然保留着相同的志趣和爱好。其次，失去一场恋爱是否就像她所想象的那么糟糕呢？为什么不憧憬未来的生活，也许机会便由此而生，人生又有一个新的开始，把握这个时机，再冷静理智地分析一下自我，保持客观冷静的心态而不是冷漠，因为她失去的只是一段恋情，而不是生活。再次，以一种新的眼光来看待自己，以前，因为爱可能会太顾及对方的感受，而忽略自己的发展，现在她有更好的时间考虑自我的发展。试想，如果失恋之后的悲情能够升华为告别之后的宽容，可以预言她又将得到一次成长的机会。

（二）"我得不到别人休想得到"

失恋是爱情的悲剧，对于失恋者来说，是一杯难以下咽的苦酒，大多数失恋者都能理智地看待并接受这一现实，但是，也有一些人因为把失恋看得太重，并在这种打击下产生心理障碍。"我得不到别人休想得到"就是这种绝望情绪产生的反常心理。

失恋的滋味之所以令人回味无穷，还因为它是未完成的、不成功的。这就是所谓"契可尼效应"。心理学家契可尼用实验证明，一般人对完成了的事情极易忘却，而对中断了的、未完成的事却记忆犹新。例如，某位同学考外语时，100题中的99题成了、做对了，但就是那一道题没做，没成功。考完与同学一对题，他后悔不已，从此永远记住那未做成功的一道题，而另外的99题很快就没印象了。

懂得了上述道理，失恋学生也许就可以尽快地摆脱失恋的痛苦了。长期"执迷不悟"是非常有害甚至危险的。从心理学视角看，恋爱往往是向对方的心理能量的最大集聚，而这种集聚起来的心理能量突然失去了宣泄的对象，就可能使人产生在茫茫宇宙间迷失了方向的感觉，难以排遣的这种心理能量，在内心寻找着"喷射口"。当它以疯狂的方式再度喷向昔日的对象时，就会导致可悲的后果。

（三）"此恋不成终生不恋"

刚刚步入大学殿堂的大学生青春年少，虽然他们以优异的成绩成为天之骄子，成为同龄人眼中羡慕的对象，然而在情感体验上却不乏初摘青果的痴男怨女，当他们第一次投身于感情世界，第一次体味到爱情的酸甜苦辣时，很容易萌发宿命论的主观愿望。所谓海誓山盟，"一见钟情"反映的正是这种心态。由于社会阅历的局限，大学生们把社会微缩到校园，在他们的意识中，只问情为何物，恰如言情小说中那群不食人间烟火的俊男靓女。当然，我们肯定这种情愫是美好的，是青春期对感情的体验，但是，如果一旦恋爱失败，这种唯一性又会带来怎样的后果呢？

有一位女孩子，聪明漂亮。大学两年过去了。虽然追求她的男孩子个个锲而不舍，对她毕恭毕敬，她却从未动心过，直到有一天，邂逅了一位男生，她为他打动了。然而，一年以后，男友提出了分手，没有任何理由，只是说找不到爱她的感觉。从此女孩的生活完全改变了，没有了激情和斗志，没有了理想和追求。她没有反省自己，也没有理智地分析自身性格的缺陷，只是一味地消沉，感觉中充斥的是强烈的失败感。同时，她又不能忘怀从前，对周围的人和事都不感兴趣，认为自己不会再爱上别人，学习成绩也一落千丈，整日里恍恍惚惚，没有头绪，不知该怎样生活。女孩的这种失败感也强烈地影响了她对自我的认识，以及对自我人际交往能力和恋爱能力的认识。这种心态比较极端，她仅仅从个人的一次失恋便否定了爱情本身，终日沉浸在痛苦之中反复咀嚼失恋的痛苦，时间一长，变得感情脆弱，性格古怪，形单影只，让人难以接近。据社会学家调查，一部分独身主义者不婚的原因就是由于初恋的失败，这种现象在男性的独身中较为常见，在心理学上称为"自我失败预言"。

三、摆脱失恋阴影

（一）"酸葡萄"安抚心理

所谓"酸葡萄心理"是指吃不到葡萄就说葡萄是酸的，比如一个男孩追求一个女孩子，未果，这个男孩会说："这个女孩其实一点也不漂亮。"这种"酸葡萄心理"实质上是一种"精神胜利法"。但是，从另一个角度来说，这种调节自己的心理，使之保持心理平衡，却不失为一种自我安慰、自我调节的方法。我们可以从一个积极的层面去看待，"酸葡萄心理"的实质就是心理安抚。

1. "酸葡萄心理"的心理学分析

合理化作用又叫掩饰作用，是指个人遭受挫折或无法达到所要追求的目标，以及行为表现不符合社会规范时，用有利于自己的理由来为自己辩解，将面临的窘迫处境加以文饰，以隐瞒自己的真实动机，从而为自己进行解脱的一种心理防卫术。合理化作用是人们运用得最多的一种心理防卫机制，其实质是以似是而非的理由来证明行动的正确性，掩饰个人的错误或失败，以保持内心的安宁。

一般说来，每种现象或事件的发生，都可用许多理由与方法进行解释。合理化则是从个体的心理需要出发，从一系列理由中选择其中一些合乎自己内心需要的理由去特别强调，而忽略其他理由，以避免心理上的痛苦。人的行为常常由许多不同的动机而产生，一般说来，越是发于情感的，越是以自我为出发点，在各种动机当中所起的作用就越大。但人类往往企图以冠冕堂皇的大道理来解释其行为，以冲淡其潜意识中因自私冲动而引起的不安。这种在一系列的动机当中，选择一小部分最动听、最崇高，而且最适合"理性"的动机加以强调，企图掩盖其内心所不能接受的原因，仿佛只有这一种原因而无其他，以使自己感觉到心安理得的心理防卫机制，就是合理化作用。

合理化作用与外射作用不同。外射作用是将自己内心无法接受的感觉、动机及行为归于别人，以保持自己心灵的宁静。合理化作用则竭力为自己找冠冕堂皇的理由，在此过程中或在此前提之下，往往诿过于人。

合理化作用的另外一种表现是，在追求某一种东西而得不到时，为了冲淡自己内心的不安，就得为自己找一个言之成理的"理由"。于是常常将对方贬低，认为并非我追求不力、条件不够，而是"不值得"太卖力，借以安慰自己。

另一种与"酸葡萄心理"不同的合理化作用，称之为"甜柠檬心理"。具有"甜柠檬心理"的人，不说自己得不到的东西不好，却百般强调凡是自己所有的东西都是好的。如果他得不到葡萄，只有柠檬，就认为柠檬是甜的，这样也可以减少内心的失望和痛苦。这种知足常乐的心理防卫机制，不失为一种帮助人们接受现实的好方法。所以说，合理化作用运用得当，可以消除心理紧张，缓和心理气氛，减少攻击性冲动和攻击行为产生的可能性。当然，倘若运用过度，则会妨碍人们去追求真正需要的东西。

2. 失恋后适当来点"酸葡萄"

从心理学视角看，失恋可说是青年期最严重的挫折之一。从古至今，失恋的故事便常常上演，所以失恋的人并不孤独。走出这一困境虽然很难，但也要试着走好。首先，不妨静下心来分析一下失恋的原因。失恋以后之所以痛苦，就苦在你还恋着，对方却断了恋。为什么断了呢？是你单相思，还是外界的压力太大让对方难以承受，或者是两个人相处太久了发现个性不合，或者是对方根本就是在玩弄你的感情，等等。找出分手的原因至少可以让你在理智上可以接受这个事实，因为失去的并不是爱情的甜浆，而极可能是日后难以下咽的苦酒。你不妨这样自我安慰一下，并不是吃不到葡萄说葡萄酸，而是要看到任何失败都有其正面意义。还可以说"没有失恋过的人不知道失恋的滋味，少了这份体验，人生便不完整""是我的就是我的，不是我的留也留不住"。这样一些话可以让自己少一些苦闷。

其次，失恋后应采取一些切实有效的办法来减轻这种痛苦。可以去找一个要好的朋友把心中积聚的忧伤全都说出来，心情会轻松不少。同时不要封闭自己，生活中还有很多别的异性，以前沉浸在恋爱中可能忽略了他们的存在，现在可以试着将自己的感情转移一下。此外，由于失恋的痛苦总是与回忆连在一起的，因此要减少痛苦就必须减少回忆，而减少回忆的最好办法就是将精力转移到你所热衷的其他事情上去。只要有一件感兴趣的事就好办了，可以把学习、工作、生活之余的全部精力都耗在这件事上，然后晚上倒头便睡，不给自己机会去回忆。时间是一剂最好的良药，给自己一段时间，再审视自己的感情，会看到时间的神奇作用。

其实，"酸葡萄心态"从某个角度来看是值得同情的，而且无可厚非。对于得不到的东西，与其苦苦追求，对自己和别人都造成困扰，倒不如想开一点儿，这不失为明智之举。

3.“酸”的吃多了伤牙，不妨来点“甜”的

另一种和“酸葡萄心态”完全相反的则是，认为得不到的东西才是最好的。例如，追不到的人才是最可爱的；另一座山才是最高的。这种心理固然能够激发上进心，但也可能因此而造成自怨自艾，结果有可能不见得比“酸葡萄心态”好到哪里去。折中的解决方法是可以稍微修改一下“酸葡萄定律”，从消极否定到积极否定，这便是“甜葡萄定律”：吃得到的葡萄，很可能已经是最甜的了。

（二）“放眼望”远程心理

1. 坦然面对挫折

人生就像一盘棋，有得有失。世界上有许多事情，是没法尽如我们心意的。同时，个人的力量，也是有一定限度的。所以，一旦某件事情已成定局，暂时无法改变时，应当挥挥手，把它轻轻放在一边。

有人说，人生就像五味子，容得酸甜苦辣咸，才能够算得成熟。的确，在人生路上，不只是阳光、坦途、彩旗、鲜花、红灯、绿酒、欢声、笑语……有时，也还有阴霾、坎坷、雷电、荆棘、泥泞、眼泪、呻吟……而且，困境和挫折也不一定会是坏事。它可能使我们的思想更清醒、更深刻、更成熟、更完美。

2. 塞翁失马，焉知非福

失恋是恋爱中经常发生的挫折现象，有些大学生为此痛不欲生。其实，这种痛苦的状态并不是不可避免的。大学生可以根据心理防御机制的原理来提高对挫折的耐受能力，尽快地消除心灵创伤，保持心理的平衡与健康。

面对失恋的现实，清醒一下发热的头脑，检点自己的言行，重新评估对方的人格，从中吸取经验和教训，促进心理的发展和成熟，这并不是一件坏事。再说，青年男女从相互接触到建立家庭，由于个体需要和动机的差异，成功的机会不一定很大。所以，失恋是一种自然的社会现象，既然有千千万万的人都经历过了，你为什么过不去呢？爱情毕竟不是生命的全部。为了失恋而搞垮身体，或给事业带来危害，是很不值得的。

要学会自我安慰。成语典故中“塞翁失马”的故事可以供失恋者借鉴。好事与坏事是可以互相转化的。懂得了这个辩证法，对摆脱心理上的困境是很有用处的。与一个不爱自己的人在一起，是一种折磨，尽早分手倒是不幸之中的大幸。

四、失恋情绪的迁移

从茫然不知所措到万分痛苦，从向隅哭泣到笑对人生，从山崩地裂到见山是山、见水是水的恬淡洒脱，这一段心路历程是人这一生中至为宝贵的一份经历。为了尽快地解开这个结，最好的方法就是尽快地转移情绪苦闷的焦点，在心理学上我们称之为"情绪迁移"。

（一）寻找宣泄的芳草地

爱情对于大学生来说，有着几乎无法抗拒的魅力。爱情这一亘古的话题并不像少男少女所幻想的那样总是充满着温馨与浪漫。爱情是一个两分概率变量，可能成功，可能失败。失恋会有一大堆的"失恋效应"，怎么办呢？如果你真正地投入过爱情，那么当你在恋爱中遇到挫折时，请记住，保持清醒的头脑思考。思考是人类维持生存和发展的不可或缺的条件，在失恋的时候学会思考，有利于从失恋的痛苦中挣扎出来。

每个人都有自己的方式来克服痛苦，当然，如果能够把心中的积郁发泄出来，就如洪水被疏导了一样，那么你的苦闷将得到宣泄。对于失恋的人来说，最有效的方法是与好友交流，朋友会给你安慰，即使你什么都不用说，他们也能从中感觉到你的痛苦。英国有位数学家说："如果你把快乐告诉一个朋友，你将得到两个人的快乐，而如果你把忧愁向一个朋友倾吐，你将分掉一半的忧愁。"

另外，你可以适当参加一些活动，比如说在阳光下散步，或者选个阳光明媚的房间，打开窗户，让阳光照进来。你可以享受一下无忧无虑的假期，或是打个电话和朋友叙叙旧，或是给自己买个小礼物，等等。

（二）注意力转移法

失恋了不可避免地要面对痛苦、失落和绝望，对于大学生们来说，可以算得上是人生路上记忆比较深刻的一次情感上的丧失。怎样来面对这种处境呢？摆脱失恋情绪的方式有很多种，注意力转移便是其中之一。

我们在前面谈到了几种失恋的安抚心理，如酸葡萄、放眼望等，如果说这些安抚心理是给自己受伤的心灵贴一副止痛膏药的话，那么，失恋情绪的迁移则是强心剂，是帮助大学生们直接找回自我，回到学习、生活正轨的一种途径。当然，不是所有的伤口一日之间可以愈合的，而所有的伤痛也不是一夜之间就可以烟消云散，无论是安抚也好，情绪迁移也好，都有一个过程，这就需要相当的自信和毅力，这是每个大学生所必须具备的。

古人说"失之东隅，收之桑榆"，意即在某方面的目标受挫时，不要灰心气馁，应以另一个可能成功的目标来代替，为自己开辟一块新天地，而不致陷入苦恼、忧伤、悲观、绝望的境地。

你失恋了吗？如果是，为什么不找找自身的优点，如果你喜欢打篮球，你可以投入许多精力在篮球运动方面；如果你的歌唱得好，你可以参加歌咏比赛；如果你觉得自己一无所长，可以去参加各种活动和聚会，当你不再处于花前月下的时候，为什么不去做一些其他有意义的事情呢？

【阅读】

大学生恋爱推荐电影

1.《蓝莓之夜》

一个人总要走陌生的路，看陌生的风景，听陌生的歌，然后在某个不经意的瞬间，你会发现，原本是费尽心机想要忘记的事情真的就那么忘记了。

2.《飞屋环游记》

幸福是每一个微小的生活愿望达成。当你想吃的时候有得吃，想被爱的时候有人来爱你。

3.《当哈利遇见莎莉》

爱情是灯，友情是影子，当灯灭了，你会发现你的周围都是影子。朋友，是在最后可以给你力量的人。

4.《剪刀手爱德华》

我爱你不是因为你是谁，而是我在你面前可以是谁。

5.《如果能再爱一次》

举得起放得下的叫举重，举得起放不下的叫负重。可惜，大多数人的爱情，都是负重的。

6.《初恋50次》

年轻的时候会想要谈很多次恋爱，但是随着年龄的增长，终于领悟到爱一个人，就算用一辈子的时间，还是会嫌不够。慢慢地去了解这个人，体谅这个人，直到爱上为止，是需要有非常宽大的胸襟才行。

7.《两小无猜》

好的爱情是你通过一个人看到整个世界，坏的爱情是你为了一个人舍弃世界。

8.《天使爱美丽》

有谁不曾为那暗恋而痛苦？我们总以为那份痴情很重，很重，是世上最重的重量。有一天，蓦然回首，我们才发现，它一直都是很轻，很轻的。我们以为爱得很深，很深，来日岁月，会让你知道，它不过很浅，很浅。最深和最重的爱，必须和时日一起成长。

9.《返老还童》

我知道这世上有人在等我，尽管我不知道我在等谁。但是因为这样，我每天都非常快乐。

10.《看得见风景的房间》

当你的心真的在痛，眼泪快要流下来的时候，那就赶快抬头看看，这片曾经属于我们的天空；当天依旧是那么的广阔，云依旧那么的潇洒，那就不应该哭，因为我的离去，并没有带走你的世界。

【拓展活动一】

爱的表达

全班学生以女生和男生分组，每组 10 人左右，分别讨论各自期待的爱的表达方式，即"当别人对你表达爱意时，你最希望别人怎样向你表达"。各组记录下组员的期待，讨论结束后随机抽几组请女生代表和男生代表分别陈述。

【拓展活动二】

请求与拒绝

学生两人一组，面对面坐好，其中一人要真诚地向对方表达爱意，请求对方成为其恋人，另一方要予以拒绝，要求有目光交流，时间为 3 分钟，完成后互换角色。双方完成情景模拟后，教师请学生二人小组彼此分享在模拟过程中的感受，体会对方在向自己表达爱意或者拒绝自己时有什么感觉？自己有什么建议给对方？怎样讲，自己听了感觉会更舒服？

【推荐书籍】

1.《男人来自火星女人来自金星》 格雷

2.《爱情其实很简单》 张怡筠

3.《爱情笔记》 阿兰·德波顿

4.《心灵革命》 李海燕

5.《爱的五种能力》 赵永久

6.《李银河说爱情》 李银河

7.《性学三论》 弗洛伊德

8.《好的爱情》 陈果

9.《爱情心理学》 霍妮

10.《爱的艺术》 艾·弗洛姆

【课后反思】

（1）我们经常谈论爱情，但爱的本质是什么？

（2）分手后还可以做朋友吗？

（3）真正的爱情需要什么？

（4）相爱容易相处难吗？

【参考文献】

[1] 陶国富. 大学生恋爱心理 [M]. 上海：华东理工大学出版社，2002.

[2] [美] 罗伯特·J. 斯滕伯格. 丘比特之箭 [M]. 潘传发，译. 沈阳：辽宁教育出版社，2001.

[3] [美] 艾·弗洛姆. 爱的艺术 [M]. 上海：上海译文出版社，2008.

[4] 赵永久. 积极恋爱心理学 [M]. 北京：北京联合出版公司，2014.

[5] [美] 罗兰·米勒. 亲密关系 [M]. 第 6 版. 北京：人民邮电出版社，2015.

[6] [美] 莎伦·布雷姆. 爱情心理学 [M]. 北京：人民邮电出版社，2010.

[7] 耿步健. 当代大学生心理学 [M]. 北京：中国矿业大学出版社，2008.

[8] 张运生. 大学生恋爱心理特点与教育 [J]. 中国健康教育，2004（8）.

第六章

大学生生命教育

> 我们敬畏地球上的一切生命，
> 不仅仅是因为人类有怜悯之心，
> 更因为它们的命运就是人类的命运。
> 我们敬畏生命，也是为了更爱人类自己。

第一节　生命的意义

人是一个有意义的存在，人的生命意义的追问、探寻和获得是人生命的一种自觉的活动，是人生命存在的本质特征。人对自己生命意义的追问、探寻和获得是在教育的引导下有目的、有计划地实现的，若无教育对人的生命意义的启发和引导，人就不知道主动去追问、探寻和获得生命的意义，更不知道怎样去追问、探寻和获得生命的意义。

教育是为了人而存在的，教育必须面向和回归人的生命，满足生命的发展需求，提升生命的品质。我们应该从生命的视野去定义教育、理解教育、发展教育、践行教育，使教育更能贴近每一个具体的人、每一个活生生的人；提倡尊重生命，唤醒生命发展内在的潜能，使教育更能关注生命整体；通过人的自然生命、精神生命、社会生命的全面发展，实现教育培养人自由而全面发展的目标，使教育融入生活实践中去，从而真正实现生命的成长、生活的充实，进而使教育能按照生命的内在美好生活需要和全面发展规律进行，充分体现教育的人性光辉和人文关怀。

生命教育是一项系统而复杂的伟大工程，要铸就"精品工程"并取得满意的效果必须发挥教育的协同育人作用。不仅要有良好的学校教育、和谐的家庭关系，而且还要有和睦的邻里往来和积极向上的社会风气等。生命教育是塑造人生命自觉意识的系统工程，只有多方面力量全方位、多层次协同、配合，才能获得积极、整合、理想的效果。

一、认识生命、敬畏生命的意义

生命教育首先从认识生命开始。认识生命，首先就要了解生命的特点，体验生命的历程，认识生命的特质，体会生命的美好，感受生命的力量。日本思想家池田大作先生在《我的大学》中曾说："最崇高、最尊贵的财宝，除生命外断无他物。"为什么说生命会如此宝贵呢？就是因为生命是有限的，任何人都无法摆脱自然生命终会消逝的结果。人的自然寿命始终难以抗衡时间的流逝，时间流逝是任何生命体无法战胜的敌人。何况人生在世，旦夕祸福，世事难料。生命的历程中总会出现这样或那样的偶然事件，这种不确定性和不可预测性更决定了生命短暂且有限。另外，生命又是不可重复的，生命不具有重新来过的可能。无论是谁，都无法改变生命的这一既定法则。对任何人而言，每时每刻生命的历程都是"现场直播"，我们可以适当调整的是如何度过生命的旅程。基于此，在生命教育的过程中，先要让学生明白人的生命有且仅有一次，生命是不可逆的过程，并且因为生命的系统性，生命是短暂的、脆弱的，没有预演和重来，每个人都要在生命历程中充分体现出自己生命的独特价值和珍贵之处。通过生命教育的学习和实践，大学生们能够更加深刻认识到生命的有限性、唯一性和不可重复性，进一步明白生命的宝贵，进而能够懂得保护生命、珍惜生命、爱护生命、感受生命的重要性。

人不仅仅是自然的存在物，也是社会的重要组成部分。所以人的生命属性兼具自然属性与社会属性。马克思指出："人们在生产中不仅仅影响自然界，而且也互相影响。"[①] 人的能动性是人具有思维和语言的表现，在漫长的人类进化和发展中，人不仅仅能够认识自然，还能够改造自然。正如恩格斯指出："动物仅仅利用外部自然界，单纯地通过自身的存在在自然界中引起变化；而人则通过他所作出的改变来使自然界为自己的目的服务，来支配自然界，这便是人同其他动物的最终的本质的差别。"[②]

---

① 《马克思恩格斯选集》（第一卷），380 页，北京，人民出版社，1995。
② 恩格斯：《自然辩证法》，341 页，北京，人民出版社，2018。

人的生命的自然属性和社会属性并不是孤立存在的，他们始终相互并存。因此，充分了解生命的这两种属性，有利于大学生更加完整地认识生命本身，有利于教师更有效地实施生命教育。

生命是教育之本，是教育存在的根本性依据，离开了生命的教育，也就不能称之为教育了。生命教育作为一种关怀生命的教育理念，教师应该将大生命观作为一种世界观和方法论传授给学生，让更多学生认识到生命应包括一切生物界的生命，即人之生命和自然环境中一切动物、植物的生命，且每一种生命都有其存在的价值。学生们在如此大爱情怀下才能够真正地爱护和珍惜一切生命，从而热爱自身生命，体验生命之美好，也更能在生命遭遇各种艰难困苦的逆境中坦然面对，在与困难的斗争中，活出人生的滋味和精彩。

二、尊重生命、关怀生命的意义

保全人的尊严是尊重生命的题中应有之义，生命若是没有了尊严，就无从谈起生命的意义，更无从谈起尊重生命、关怀生命。依据人的社会属性，人的尊严既包括对自己的自尊、自重、自爱、自律、自主的道德要求，也包括对他人尊重、平等待人、不蔑视人、不伤害人的道德要求，是自尊与他尊的辩证统一。我国优秀传统文化中非常重视人的尊严的道德意义，《孟子·公孙丑上》中说："无恻隐之心非人也，无羞恶之心非人也，无辞让之心非人也，无是非之心非人也"。德国著名古典哲学家康德认为尊严的价值高于一切、重于一切，是最高价值。康德指出，每个人都有权要求他的同胞尊重自己，同样他也应当尊重其他每一个人。每个人都不能被他人当作纯粹的工具使用，而必须同时当作目的看待。人的尊严（人格）就在于此，正是这样，人才能使自己超越世上能被当作纯粹的工具使用的其他动物，同时也超越了任何无生命的事物。康德认为，人之所以拥有尊严，是因为人是具有心灵和精神的生命，拥有理性的自觉性，理性是人高贵、尊严的基础，所以要尊重人，守护作为人的尊严。

教育的本真是关注人的生命。教育本是一项直观生命并以提高生命力价值为目的的神圣事业，教育理应关注人的生命及其价值，关注人性之完善。教育的目的在于帮助生命力的正常发展，教育就是助长生命力发展的一切作为。尊重生命是提升生命品质的基础，没有尊重生命的发展是被动的、没有根基和后劲的发展，是不被高度认可的。尊重人的生命就要真正做到以人为本，就要尊重作为生命体的人的自由本性和创造本质，不能人为压抑也不能强制塑造，要激发生命本身的内生动力，把生命发展的主动权交还给人，多一点尊重，少一点控制。在生命教育中，不管是生命教育的目标、内容，还是生命教育的方法、形式，都应该自觉地渗透一种对生命的价值关怀意识。大学生生命教育中，学生是活生生的人，不是学习的机器。首先要承认学生是人，承认人有自己的感情、自尊，有自己丰富的精神世界。生命本来的样子就是激情飞扬的，遗憾的是，有时候教育总是以近乎完美的标准要求、苛责学生，学生的激情总会被无端的批评、无情的挑剔、无意的冷漠所浇灭。所以说，关怀生命就在于激发和激励生命的内在动力，充分给予学生最大的人文关怀，让学生体验到成长进步的乐趣，体会到尊重关怀的暖意。理想的生命教育应当在充分认识和肯定个性生命的基础上，给他们创造一个良好的发展空间和舒适的人文氛围，引导他们认识自我、张扬个性、完善人格，追求意义、实现价值，展现自己与众不同的人性光辉，书写独具特色的生命篇章。

三、充盈生命、超越生命的意义

生命不仅仅在于简单地活着，更在于活着的价值和意义。生命教育需要探寻和追问人为什么活着？活着的价值在哪里？活着的意义是什么？生命教育目标的基础层面是认识生命、珍惜生命，更高的目标是体悟生命意义、实现生命价值。马斯洛的需要层次理论把人的需要划分为五个层次，即生理的需要、安全的需要、爱和归属的需要、尊重的需要、自我实现的需要。冯友兰先生把人生境界划分为四种：自然境界、功利境界、道德境界与天地境界。这告诉我们，作为生命体的人，在满足基本的生存需要后，要开始逐渐追求精神生命的价值。如何让自己的生命更加丰满，将是人们的关切点。对生命意义的追寻是人类自救、发展和完善的最原始和最持久的驱动力。精神生命是人的生命的至高特性，而对自己生命意义的追求和叩问，对自己生命存在合理性的思考和探寻是人的精神生命活动。因此，生命的意义存在是我们精神生命充实而丰盈的体现，是我们不断超越生命的原动力。意义赋予了生命特别的存在感，它使人在不断追求意义的过程中得到发展、完善和升华。

追寻生命价值首先要保全物质生命。其次，要丰富精神生命，以人文意义为立足点，强调人的价值的实现、人的尊严的崇高和人格的健全完整，也就是要理解人的行为，关心人的内心世界的需要，特别是关心人的精神状况，使人在自由的环境中成长和发展。最后，价值生命的实现，即以和谐发展为终极目标，强调作为主体的人应与客观物质世界保持相互平衡和适应的关系，即要达到与自身、与他人、与社会、与自然整体的和谐发展，提高人的生命智慧，推动社会向前发展，最终实现人的生命价值。人具有思维与创造的能力，不断去突破自我与改造世界，在这个过程中，才体现出人生的价值，才实现了生命的价值。

生命教育中，教育对象是一个个独特的、鲜活的生命体，生命教育的最高层次是达到生命的丰盈与超越。这就要求在教育教学过程中，教师要还学生以自由，还学生以情感，还学生以活力。学生不仅要有健康的体魄，还要有健康的心灵；不仅要有目标和追求，还要有创造性的活动。在学习生活中，学生要体现出对知识的渴望、对方向的明确、对自我的实现要求，在目标达成的过程中表现出持续的动力和不断突破的自我进步，以充实的客观活动作为载体实现精神世界的丰盈与饱满。学生的幸福源自学生个性化的体悟。对于学生而言，学习是他们的核心生活。生命教育能否给学生以幸福，成了他们生活是否幸福的主要标准，生命教育能否培养学生以幸福能力，也是关系到他们以后能否幸福生活的重要因素。学生的生命过程是不断挑战自我、丰富自我、实现自我的创造性过程。生命丰盈的实体就是创造性的活动，生命超越的本质也同样来源于人的创造。在不断丰富和超越生命的历程中，幸福是伴随生理、心理和伦理不断建构和生成的。生命教育应该给学生个性生长和潜能发挥提供更多的机会，生命教育的定位必须把学生潜能的开发、健康个性的发展、为适应社会发展变化所必需的自我教育、终身学习的愿望和能力的提升作为重要的任务。

总之，生命教育是以认识生命为基础，尊重生命为前提，关怀生命为内容，超越生命为追求，促进生命发展为目的的教育。生命的潜能是无限的，生命教育要创造条件，去激活、去展示生命的灵动与飞扬，促进每个生命创造性地、富有个性地发展。

【阅读】

生命的目的性

[文章一]

我认为好好活着，活出自己，做好自己的职责，让家庭幸福安逸，这些只是最基本的，你只有做到了这些，才可以更好地向社会奉献自己。就像马斯洛的需要理论，只有达到了最基本的需要，你才会去追求更高层次的需要，如自我实现需要。

我和我家人说我要考研，他们的意见是"等你考出来都几岁了，还要不要嫁人了"！其实很多人的意见也是这样的，他们认为老师这个职业多么好，嫁一个老师、医生，生活多安逸。我很难理解一个女人到了一定年龄就要嫁人、生孩子、抚养孩子，直到死亡，读那么多书就是为了有个好工作，嫁个好一点的家庭。

我之前非常胆小，我对死亡充满了恐惧，所以在选择专业的时候，我本想放弃有机化学这个专业，就因为网上有人说，要去工厂里工作，很危险，也听说了几个案例，我纠结了好久，才决定下来，如果这一生不能干自己喜欢的事，还有什么意义呢？

我认为要实现生命的价值就要追求自己的梦想，没有梦想如同没有灵魂。就算你的梦想很遥远，你在追梦的路上，就结束了你的生命，但这也是快乐的。在我没有确定要不要继续我的追梦之旅之前，我不知道我在干什么，我一直跟着学校的脚步，没事就看看电视剧、看看小说、玩玩游戏，就这样浪费了两年多宝贵的时间。现在，虽然事情很多，每天很疲惫，但是我每天都很快乐，偶尔也会用看电视剧、小说什么的来奖励自己。

现在，我看我周围个别同学，他们只是想要毕业，考个教师资格证，然后去工作，所以到了大四再加油就好了，因此他们的生活是空虚的，不是说不考研就是空虚，浪费时间，而是说他们是没有梦想、没有目标的人。每个人的目标不一样，每个人的价值观也不一样，但是你的一天里没有目标，在大学里，有课上课，没课玩，工作的时候，有事做事，当你走到人生的尽头，还有什么可以追忆的，这一生只是把自己养活了而已。

还有一点，就是人虽死，但精神犹存！有的人以为民族、为国家，乃至为全人类奉献自己的力量为目标，以自己身心的力量和财富去影响更多的人和帮助那些需要帮助的人，这样的生命更有价值，世人也更加尊重和敬仰，就像有的人虽然在世短短几十年，但因他们所做的事情是为民族、为国家，乃至为全人类，虽然牺牲了，但他们得到人们永远的怀念和尊崇。

没有目标，没有想法，得过且过的人是多么悲哀。就算你忙一天下来，你也不是充实的，只是累，你只是帮人在追梦罢了！

[文章二]

我曾为自己的人生列举了生命的账单。说真的，我发现自己还不如以前没上大学的时候。那时，我的时间几乎是全天的时间在学习上，其余时间就是吃饭睡觉。可以说，基本上是教室、寝室、食堂三点一线。然而，上了大学后却不是这样了。也就是说，学习的时间少了，玩乐的时间反而多了，痛定思痛，以至于觉得现在的生活都没有做过能体现自己生命价值的事情。

人的生命是有限的，但是我们如何才能利用这有限的生命创造出无限的价值？这是我最近一直在思考的问题。

假如一个人活在这个世界上，没有为这个世界创造出一份属于自己的价值，就是在白白地浪费生命，也就是在慢慢地扼杀自己，像废人般地活在这个世上。相比而言，一个人如果为这个世界创造了属于自己的价值，那就是对自己灵魂的一种解脱，也是一种热爱自己的生命的行为。

著名科学家宋健，他由一个贫穷的小男孩，成长为如今我国导弹控制系统设备和反弹道方面的专家，他在通信卫星的发射和定点过程中，做出了重要贡献。

党员孔繁森，他把一生的心血都投入到了服务人民的行列之中，他为人民全心全意地服务，真诚地付出，用他的心血和汗水为人民开路，是一根只知照料他人的红蜡烛。

2003年春，"非典"疫情席卷大半个中国，人们闻"非"色变。但是广东省中医院护士长叶欣，在抗击"非典"的主战场中像一台永不疲倦的机器，她连续工作了三天三夜，以至于以身殉职。然而，她生前留下了一句刻骨铭心的话："哪里危险，让我来。"这些关于生命的箴言，激励许多周围的人思考人生的意义。

以上这些不平凡的人，他们都是用自己那有限的生命，创造出了可贵的价值。虽然人生短暂，但他们也为自己的生命画上了一个圆满的句号……

我虽然不能像他们那样身居要职，但即使作为一个平凡的人，我也要做出体现自己生命价值的事，不让自己枉活一世。

[文章三]

我认识了一个朋友，前后两次近距离的交往，他都给我留下了很深的印象。就在我返程的列车上，想到与他相处的点点滴滴，我脑子中掠过一个词——寻找快乐。他就是一个寻找快乐的人。

他认为人生苦短，生命脆弱，要活在当下。有一次逛他们小城的街道，他说："遇到想吃的东西，不要等着以后，以后是什么，以后都是不确定的。"他给我讲了个故事，有对夫妇俩，两人很恩爱，妻子很喜欢丈夫陪着自己外出游玩。然而，很不幸的是，他俩的游玩计划一拖再拖。因为早年刚结婚时，男方需要照料他的弟弟妹妹。他们的经济也不宽裕，对于旅行的计划，丈夫苦笑说等以后吧！等弟弟妹妹都长大成人了，丈夫说父母身体不好，多陪陪父母吧！等父母走后，他们的经济条件好了，丈夫说等等孩子长大吧。终于孩子大了，丈夫又说，为了周末孩子们回来有地方住，要换大点的新房子！后来终于换了大房子，这下可以外出游玩了吧，丈夫又说家里要有一点积蓄，退休以后才有安全感。这样一晃二十多年过去了，家里的确存了一大笔钱，他们也都退休了。然而，正等待筹划旅游时，妻子感觉自己的肚子痛，结果到医院一查已是肝癌晚期。丈夫还未缓过神，妻子不足三个月就走了。

面对妻子的遗憾，丈夫痛苦万分。因为，在他们相守的一辈子里，从结婚就开始计划旅游，结果却是计划了一辈子。丈夫一直愧疚，每天食不甘味，久而久之患上了抑郁症。

这个故事让我唏嘘不已，听完内心伤感起来，竟产生人事茫茫难自料的感慨。

朋友说："把握好今天，此时此刻那才是真正的快乐，也是珍惜生命的表现。"他还十分肯定地扭过头看看我说："过去的已经过去，未来的很难把握，我们拥有的只有当下！"

我深有感触地点头："你说得对。这个问题我以前从未考虑过，只是去年脚扭伤了，才考虑到生死与未来的问题。"当他的话得到认同后，他非常高兴，又说："汶川地震前，有个孩子上学前想喝可乐，妈妈让他放学回来再喝，没想到下午就地震了，这成了妈妈一辈子的遗憾。"

"这个事我知道，他妈妈还在孩子的墓前放了许多可乐，我能理解那个妈妈的愧疚。"我十分认真地说。

他接着说："生命变化莫测，你知道有一种痛苦叫愧疚，失去了才能感觉到，而且随着岁月流逝，这种痛苦会继续生长！"我冲他点点头。

沉默了几分钟，他继续说："我现在一想到想干的事，就去做，只要快乐就行。我不想等以后。比如我喜欢的衣服会立刻买下来，甚而穿到身上就不脱了；想吃的东西，那就买吧；给女儿的承诺，总是尽快兑现。"

……

我很想听他继续说，因为他说的时候就是快乐的，这也叫"活在当下"啊！我扭过头，问他："那你还怎么在生活中体现呢？"他不加思索说："我很喜欢旅行，吃当地的特色小吃，虽然我爱家乡的菜，但是既然是旅行，那就活在旅途中。当地的小吃尽可能都尝尝。"他口才极好，一口气说了很多。

是啊，让我们活在当下，认真过好生活的每一天吧！

第二节 生命教育的必要性

生命教育是教人认识生命、敬畏生命、保护生命、珍重生命、欣赏生命，探索生命的意义，实现生命价值的活动。在大学生中开展生命教育，一方面是基于少数大学生道德、法律与责任意识淡薄的现实，另一方面是基于大学生全面发展与建设和谐社会的需求。

一、大学生命教育的相对缺失

近年来，大学生自杀事件时有发生，探究其原因，是耐受挫折的能力较低。社会迅速发展，有时社会消极现象会冲击当代大学生的价值观，这些构成了大学生在成长过程中面临的沉重压力。大学生常见的压力有以下四类。第一类是思想观念选择的困惑。思想决定人的行为，社会不良风气渗入校园，严重影响大学生的认知和心理。在面对不良社会风气时，少数大学生容易迷失自己，否定之前所受的正统教育，甚至否定一切，产生厌世弃世的念头。第二类是家庭中的压力或重大变故，对大学生产生一定的创伤。经济困难大学生在面对生活的拮据时会产生巨大的压力，而父母对大学生的期望值过高或不切实际也会造成无形的压力，使大学生形成不良心态，消极应对。第三类是人际关系和感情问题处理不当，导致人际关系淡漠，社会适应能力下降。一些大学生情感上依赖性强，不善于与人交流沟通，也不善于管理情绪，不懂得合理转移情绪和宣泄情绪。一旦出现人际关系紧张或失恋就会无法忍受痛苦，失去生活的信心。第四类是就业压力。大学生人才市场需求过剩，毕业后理想与现实的差距加剧了悲观情绪和不良反应。

就大学生个体而言，大学生忍受挫折能力比较弱。从内因来看，主要有以下五个方面的原因：一是生理发育尚未完全成熟，内分泌机能旺盛，遇事易冲动；二是自主思考能力差，缺乏自主选择能力，自我认同感差；三是个人意志薄弱，抗挫能力低；四是认知上出现偏差，一遇到困难就夸大挫折、否定自己，对事情不能全面客观地分析，对死亡、生命不能正确地认识；五是性格自卑内向，不会正确发泄自己的不良情绪，往往会影响身心健康。

因此，无论是整个社会，还是整个家庭，还是学校的各个阶段都要普及生命教育，同时需要有目标、有计划、有方案、有方法，针对大学生中出现的种种心理不良反应做好心理干预工作，提高大学生抗挫能力，增强维护生命的自觉性。

二、开展生命教育，构建健康生命观

大学生生命教育应结合时代特点，注重挫折与感恩教育，也就是说，大学生生命教育中应包含死亡教育、挫折教育、感恩责任教育，并采取课堂教学和实践相结合的形式。从宏观层面上来说，生命教育是学校教育、家庭教育、社会教育一个不可或缺的环节。全社会都应该关注青少年生命健康教育，为大学生生命教育助力。可以从以下几个方面入手。首先，结合中华优秀传统文化挫折观，加强大学生生命挫折教育。让大学生认识到，在人生道路上，挫折是在所难免的，挫折不是坏事，而是通向理想道路、光明大道的一个台阶，要善于在挫折中学习成长。对待挫折，能"知耻而后勇"；面对挫折，能"天行健，君子以自强不息"；对待不愉快的人和事，能"以直报怨，以德报怨"；面对自己的不利因素，相信"天道酬勤，勤能补拙"；解决挫折最好的方法是靠自己，"君子求诸己，小人求诸人"。其次，开展感恩责任教育，加强大学生的责任感和使命感。加强大学生亲情、友情、爱情教育，创设感恩环境，用情感人的同时使大学生明白自己的责任。责任就是对自己负责、对他人负责、对社会负责。一个感恩社会并具有强烈责任感的人就会对自己或他人的生命负责，也会获得他人和社会的认同，实现自己的生命价值。再次，开展死亡教育，引导合理死亡观。在大学生命教育中，对于死亡的科普知识很少，很多学生对死亡缺乏客观理性的认识。死亡教育就是以死亡为主题，促使大学生了解死亡是生命的一部分，打破大学生对死亡的畏惧感的教育教学过程。大学生命教育课堂可以设置相应的专题或课程，全面介绍死亡的知识，使学生以一种坦然的心态面对死亡，透过对死亡的了解，明白生命的有限性和不可逆性，认知到生命的宝贵，从而珍惜生命、尊重生命。

第三节　生命教育的意义

高等教育不仅仅是为学生获取知识的工具，更应该是培育和促进学生个体生命的精神成长与发展的重要精神家园。大学生是人生的一个关键时期。作为未来社会的建设者，社会对大学生寄予了无限的期望。为了实现全面发展的教育目标，有必要在大学课堂中中大力发展生命教育，教育大学生善待生命、珍惜生命和呵护生命。在对生命的珍爱、关怀和呵护的基础上来实现人生的价值，这是生命教育的责任和义务，也是生命教育的最终追求。

一、有助于推进美好校园建设，满足美好生活需要

大学生承载着社会各界的期待。大学生恶性伤害案件不仅令受害人受到伤害，给双方家庭带来重大的损失，还严重影响高校正常的教学秩序和美好校园建设，并给社会带来恶劣的负面影响。由于大学是人生成长过程中承前启后的重要阶段，是世界观、人生观、价值观形成并基本定型的重要时期，所以也是进行生命教育的关键时期。

生命教育专题课程的设置，让大学生体悟生命的珍贵，学会善待自己或他人的生命，并学会推己及人善待一切生命。确立生命尊严的意识教育不仅可以减少甚至

杜绝校园恶性事件或恶性伤害案件的发生，更是减少和杜绝大学生自杀事件的重要途径。通过生命教育的学习反思，大学生理解并实践人类命运共同体思维，理解他人的存在对自己生命的价值和意义，学会尊重他人、关怀他人，学会宽容和接纳人与人之间的差异，努力提高人际沟通和社会交往能力，创造一个友好的人际环境，也是为自己的生命创造一个和谐的成长发展环境。生命教育引导大学生学会倾听自己内心的声音，认知自己真正的生命需要和美好生活需要，做一个拥有崇高精神追求、生活品质和生命质量的人，不把生命当成实现利益的工具，赋予生活更多意义和价值，促进身心灵健康和谐美好。生命教育会在很大程度上影响大学生在未来社会生活中的言行和态度，使更多大学生变得人格健全，身心健康。

二、有助于唤醒大学生的道德意识、法律意识和责任意识

具有道德意识、法律意识和责任意识是保证大学生在社会系统中能够顺利成长和发展的重要前提。由于传统道德、法制教育的不足和社会不良风气的影响，现在有些大学生的道德意识、法律意识和责任意识较为淡薄甚至有所缺失，少数大学生心中只有自我，生活上一味追求享受。在这一部分大学生心目中，责任、担当、法律、道德、正义早已抛到九霄云外，他们更多关心自己权利的实现与否，蔑视和挑战社会道德和国家法律法规，想方设法规避自己的责任和义务。因此，开展生命教育，就是要从更深层次唤醒更多大学生的道德意识，使其认识到尊重他人生命是最基本的道德标准；大学生具备法律意识，认识到违反国家法律法规，必然会受到法律法规的严厉惩处，从而提高其自我约束能力。开展生命教育，有助于扭转少数大学生责任担当意识下降的趋势，唤醒更多大学生承担起对家庭、社会、民族和国家的责任，使其尊重他人的生命，对自己的健康人生、美好生活负责，不因犯罪或犯错而给社会、家庭和自己造成不可挽回的损失和无法弥补的心理创伤。

三、有助于促进大学生的全面协调发展

在成才教育环境中成长的大学生，比较多注重知识学习和专业技能训练，一定程度上忽略了自己的全面发展。一部分大学生因此无暇思索和生命密切相关的问题，不懂得珍惜自己及他人的生命，表现出冷漠、孤僻的情感特征。归其原因，这也是长期以来家庭教育功利化的后果。加之社会一些不良风气的影响，以及网络信息化时代缺乏感情的人机对话交流沟通方式，这些外在客观原因也使部分大学生趋于孤

立、冷漠和去社会化。现代社会的发展进步，要求高校培养出具有良好素质和较强技能的全面发展人才。因此，开展生命教育，就是通过重视人的思想道德素质培养、人格健全发展、身心健康教育，帮助大学生认识生命的内涵，树立珍惜生命的意识，实现生命的意义和价值，做一个全面发展的人。

【生命教育现状自我认知】

1. 你对生命的体验？（   ）

A. 幸福且快乐   B. 平淡且无趣   C. 暗淡且痛苦   D. 其他

2. 你是否悦纳自我？（   ）

A. 很喜欢自己   B. 喜欢自己   C. 不喜欢自己   D. 不确定

3. 你是否认真思考过生命的本质和意义？（   ）

A. 经常思考   B. 偶尔思考   C. 从未思考   D. 没必要思考

4. 无论何时都能做到热爱生命、珍惜生命吗？（   ）

A. 可以做到   B. 做不到   C. 不知道   D. 依具体情况而定

5. 在遭遇别人的冒犯时，你是否有过过激的念头？（   ）

A. 经常有   B. 偶尔有   C. 从没有

6. 当遇到强大的压力或严重挫折时，是否产生过自杀的念头？（   ）

A. 经常有   B. 偶尔有   C. 从没有

7. 对于面对生命的逝去，你的感受？（   ）

A. 珍惜生命   B. 感到恐惧   C. 必然发生   D. 解脱

8. 在下列几个因素中，哪一个因素对你形成对生命的看法影响最大？（   ）

A. 自己的性格   B. 社会现象

C. 学校的教育和帮助   D. 父母及家庭的影响

9. 你的压力主要来自哪里？（   ）

A. 学习   B. 同学   C. 家庭   D. 社会   E. 学校

10. 你是否对生命进行过思考？（   ）

A. 常常思考   B. 经常思考   C. 偶尔思考

D. 几乎不思考   E. 从不思考

11. 对于自杀的看法？（　　）

A. 自杀是对生命尊严的践踏，应当珍惜生命

B. 自杀是对亲人、朋友的背叛，是对家庭的不负责任

C. 当生命已无欢乐可言时，自杀是可以理解的

D. 好死不如赖活着

12. 你认为造成大学生轻视生命的原因有哪些？（多选题）（　　）

A. 学习和就业压力大

B. 感情上受打击，无法恢复，一时想不开

C. 生活压力大，比如经济问题

D. 人际关系差

E. 心理承受能力差，不能承受挫折

F. 缺乏正确的人生观

13. 面对突发性生存危机，你了解多少生存知识？（　　）

A. 非常了解　　　　　B. 只了解基本常识　　　　　C. 完全不了解

14. 面对无法解决的挫折和困难时，你的应对态度是？（　　）

A. 勇敢面对、理性分析、积累经验　　B. 感到畏惧，绕道而行　　C. 消极面对

15. 在与人交往时，你是否会感到紧张、信心不足？（　　）

A. 是　　　　　　　　B. 否

16. 一系列大学生自杀现象会使你产生漠视生命的想法吗？（　　）

A. 总是　　　　　B. 偶尔　　　　　C. 很少　　　　　D. 从不

17. 你认为现有高校教育体系是否对大学生的心理状况有所影响和改变？（　　）

A. 相当有影响或改善　　　　　　B. 比较有影响或改善　　　　　C. 一般

D. 较没有影响或改善　　　　　　F. 没有影响或改善

18. 你觉得现行高校生命教育主要需要加强哪些方面？（多选题）（　　）

A. 生理卫生教育　B. 交通安全教育　C. 消防安全教育　D. 游泳安全教育

E. 用电安全教育　F. 逃生教育　　　G. 突发性伤害教育

H. 心理教育　　I. 其他

19. 学校是否有系统的，完整的生命教育课程？（　　）

A. 有　　　　　　　B. 没有

20.你觉得学校是否有必要开设专门的生命教育课程?（　　）

A.有　　　　　　B.没有　　　　　　C.无所谓

21.下列哪种生命教育的方式你乐于接受?（　　）

A.思想政治理论课中渗透生命教育的内容

B.生命教育专题讲座

C.开设专门的生命教育课程

D.各种生命体验活动（如去敬老院、医院等）

E.观看关于生死的影像资料

F.其他

22.你对死亡的态度?（　　）

A.是一种生死循环的自然现象　　　B.忌讳谈死　　　C.是一种解脱

D.想到死就很害怕　　　　　　　E.从来不考虑死的问题

23.遇到和死亡相关的事情,你会选择逃避吗?（　　）

A.会　　　　　　B.不会　　　　　　C.不知道

24.当你遇到强大的压力或严重挫折时,是否有过自杀的念头?（　　）

A.经常有　　　　　B.偶尔有　　　　C.很少有　　　　D.没有

25.在平常的学习、生活中,你是否感到压力?是否知道如何缓解?（　　）

A.经常感到压力,知道如何缓解

B.经常感到压力,但不知道如何缓解

C.有时会有压力,也知道怎么缓解

D.有时会有压力,但不知道怎么缓解

E.不会有压力

26.你的压力来源主要是?（可多选,排序）（　　）

A.父母的期望　　　B.学习压力　　　C.同学间关系

D.自己确定的理想和目标　　　　　E.生存压力

F.恋爱压力　　　　G.其他（自身性格、长相、健康、家庭等）

27.你会采取何种方式应对压力?（　　）

A.转移（心里不快时娱乐、游戏、读书）

B.发泄（哭、倾诉、写信、日记）

C.压抑（喝酒、睡觉、假装高兴）

D. 顺其自然、自然调整

E. 生气、吵架、打架、酗酒、放纵等极端方式

28. 面对突发性生存危机，如火灾、洪水、中毒、交通事故等，你是否了解相应的生存常识、处理方法和逃生技能？（　　）

A. 非常了解　　　B. 一般了解　　　C. 不太了解

D. 不了解　　　　E. 漠不关心

29. 为了获得某种切身利益，你是否会以伤害他人为手段？（　　）

A. 会，人不为己天诛地灭

B. 会，但会尽量减少伤害他人的程度

C. 偶尔会，视情况而定

D. 肯定不会

E. 尽量寻求两全的方法，最终以不伤害人为底线

30. 学校是否每学年开展交通安全、禁毒宣传、防艾滋病等教育？（　　）

A. 开展过，印象很深　　　　　B. 开展过，印象不深

C. 很少开展　　　　　　　　　D. 从未开展过

31. 你认为你的大学老师有多少能在课堂教学中渗透生命教育思想？（　　）

A. 很多　　　B. 不多　　　C. 很少　　　D. 没有

32. 你是通过什么渠道获得有关生命教育的信息？（　　）

A. 广播电视、报纸杂志　　　B. 学校教育　　　C. 网络

D. 家庭教育　　　　　　　　E. 同学朋友　　　F. 活动宣传

33. 你认为生命教育以下列哪种途径开展更有效？（　　）

A. 开设专门生命教育课程

B. 开展专题讲座

C. 通过学科间进行渗透教学

D. 开展主题活动（如参观展览或观看主题电影）

34. 请写下你对待生命的座右铭。

第四节　开展生命教育的途径

一、树立生命教育的理念

生命教育的核心是珍惜生命和敬畏生命。在新时代、新时期，教育不仅仅只是关注学生智力潜能的开发，更应该将学生真正看作一个全面发展的人，注重其健康健全人格的培养。树立立德树人、以人为本的教育理念，教师应把生命教育贯穿于教育的全过程，尤其是渗透于课堂教学活动中。由于生命的独特性，生命教育应根据不同的学生群体采取不同的教育方法和教育内容。例如，对于全体大学生，可通过邀请生命科学的专家学者开设大型教育科普讲座，普及生命的孕育、生命中的亲情与关爱、生命中的艰辛与挫折等内容，使学生能够正确地看待生命，了解人类生命的价值，以负责的态度关爱自己和他人的生命。学校还可以在更多课程中设置生命教育专题，如大学生心理健康教育、职业生涯规划、伦理学、美学等相关课程均可作为生命教育的载体，在课程中与学生一起探讨关于生命的内涵。针对少数大学生，学校应充分发挥心理健康咨询中心的功能，进行珍爱生命和敬畏生命理念的灌输。

二、利用课堂激发大学生的生命价值

课程的本质是激发禀赋，教育的本质是人点亮人。教育是解放人，发展人，提升人的身心，发展人的潜能，提升人的素质的活动。生命的意义不仅是指个体生命的意义，同时也是指对人对人类在宇宙中位置的思考，以及对人类生命本质的思索。开展生命教育，教师应该坚信这样一个理念，即个体生命要有意义、有价值，必须顺应时代，有时代精神。借助相关课堂教学，从一个生命的诞生、发育及成长来进行生命教育，让更多学生从宏观以及微观两个层面获得生命教育的精髓。人的生命是情感的生命，是意义的生命，是价值的生命，而情感、意义、价值不是说教，可以很好地传授。生命教育的过程不只是传授知识的过程，而更倾向于是一种人格塑造过程。实施生命教育，教师要充满爱意，要有尊重生命、敬畏生命的情怀，无论何时何地都要把学生作为一个有血有肉、有灵魂、有大爱、有智慧、有情感的独特的主体来教育。这就是要求教师正人先正己，育人先育己，育人先爱人，让尊重生命成为立德树人的重要支柱。

三、通过审美教育促进大学生的生命价值体验

大学生思维敏捷，朝气蓬勃，是最追求美的群体之一。在新的形势下，美与丑，文明与愚昧、先进与落后、高雅与庸俗的时代洪流冲击着他们的身心，对其生活方式、思想观念、价值取向产生着巨大的影响。当前，大学生的总体素质呈上升趋势，但就审美素质而言，仍存在一些问题或不足。如果不加强审美教育，就会形成对美的追求的误区。大多数大学生都希望提高自己的感受美、欣赏美、表现美、创造美的能力，从而能使自己的人生更充实，生命更绚烂，生命的质量更优化。毋庸置疑，丰富多彩的审美教育，能发展个性，提高学生的整体素质，促进其全面发展。

四、优化大学生健康成长的社会环境

学校要联合各级部门广泛开展"健康中国，从我做起""关爱生命，关注安全""珍惜生命，远离毒品"等主题宣传教育活动，注重利用当地博物馆、展览馆、纪念馆进行关于环保、法治、发展等方面的教育，使大学生有相对固定的生命教育实践基地。适时普及交通安全、食品安全、消防安全和爱护公物等方面的安全知识，提高大众的生命安全意识。课堂教学中，要多选取正面典型教育案例，坚持正确的舆论导向，营造珍爱生命的社会氛围。

五、重视家庭、学校和社会的综合协同育人

大学生生命教育是一项涉及学校、家庭和社会方方面面的系统工程，需要各方面的共同努力，才能增强生命教育的科学性、系统性、针对性和有效性。就家庭而言，家长不仅要做好珍惜和爱护生命的表率，而且要有意识地帮助和引导子女了解和认识生命现象，树立正确的生命意识，进而学会尊重生命、关怀生命、悦纳自我、接纳他人，培养子女克服困难和挫折的精神。大学生从儿童、少年成长为青年，家庭教育是其个性和人格形成的重要影响因素。就学校而言，实施生命教育，要按照学生的身心发展特点和教育规律来进行，整体规划生命教育内容序列，使认识生命、珍惜生命、尊重生命、热爱生命的教育内容与各个人生发展的认知阶段有机衔接、循序渐进、全面系统。就社会而言，要形成关爱大学生的良好氛围和有效机制，教育大学生用法律的途径保护自己的合法权益，加大关爱大学生宣传力度，对有精神创伤的大学生及时开展心理危机干预。

综上所述，高校必须站在时代的前沿，从热爱生命的高度重新认识自己的应有状态，积极反思现代教育中生命教育价值凸显与生命教育缺失的并存，努力探寻生命教育开展的有效途径，为促进生命教育在高校富有成效地展开，为营造和谐、健康、关爱的社会发展环境而尽职尽责地履行教育的神圣职责。高校作为研究和实践的前沿阵地，对生命教育的开展任重而道远。

第五节　生命自觉

关爱生命的首要标准是具有生命的自觉，有了生命的自觉就能主动地养护和维持自己的生命。要做到生命的自觉仅靠人的本性是行不通的，人常说：知之深，爱之切。生命的自觉是要求个体建立在生命意识和生命情感的基础上。

一、生命意识

（一）生命意识的内涵

生命是鲜活、流动的过程，是自成一体、自由存在、自主发展的有机系统。理解和把握生命，需要用自己的生命意识去领悟、感应生命体的相互关系，而不是机械地用解剖刀从外部去分析对象。因为解剖的只能是死的物质，而不是活的生命。生命不是固定本质、静止不变的，而是流动的，它有过去、有现在、有未来。

生命是一种实实在在的过程。它是存在本身，我们能感觉、感受到它，却不好用抽象的语言来为其定义。但是生命可以通过独一无二拥有它的存在者，即人来显现自身；生命意识正是通过不同个体看待生命存在的态度来显现自身；生命意识通过不同个体采取什么样的在世方式显现自身；生命意识与自我肯定、活出自我、接纳自己的独特性均有关联。

（二）生命意识的结构

生命意识的结构是人生命意识成分的组成，它存在于我们生命意识的内部，是生命意识本质的外显特征。它包括超越意识、悲剧意识、死亡意识等。虽然它们是各自不同的领域，但也有交互的内容。

1. 超越意识

在哲学的意义上，超越就是创造，也就是"无中生有"，这正是人类生命意识的核心。自人猿区别之时，也就是人类有了生命意识之时，人就不断地在这个自然而然的世界上打上自己的"烙印"，从而创造出了这个自然而然的世界中原来没有的"属人"的"精神世界""文化世界""意义世界"。超越意识就是有自我意识的人在生命冲动下必然产生的生命意识。对于超越意识的体悟可以使我们通达生命的意义，更好地筹划我们未来的美好生活。

2. 悲剧意识

具有强烈生命意志、生命冲动的人无时不想超越自身的有限和现实存在而进入无限和可能生活，但人的有限性使得这两者之间产生了永远不可弥合之缝，这就是人本体论意义上的悲剧。一旦人意识到此，悲剧意识随之产生。人类先天地具有生存发展的强烈欲望，但人是有限的存在，人的认识能力是有限的。然而，生命冲动就驱使着人走在永远不可能达到终点的路上。因此，在这种认识指导下的有目的的生命活动都是一定程度的冒险行为，成功只具有概率性。但是，有生命意识，也有生存发展希望的人类并不因此放弃生命，而是为展现生命的价值，争取可能的成功含泪冒险行进。这就形成了人类生存处境的悲壮性，形成了生命的悲剧意识。

3. 死亡意识

人们对于死亡的认识开始于他人之死。人们也是通过他人之死了解到死亡的必然性和终极性。但是人的生的本能驱使着人总是很快忘掉这个他人之死的事件或认为死亡只是关乎他人的经验。人们总是躲闪和遮掩着自己终将一死的必然性。但是，死亡是那么的必然和确定，不会因为我们躲避而不存在。死亡的意义不在于它是一个实在的死——死亡这个事件，而是在于它震动了终有一死的人的心智，使人的认识、思维有所醒悟，懂得自己应该认识和思考什么，并将其纳入自身存在结构来筹划未来，这就是哲学意义上的死亡意识。因此，死亡意识是使人心智敞亮的先验前提。

二、生命情感

生命情感即个体对自我生命的体验、认识、肯定、接纳、珍爱，对生命意义的自觉、欣悦、沉浸，以及对他者生命乃至整个生命世界的同情、关怀与钟爱。

生命情感绝非玄奥莫测，无迹可寻，它就隐藏在人们形形色色的活动之中。生命情感植根于现实世界，又保持着对现实世界的超越，它引导个体走向生命的深层，引向对个体生命乃至普遍生命的关怀，谛听个体生命的意义召唤，实现对个体人生百态的全面看护。生命情感作为个体生命的全面看护，是个体求真感、伦理感、审美感的基础和源泉。良好的生命情感使个体向世界保持良好的积极开放的态势，个体乐于与周遭世界进行活泼丰富、富于爱心的交流，使个体在与世界的交流中充满感动、激情和想象。

生命情感生发于个体与外在世界的交往和个体生命在现实世界的表达中，但生命情感更是外在生命活动向内在生命世界的延伸，是生命的表层向深层的依恋与回归。积极的生命情感引人振奋、达观，昂扬向上，朝气蓬勃，充满勇气，富于爱心，把人引向与周遭世界的活泼交流，成为人生的动力和光明之源。生命情感的充沛、丰盈、活泼、亮丽、博大，奠定幸福人生的基础，幸福的人生离不开美满丰盈的生命情感。发育不良的生命情感，消极的生命情感则意味着对生命的否定，对生命意义的无望，对他者生命的漠视，以及由此而生的生命状态的沉沦。它使人阴郁、沮丧、悲观、冷漠，或者走向另一极端，孤傲、自负、仇视，与周遭的世界格格不入，难以进行人与世界的丰富、活泼的交流，这意味着人生的被阻碍、遮蔽，不幸的人生由此发端。

三、生命自觉

生命自觉是个体主动探寻、关爱、养护以及拓展生命的精神力量，它是基于对生命的意识。生命自觉性的不同影响了个体内在的修为和自我追求的自我实现。

生命自觉是人的精神世界能量可达到的一种高级水平。它不仅使人在外部世界沟通、实践中具有主动性，而且对自我的发展具有主动性。这种主动性首先表现在，自我生命自觉之人，不再依靠别人的镜子来观照自我生命的独特，不再一味依赖他人来对自我生命的成长指点迷津，而是一再地自我追问，"我是谁""我能做什么""我应该做什么""我到哪里去"，简而言之这种追问本身是一种"内省"，它暗合了中国传统教育对所欲培育之"君子"的要求，即君子要"克己"和"自省"，这是修德成人的基础功夫。

生命自觉之人具有自我觉知、自我觉醒、自我选择的意识和能力，这种能力特别体现在对人生意义有充分的觉知觉解，且能够将人生意义体现在具体的创造活动之中。这样的人，深知生命的创造进程也就是人生价值的实现过程。它不依凭惯例，不依从于成见，也不依傍于他人，而是确信所谓生命，就是永远是新的。

生命自觉之人，还能够将自身置于特定的生境中去考量自我生命与所处生境的关系。这种考量基于这样的信念：只有基于对生境的了解，包括了解什么是可能的，什么是现实的，什么是不可改变的，什么是必须要做的，什么是可以做得更好，才有可能在现实的环境中寻找和拓展自己的发展空间。

四、生命自觉的途径和方法

1. 以生命自觉的教育教学方式培育生命自觉

生命自觉的教育方式是通过进入到具体的教育教学过程中来达成受教育者的生命自觉。因此，这需要不断思考什么样的教育教学方式有助于打开束缚学生生命自觉的各种枷锁，有助于培育和引发学生自主、自觉地学习和思考，什么样的教育方式有助于使自主、自觉不仅成为一种意识，更成为学生的一种习惯和能力？走出课堂，学生是否依然还能以自主、自觉的心态、习惯和能力去应对任何人和事？由于自觉是发自内心的，是个体主动的意识状态，显然，开放、平等、互动、交往、对话式的教育教学回答了上述问题，它唤醒了个体主动、自觉性，积极内化让其感动的事，以及认同的道理，所以它能最大限度地保证学生走出课堂，依然还能以自主、自觉的心态、习惯和能力去应对任何事，所以这些方式是帮助学生通向生命自觉的有效方式。

2. 日常生活实践中培育生命自觉

教育者欲培育生命自觉，不是偶尔为之的自觉，不是只能在课堂教学和学校生活中体现的自觉，而是在日常生活中体现的生命自觉，是贯穿一生的生命自觉。为此，生命自觉教育必定是在教育生活中将生命自觉内化为自身精神细胞的结果，必定是基于日常生活的漫长的生命历程和精神追寻的结果。也就是说，教育不再只是学校内的特殊生活，而是具体的日用常行的生活，因此，生命自觉的培育和养成，不再只是学校教育生活中的任务，而是贯穿于终生的任务，这是一种基于生命自觉的终身教育。生命自觉将在日用常行的终身教育的过程中，内化为个体生命的生存方式，成为其赖以生存的"空气""水"和"面包"。

3. 教育者需要自觉拥有生命自觉

教育者先受教育，育人者先育己，育己者育人。要培育学生的生命自觉，首要问题是教师自身有没有生命自觉。

教师的生命自觉，体现在对培育学生生命自觉这一价值取向的自觉体验认知和自觉实践。具体表现为，他不会在教育发生障碍或者出现失败之时，抱怨生境，将责任推给生境，他会从容地通过种种调整，重建教育和生境之间的关系。教师的生命自觉还体现在自主自觉的学习和研究上，也就是他努力通过教育教学，自觉完善自我，创造自我，实现自我的生命价值的提升，从而把教育的过程变成同时培育学生生命自觉和自我生命自觉的过程，变成滋养学生生命和自我生命的过程。

【阅读】

生命之短暂

使生命丧失意义的事情，不仅包括痛苦，还包括死亡。我总是不厌其烦地说，生命中真正短暂的是潜力，一旦潜力得到了实现，那么在实现的那一刻它就成为现实。它们被保存下来，成为历史，在那里它们得到了救赎，免除了短暂性。因为在历史中没有什么事情的失去是不可挽回的，所有的事情都无一例外地得到保存。

这样，我们存在的短暂性并不会使存在变得没有意义。但它的确构成了我们的责任，因为一切都取决于我们是否意识到必定短暂的可能性。人们总是在多种现实可能中做出选择，哪些可以不予理会，哪些应当努力实现，哪个选择一旦成为现实就变成了"时间驿站中不朽的印记"。在任何时候，人都必须决定哪些可能性将成为他存在的纪念碑。

通常，人们只想到短暂性本身，而不去想它之前有过的丰富果实，他曾经历的快乐和痛苦，曾经做过的许多事情。那一切都不会被否定，也不会被忘却。我应该说，"曾经存在"是最为确定的一种存在。

意义疗法因为牢记人类存在的短暂性，所以不是消极悲观的，而是积极向上的。我们形象地表达这个意思；悲观主义者好比一个恐惧而悲伤地看着墙上的挂历每天都被撕掉一张，挂历越变越薄的人；而积极地应对生活问题的人好比一个每撕掉一张就把它整整齐齐地摞在一起，还要在背面记几行日记的人。他可以自豪而快乐地回忆日记中所记下的所有充实的日子，那些他曾经有过的全新生活。即便他意识到自己老了，那又有什么关系呢？他没有必要嫉妒年轻人，更没有必要为虚度的青春懊悔。他为什么要嫉妒年轻人呢？嫉妒年轻人所拥有的可能性和潜在的远大前程吗？"不，谢谢你"，他会这么想，"我拥有的不仅仅是可能性，而是现实性，我做过了，爱过了，也勇敢地承受过痛苦。这些痛苦甚至是我最珍视的，尽管它们不会引起别人的嫉妒。"

第六节　死亡意识教育

在死亡面前，我们充满着敬畏，正如敬畏生命一样，正是死亡使人们更执着于生命的价值和意义，更珍惜眼前瞬间的生命感受，正是在死亡的"逼迫"下，人们才能无畏地上演着一幕幕生命的辉煌篇章。死亡意识教育旨在通过对学生传达适当而确切的有关死亡的知识，从生理、心理、文化、哲学等方面让学生了解死亡是怎么一回事，从而形成合理而合意的死亡观，强化死亡意识，增强克服死亡恐惧的能力，勇于承担死亡、超越死亡，不断提高死亡品质，由死观生，自死得生，真正明白人何所生、何所为，真正明白幸福与痛苦、快乐与悲伤的意义，真正明白自己的生命缺乏什么、需要什么，从而做出合理的自我定位，自觉地筹划人生，最终达到生命品质的不断提升、生命价值的完满实现。

人类正是在不断地思索生命问题、不停地探究死亡问题的过程中努力提高自身的生存品质和死亡品质的。如何让作为人类未来与希望的青少年明了死亡的本质，如何生得有意义有价值、死得有尊严有条理，如何在有生之年活得幸福、快乐，如何面临死亡时走得从容坦然……死亡教育义不容辞地应当承担起这一重任。

一、识读死亡

1. 生死互渗：中西方终极视域的交融

人，孰能无死？茫茫宇宙，万物枯荣，有生必有死，死，是整个生命世界的本质。虽为"万物之灵"，"死"仍是人最终的、无可逃避的宿命。但是，人并不只是消极地承受死亡，作为有自觉意识的生灵，人不断地意识到死亡、思考死亡，探寻死亡的本质、死亡的价值，并试图通过各种渠道去克服死亡恐惧、推迟死亡的到来、超越死亡，于是便有了原始神秘主义的宗教迷信、图腾崇拜，以及伴随人类文明发展而逐步成熟的宗教、哲学。在漫长的历史长河中，人类不断地积累死亡智慧、生存智慧，不断地提高死亡品质和生命品质。

在中国几千年的历史发展中，儒家成为主导中国的主流思想文化，因此，儒家的死亡观念也成为中国人占主导地位的死亡观念。所以，中国数千年中的丧、葬、祭祀等死亡礼仪，是儒家文化处理死亡问题而形成的死亡意识在现实生活中的外在显示。这对于中国人缓解生死矛盾，达到心理与情感上的平衡，减轻生者对于死者的悲痛之情，减轻人们精神世界的恐惧，达到死与生的统一起到了积极的作用。儒家通过一整套丧葬仪式，超越死亡，把人们注意力留给生者，同时，通过丧葬仪式的内在规定性，把人们的精力集中在以"仁"为中心的伦理观念及道德实践层面上来。

对于生死关系和死亡问题，西方文明几千年来也不断地进行着追问、探索，形成了独具特色的西方死亡智慧。被称为希腊第一个哲学家的泰勒斯认为"水"是万物原始的要素，中心思想是"万物流转"，其生死观念是世界万物都有生命，生死也正是"万物流转"中的自然转换。德谟克里特认为万物本质是"原子"，死亡是自然肉体的解体，是原子的崩离分解。德谟克里特强调逃避死亡的人，恰恰是在"追逐死亡"，因为他们患得患失。苏格拉底强调为了在死前反省无憾，生时便要努力求善，问心无愧。柏拉图称"哲学是死亡的练习"，这是人为哲学是追求真、善、美的过程。从这个意义上讲，人只有在毕生追求真、善、美的过程中，自始至终"生死以之"地努力，才可能达到理念界的至真、至善、至美。斯宾诺莎认为，对生的善行全力以赴，便是超脱死亡阴影的根本途径。黑格尔强调死亡是对生命的"扬弃"，正是死亡的否定性才更提升了"生命"的内涵与意义，是"生"与"死"在正反相对、扬弃上升之后的"合"。海德格尔从存在论的角度分析了此在——人，这个特殊存在者的存在状况，展开了人的生存的复杂性。

2. 中西方死亡认识之比较

"重生忌死"是中国传统文化的核心。中国传统文化的死亡意识有既超脱又积极的态度，孔子所说的"不知生，焉知死"、周易所说的"天行健，君子以自强不息"等都是这种精神的体现。儒家强调"苟日新，日日新，又日新"的日新盛德，这与黑格尔的看法是一致的，也就是说，若葆有生命的活力，不仅要强健身体，也要强健精神。中国人走的是一种内在的超越之路，把人的重点放在"生"的方面，希望人们尽可能把握住现有的生存，并使生存变得更有意义。表现死亡时也尽可能写得含蓄、蕴藉，想冲淡、缓和死亡的恐惧、悲哀和痛苦，尽量让死变得超脱与旷达，呈现出优美、和谐的美感。

西方人都喜欢强化死的恐惧和美化死亡，以唤起悲伤和痛苦的情感反应和灵魂拯救的快乐。通过肉体的磨难显示出精神的高贵。在与命运抗争中获得人的尊严和崇高的人性。这些就形成了一种崇高壮美的风格，是走向外在的超越之路。西方哲学尤其是存在主义的死亡哲学，更是大胆直面死亡，重新认识死亡的意义。海德格尔告诉我们，死亡对人是如影随形的东西，人的一生时刻都会受到死亡的威胁，人不论怎样求生都免不了一死，死亡会使个人存在变得根本不可能，这就促使人们认真思考自己的存在。由于死亡是人存在的一种最本真最突出的可能性，因此，尽管人们对死亡充满畏惧，但仍应该坚定地把死亡"承担"起来，"先行到死"。死亡是每个人必须自己承担的，死亡尽管是一种不幸，是难以承受的人生痛苦，但它又是人类存在的一种确定。只有敢于面对死亡，才有可能意识到活着的价值。

面对死亡的威胁，各个民族都会反省应对死亡的意识，并由此获得一种精神上的慰藉。无论东方还是西方在认识死亡意识上都注重强调它积极的一面，强调它对实现生命意义和价值的一面。几乎所有的思想或哲学体系，都主要是从这种目的出发，以帮助人们培养反省的理性、合意的死亡意识。中西"道"并行而不悖，并育而不相害，他们共同构成了殊途同归的互补关系。

二、死亡意识与死亡意识教育

1. 死亡意识的意蕴

死亡意识是对死亡此在的意识，是对现实死亡此在的一种文化把握。它既有反映死亡的一面，又有主动认识、超越死亡的一面。死亡意识就是对包括自己在内的人的生命的有限性的认识；就是对个体生命的珍视，对他人生命的尊重；就是对人的灵性生命的探索，对超越优先、趋向永恒的渴望与追求。广义而论，死亡意识就是关于死亡的感觉、思维等各种心理活动的总和，既包括个体关于死亡的感觉、情感、愿望、意志、思想，也包括社会关于死亡的观念、心理及思想体系。死亡意识迫使人们去关切自身生命的价值和意义，从而使人坦然地直面死亡，克服死亡恐惧，超越死亡，创造人的意义和价值。

死亡意识是个深切的人生问题。不只是中老年人，就是青年、儿童对死亡也有自己的意识，只不过从小到老有着不同的关注方式。在儿童期，儿童往往提出类似"人从哪里来，又到哪里去"的问题。在儿童的死亡意识中，死亡是可以逆转的，就像做梦一样。到了少年期，人开始因无法永生而感到悲哀。青年人否定死亡，很多人认为死亡是可以战胜的。中老年则表现出对于生命的极度留恋和对死亡的深度恐惧。通过对外部世界各种死亡现象的观察与归纳，人们最终形成各种各样的死亡意识。人的死亡意识的发展大致分为四个阶段：死亡的惊诧期——从对死亡及其本性的奇异、疑惑和震惊中产生了古代的死亡意识；死亡的渴望期——把死亡看作人实现"永生"、回归到神的必要途径，在中世纪，由于人们对宗教的狂热，把死后天国生活的渴望转嫁到对死亡的渴望上；死亡的漠然期——人类把"热恋生存，厌恶死亡"作为人的天性；死亡的直面期——人们不再漠视和回避死亡，而是"直面死亡"，面对着死亡去积极思考人生和筹划人生。总之，死亡意识是对有限生命的自我意识，是对感性存在的有限性领悟，它迫使人们去关切自身生存的价值和意义。

人的死亡意识不是在弥留之际才感受到，而是每一个人在生命的过程中难以避免的意识。生的价值正是因有死亡的存在才得以显现的。人生的许多追求和理想，是因为有了死的存在才生长起来的。因为死亡在前面等待着你，你才会感到生命苦短，才想到要抓紧时间做点事情，不断勉励自己，激发创造精神，所以，死亡意识的产生便是生命意识的觉醒。在所有的动物中，只有人类是能够清醒地意识到死亡的存在，但也是因为意识到死亡这一巨大阴影的存在，人类才能克服死亡恐惧，超越死亡，更自觉地从事着伟大的创造。

2. 死亡意识的价值

人活着就应该留下奋斗的轨迹。人走奋斗之路，往往不是那么舒坦惬意的，是要与艰辛、苦难打交道，需要做出很大牺牲。所以，不少人对此退避三舍，熄灭了理想之火、奋斗之歌。而社会文明的进化又恰恰需要无数珍惜生命提升人生价值的奋斗者的劳动。一个社会采取积极人生态度的奋斗者越多，社会发展的步伐才更快。人们面对死亡不是被动地哀怨与顺从，而是主动的抗争和周旋；不是拜倒于命运之下，自甘命运的摆布和嘲弄，而是力图凌驾于命运之上，做命运的主人。虽然人最后都要死去，最终会以失败而告终，但正是这种经历过抗衡的失败才给人以巨大的心灵震撼，从而激发起人们对生命的价值感和崇高感的无限景仰。我们应大力弘扬一种死亡观：珍惜生命、关怀生命、善待生命，享受生命之乐，体悟生命之趣，让生命更滋润、更光彩。同时还要求人们把有限的生命投入到无限的创造之中，最终实现人的不朽。

作为"万物之灵长、宇宙之精华"，人类是有意识的存在，人能意识到自己的死亡、意识到自我唯一的短暂的一生、意识到生命的不完善性。人的存在之最高境界是追求生活的意义和生命的价值。人在其一生中生命的意义就在于理解死亡，只有正确地对待死亡，向死而生，超越死亡，走向不断地创造，才能实现自身的意义和价值。只有我们每个人都具有一种浓厚的死亡意识，仔细地去冥思死亡，去坦然地面对死亡，才能不断地排除我们自己身上惧怕死亡的东西，创造永恒并赋予我们的生命以永恒的意义；才能有生存的勇气，敢于把自己的生命承担起来，全身心的投入生命的创造中去。死的意义不在于它是一个实在的死，而在于它震动了终有一死的人的心智，使人对自己应该认识和思考什么有所醒悟。超越死亡的追求对人生而言是十分重要的。一个没有超越死亡的追求者，在现实生活中非常容易沦入无所事事、无所作为、无所用心的状态；而超越死亡的追求者，则在自我的生活中目标坚定、积极进取、力求有所作为、有所创造。因此，当我们从死亡的恐惧中摆脱出来，并意识到死亡也有它的意义与价值之后，我们就必须超越死亡的羁绊，使我们的人生更有方向，内蕴更为丰富，生活更加辉煌。

3. 死亡意识的功能

对死亡的超越只有在"意识世界"中才能实现，勇敢地直面死亡并承担本己的死亡，领会本己的"向死亡存在"，以"畏"死的勇气去"无畏"地生存，才能在对真理与永恒的孜孜追求中获得面向死亡的自由与超越。以立德、立功、立言获得生命的延续和生命意义，是中国人基于理性自觉而确立的人生理想。这种超越死亡的意识一旦确立便把人对死亡的恐惧，转化为对生命永恒的追求。古往今来，无数仁人志士杀身成仁、舍生取义，就是为真理的信念而死，超越了个人生死的利害，形成了坚定的真理信念。因此，对真理的追求就是对死亡的超越，它也是人的本质、人的使命和人生的意义的体现。

人和动植物一样，都要经历自然生命由生到死的过程，但人与动植物的不同之处在于人有死亡意识，人能够清醒地意识到自己的有限性，并力图将更多的生命内容注入这一过程之中，让这些生命内容在生命过程终结之后，仍存在下去并为其他生命共同分享，从而使有限生命过程所容纳的全部生命内容产生无限的价值与意义。人在强烈的死亡意识驱使下，通过艺术创造，试图超越死亡。古今中外，无数艺术家为了超越死亡，以常人难以想象的热情，执着于创作。死亡意味着生命的解体，艺术却是人类伟大的表征，理想给了人类超越现实和战胜死亡的勇气。艺术超越现实生活，突破文化屏障，让人们直接领悟存在本身。艺术是对现实的批判，它克服了认识的局限，使人获得自由的意识，通过对现实人生缺陷的解释和现实世界的批判，引导人们面对死亡，追求更加美好的人生。可以说，艺术的真正诞生地是死亡，没有死亡，人们就不会追求艺术，没有死亡，人类便也不用创造艺术世界来弥补现实人生的遗憾。

4. 死亡意识教育

生命教育的目的在于引导人们，特别是青少年正确认识人的生命，培养珍惜、尊重、热爱生命的态度，增强对生活的信心和社会责任感，树立正确的生命观，促使其善待生命、完善人格、健康成长。死亡意识教育是生命教育的重要组成部分，也是实施生命教育的前提。作为生命最终极可能性的死亡，规定了人"向死而生"的本真的生存方式——先行到死，在生与死的"和谐"与对抗的悖论中追求生，向无限的可能性开放自身，是"不满足于当下而努力去追求无限可能性的生活方式"。死亡意识教育旨在引导青少年对死亡作生存论上"悬临"的理解，领悟"向死而生"正是人的本真生存，从而勇敢地、积极地直面死亡、承担死亡，以"畏"死的勇气获得在死亡面前的自由，更获得生命的自由和尊严。

基于对人的生命、死亡特性的理解，以及有关生死关系的意识和观念的把握，死亡意识教育自觉地将引导青少年去认识死亡、接纳死亡、超越死亡，以达生命价值的实现的终极关怀纳入自身的体系，自觉地肩负起培养青少年形成正确的死亡观、生命观的重任。可见，死亡意识教育就是生命教育题中应有之义，是从另一维度对生命的观照，二者有着不可分割的有机联系。

长期以来，我国的传统观念对死亡一直都是非常忌讳的，所以，人们与青少年谈理想、谈未来，却很少谈生死。由于死亡意识教育的缺失，青少年对死意味着什么，缺乏最常识的了解和思考。青少年正处于长身体、长知识的阶段，身体发育比较快，心理素质脆弱，心理承受能力差，心理健康状况易发生异常。青少年死亡品质低下反映到人生观、价值观，则是在物质至上、功利主义、享乐主义肆虐的社会现实中迷失方向，不思进取，随波逐流，不珍惜自己有限的生命，不懂得生命的意义在于自我价值的创造、自我存在意义的实现，生命的意义与价值被驱逐出精神家园。对死亡的无知使有的青少年在死亡面前表现出极端的害怕、恐惧，面临死亡的威胁往往不知所措，没有较强的自救意识，不懂得具体的自救方法，使很多本可以避免的悲剧令人心痛、令人遗憾地发生；而有的青少年则极端漠视死亡，漠视生命，好勇斗狠，寻求刺激，根本不把死亡当作一回事，不珍惜自我的生命，更冷酷地对待他人生命。

5. 死亡意识教育之建构

教育的最终目的在于使生命个体得到全面而充分的发展。教育直面人的生命、关注人的灵魂，强调追求人生的意义和价值。在我们的教育中，更应该向大学生传授有关死亡知识，培养正确的死亡意识，使大学生注重关爱自己及他人的生命，认识到生命的宝贵，超越自我，实现完美人生。

死亡意识教育一方面要教育学生认识死亡，识读死亡，并告诉他们思考死亡是为了更好地生，让大学生明白人的生命只有一次，具有唯一性和不可重复性。因此，要时时、处处、事事维护人的生命、保护人的生命、尊重人的生命、珍惜人的生命。另一方面，要教育大学生提升生命，创造生命的价值。死亡意识教育不仅仅是引导大学生爱护生命、珍惜生命，也不仅仅是欣赏生命、享受生命，更重要的是要提升生命，完善生命，创造生命的价值和辉煌，实现生命的超越和不朽。因此，死亡意识教育要让大学生达到一种"本真生存"状态，更加珍视本真的人生。

我们每一个人都有一种对"死亡"的恐惧，可是死亡又是每个人必然的归宿。那么，我们就不得不坦然地面对死亡。死亡是每个人逃脱不了的，我们都恐惧它，害怕它。那么，如何消除死亡恐惧，能使我们更加感受到人生的幸福呢？一方面，要教育学生破除迷信，消除对死亡的恐惧。面对人的生死问题就像我们坦然面对花开花谢、春夏秋冬的自然现象一样，不必恐惧。面对亲人的死亡，要引导学生适度地表达哀思。人非草木，孰能无情？对亲人的死亡无动于衷非人所为，伤心欲绝亦不可取。教学生如何从亲人死亡的阴影中振作起来，以及如何适度地表达对死者的关怀与尊重，从而更加惜福感恩，这是死亡教育的重要内容。另一方面，要教育学生坦然面对死亡、探究死亡。坦然地面对死亡、探究死亡是为了去求得死亡所蕴含的深刻的人生哲理，由思想意识上的"先行到死"来深刻地体验死亡，由对死亡的思考来为自我的人生确定方向、确定意义、确定价值，从而才能主动地战胜死亡恐惧。

我们在开展死亡意识教育时，就是要让学生明白：每一个个体生命是存在差异的，要使学生懂得欣赏差异，尊重个体之间的差异，不要因别人的一点一处的缺陷而取笑别人。人的个性成长的过程，也是生命表现生成性、创造性的过程。要使学生学会尊重生命、关爱生命、向死而生，任何漠视生命、窒息生命、压抑生命、残害生命的行为，都是对个性生命的压抑和束缚。

培养学生的死亡意识教育离不开挫折和苦难教育。死亡意识教育就是要引导青少年认识苦难和挫折是生命的一部分、是无法回避和选择的，生命只有在战胜苦难中才会有乐趣、才会有生机。所以说，忧患意识的培养离不开死亡意识教育。死亡意识教育就是要透过对死亡的了解，培养学生的忧患意识，使学生看到生命之有限，从而更加珍惜生命、热爱生命、提升生命的意义和价值。

死亡意识教育的出发点是让学生珍惜自然生命，丰富价值生命，升华超越死亡，活出人的意义来。生命就像一张风光无限的单程车票，对于一去不复返的生命，我们要引导学生频频驻足流连，满怀深情地体味生命的意蕴、追求生命的意义、创造生命的价值，在有限的生命中，活出一个有意义、有价值、有诗意的绚丽人生来。死亡是每一个自然生命的终结，是人生意义的毁灭者，通过死亡意识教育，让人们意识到死亡不仅可以为人类提供意义的源泉，而且还可以为活着的人们呈现出具有创造性的意义。死亡意识源于人对生命的感悟。对生的留恋和对死的拒斥，使死亡意识成为个体思考生命的一种本能。对学生进行死亡意识教育，使他们认知到自己生命珍贵的同时，懂得尊重他人生命；使他们意识到人的死亡是生命的必然归宿，意识到人的生命的有限性，才能使人自觉地寻求生命存在的价值和意义。

生命的价值要求人们必须关注生命、热爱生命和珍惜生命。站在人生的终点观察人生，只有"由死观生"，人们才能真正察觉自我的生命缺少了什么，人生中应该去追求什么，从而更加珍惜生命，善待人生。

【阅读】

一次有意义的对话：父亲和儿子谈生死攸关的问题

15 岁的比尔悄悄地把杰克的车开出去兜风，然后又把车完好无损地放回了车库。和比尔一起去兜风的还有杰克 14 岁的女儿伊娃以及他们的朋友戴维。后来，杰克的女儿把这件事和她父亲说了。接着，比尔的父亲也知道了这件事。以下是比尔和他父亲的对话。

父亲："我听说，你、伊娃还有戴维，没有和杰克打招呼，就把他的车开走了？"

比尔："我们没开他的车。"

父亲（提高了嗓门）："不要和我撒谎，这对你没什么好处！"这时，他意识到，为了倾听孩子，他需要先了解自己的感受和需要。"你坐在那等我一下。我需要好好想想。"他静下来体会自己。他发现自己又气又怕。他生气是因为他和自己说："比尔应该懂事点！""他变成了骗子！"他害怕不仅是因为他想到孩子的行为隐含着危险，而且是因为对孩子缺乏了解也可能带来严重后果。"我真是个笨蛋，居然以为他很懂事！""万一出事怎么办？"这时，他对自己说："哦，我需要把'笨蛋'和'骗子'这样的标签解读为感受和需要。自己被说是'笨蛋'，我猜我的感受是失望，因为我希望能够信赖自己的判断力。至于'骗子'，我很害怕，因为我看重诚实与安全。"在沉默中，他考虑如何开展与孩子的对话。

父亲："比尔，你是不是担心，说出事实，你就会受罚？"

比尔："是的。只要我做你不喜欢的事，你就凶得很。"

父亲："你的意思是说，你需要理解和尊重？"

比尔："废话！我当然希望你肯理解我、尊重我。"

（父亲在心里念叨着："他这样说话，气死人了！他不知道我正用心和他沟通？他感觉不到我在担惊受怕？现在，我也很需要尊重和体贴。"）"听起来，你很担心，不管你说什么，我都听不进去？"

比尔："你会听吗？一有什么事，你就想动粗。另外，那车的事有什么要紧呢？即使我们真的把车开走了，有人受伤吗？车坏了吗？有什么好大惊小怪的。"

父亲："你是担心，如果你承认你开走了车，你的下场会很惨？除非能够信任我，有些话，你就不方便说？"

比尔："是的。"

父亲（沉默了片刻，给彼此时间体会刚才的对话）："我怎么做，你才会放心？"

比尔："向我保证，你再也不会惩罚我。"

父亲（意识到惩罚不仅无法提醒比尔留意他的行为可能的后果，而且还会使父子关系更加疏远，他表示愿意考虑孩子的请求）："如果你愿意谈下去，我就会考虑你的请求。也就是说，我们继续谈话，直到我能确信你已经意识到你的行为可能会有什么后果。不过，在以后，如果我不清楚你是否已经明白你的行为隐含的危险，我也许会阻止你——但这只是为了保护你。"

比尔："哦，太好了！我这么蠢，为了保护我，你不得不强迫我，呵呵，好极了。"

父亲与自己的理智失去联系，他对自己说："我恨不得杀了这小子……他居然这样和我说话！看来，他一点都不在乎我的感受……该死，我现在的需要是什么呢？我这么努力，我是多么需要尊重和体贴啊！"

父亲（大声嚷道）："比尔，你知道，你这么和我说话，我烦透了。我耐着性子和你说话，你却那样回答我……你还想和我谈下去吗？"

比尔："无所谓。"

父亲："比尔，我真的想听你的心里话。我不想像过去那样指责你、惩罚你。不过，刚才听到你说'我这么蠢，为了保护我，你不得不强迫我，呵呵，好极了'，我差点就控制不住自己。也许，你愿意帮助我。我的意思是，如果你希望我倾听你，那就请帮助我了解你的想法。如果你不愿意，我只好用老办法来处理这件事情。"

比尔："什么老办法？"

父亲："用老办法，我到这时大概早已告诉你，'在接下来的两年里，不许你看电视，没有零花钱，不准外出约会，等等'。"

比尔："哦，也许你不妨先试试新办法。"

父亲（带点幽默）："很高兴你还有自我保护意识。现在，我想知道，你是否愿意和我坦率地交流，包括你的弱点？"

比尔："弱点？什么意思？"

父亲："也就是请你告诉我，对我们说的事情，你是怎样的感受？当然，我也会告诉你我的感受。（坚定的语气）你愿意吗？"

比尔："好吧，我试试。"

父亲（有点宽慰，叹了一口气）："谢谢。你愿意试一试，我真的很感激。你知道吗？杰克规定，伊娃在三个月内什么活动都不能参加？听到这个消息，你是什么样的感受？"

比尔："这太不公平了！"

父亲："我想知道你的感受。"

比尔："我已经说了，这太不公平了！"

父亲注意到比尔没有提及自己的情感，他决定猜一猜。"她因为犯错受了这么重的惩罚，你感到难过，是吗？"

比尔："不，不是这样的。我认为，她根本就没错。"

父亲："她因为响应你的提议受了惩罚，你是不是有些不安？"

比尔："是的，是我叫她上车的。"

父亲："看到你的决定对伊娃的影响，你似乎有些伤心？"

比尔："也许是吧。"

父亲："比尔，我真的希望你能意识到你的行为产生的后果。"

比尔："我当时没有想清楚会有怎样的后果。但我确实把事情搞得一团糟。"

父亲："我希望，你注意到你的行为后果不符合你的期待，而不是指责自己。请告诉我，对于把杰克的车开出去兜风这件事，你现在是什么样的感受？"

比尔："我觉得我真蠢，爸……我并不想伤害任何人。"

父亲（试图了解比尔的自我评价所反映的感受和需要）："听起来，你很伤心，也很遗憾。因为你需要信任——你无意伤害任何人。"

比尔："是的，我并没想到这件事会带来这么大的麻烦。我真的没想到。"

父亲："你是说，你希望自己在做这件事之前，能够仔细想想可能会有什么后果？"

比尔沉默了片刻，体会他父亲说的话。

比尔："我想是的……"

父亲："现在，我想谈谈我的感受，你开车出去，我怕极了，因为你们的安全对我特别重要。我想请你答应我，熟练掌握车技、拿到驾照以后，再开车出去好吗？"

比尔："你这次真的不会惩罚我吗？"

父亲："如果你意识到你的行为潜在的危险，并知道保护自己和同伴，我就放心了。为什么要惩罚你呢？"

比尔："你还会支持我学车吗？"

父亲："当然。我只是希望你熟练掌握车技、拿了驾照，再自己开车去玩。"

比尔："好的。我答应你。实际上，我也知道安全很重要。"

父亲："听你这么说，我很欣慰。你是否愿意告诉杰克你刚才和我说的话？这样，他可能就会放心一些。"

比尔："哦，那太可怕了。他会发疯的。"

父亲："是的，他可能会那样。不过，你愿意为你的行为负责吗？我喜欢杰克，我珍惜我们的友谊，而且，我相信，你也珍惜你和伊娃的友谊，是这样吗？"

比尔："她是我最好的朋友之一。"

父亲："那我们一起去见他们好吗？"

比尔（不太敢去）："哦，那好吧……"

父亲："你是不是有点害怕？去他家时，你希望能有安全感？"

比尔："是的。"

父亲："我们一起去。我会陪伴你、支持你。你愿意去，我真的特别高兴。"

第七节　走向生命美的教育

一、生命美的意义

生命美是在一定历史条件下对具有一定意义的符合人性的、人道的、伦理的、文明的、有价值的、让人产生愉悦的情感、高尚情操和健全人格行为的完成和向往。人的生命是由物质生命、精神生命和社会生命三个方面构成的。人的生命本质属性基于人性中真、善、美的锻造，是对生命价值与意义的积极实现和追求。人的生命不能仅仅停留在物质层面，更重要的是要有高尚的精神层面。人之生命应真实自然、和谐完美、自由洒脱、豪迈奔放，充满灵性与创造，充满人性与崇高。生命美是生命求索的一面旗帜，是人之生命不断超越的动力源泉。生命美是对有限生命的无限眺望，是生命理想不绝之源。生命美关涉个体生命，关涉仁慈、爱心、自由、超越性；生命美在阐释自由中超越自我，提升人的精神境界。生命美是生命怀着乡愁的冲动去寻找精神家园，是源于对生命自身困惑的求解和生存意义的探询，是人类精神家园的守望者。生命美是生命超越的力量之源。人类因为有了生命美，生命之树方可常青，生命之花才能永不凋谢，生命才能朝气蓬勃、生机盎然，生命才有可能硕果累累；因为有了生命美，生命的迷途才能山重水复、柳暗花明，生命的天空才会阴霾扫尽、艳阳一片，生命才能化曲折为坦途。

二、生命美教育

生命美教育是以生命美为导向，以陶养和实现生命美为目的的教育。生命美教育是实现生命理想的教育，也是探寻生命意义和价值的教育，是让人知道"人为什么活着"的教育。生命美教育寓于所有的教育、教学当中，贯穿人生命的始终。它从完善生命的高度，直指生命的意义世界，关注生命的终极价值。生命美教育使人们在接受审美教育的时候，人的心超越了外在于他的纯粹的理性，回到了血肉之躯，回到了他的生命本体，毫无间隔地感受着、体验着他的生命存在。在这个过程中，主体获得自由舒畅之感。因而，生命美教育有唤醒生命，激扬生命，净化生命，完善生命的功能。

生命美教育旨在形成健康心理品质、引导高尚道德生活、培育崇高信念的教育。倡导并实施生命美教育，既是为适应当代社会发展提出的合乎人性的要求，也是解决现代人精神困惑的必然选择。生命美教育是以陶冶精神、净化心灵、提升境界和完美人生为宗旨的教育。生命美教育是以生命美为核心，以承认不同禀赋、性格和能力的差异为前提，通过各学科综合实施的教育，挖掘生命美的因素，唤醒生命美的意识，开发人的生命潜能，激发人的生命活力，提升人的生命境界活动。生命美教育的过程是陶养、提升生命质量的过程，它让生命张扬个性、享受着自由、追寻着意义、超越着有限、追求着生命的升华。

生命美教育是生命和谐发展的需要。因为和谐的生命不仅有强健的体魄，更要有崇高的精神生活。而生命美教育就是关注人的精神世界，关注人的信仰、爱，关注人的个性、智慧和创造，关注人的和谐发展和超越性。生命美教育不仅是狭隘的音乐、美术教育，而是一种综合性的、融合式的、超越主客对立的、旨在提高人的精神境界的一种大教育，它寓于所有的教育教学中，并且贯穿人的生命发展的始终。

爱美之心，人皆有之。美是宝贵的人文教育资源。生命美教育是教育的一种境界，一种理想，它主要关注人的精神层面。其意义在于它为教育研究提供了新的视角，拓展了新的空间，注入了新的内涵，增添了新的活力。它为现实的教育提出了新的目标和追求，为教育实践指明努力的方向，为教育实践者提供无穷的动力和源泉。虽然生命美教育还是一种稚嫩的教育思想，但它毕竟发出了一声呐喊，这呐喊如能引起全社会有识之士对生命、对教育的关注，我就感到欣慰了。最后，愿高瞻远瞩的教育专家、学者和耕耘教育第一线的实践者们携起手来，共同努力，共同奋斗，以实现我们教育的真正使命——让生命不断完善的走向完美与超越，让教育在传授知识、教人生活的同时更重要的是关注、提升人的精神境界。这正是生命美教育的价值和意义所在。

【阅读】

心理养生四要素

专家预计：心理养生将成为 21 世纪的健康主题。所谓心理养生，就是从精神上保持良好状态，以保障机体功能的正常发挥，来达到防病健身、延年益寿的目的。

善良是心理养生的营养素。心存善良，就会以他人之乐为乐，乐于扶贫帮困，心中就常有欣慰之感；心存善良，就会与人为善，乐于友好相处，心中就常有愉悦之感；心存善良，就会光明磊落，乐于对人敞开心扉，心中就常有轻松之感。

总之，心存善良的人，会始终保持泰然自若的心理状态，这种心理状态能把血液的流量和神经细胞的兴奋度调至最佳状态，从而提高了机体的抗病能力。所以，善良是心理养生不可缺少的高级营养素。

宽容是心理养生的调节阀。人在社会交往中，吃亏、被误解、受委屈的事总是不可避免地要发生。面对这些，最明智的选择是学会宽容。宽容是一种良好的心理品质。它不仅包含着理解和原谅，更显示着气度和胸襟、坚强和力量。一个不会宽容、只知苛求别人的人，其心理往往处于紧张状态，从而导致神经兴奋、血管收缩、血压升高，使心理、生理进入恶性循环。学会宽容就会严于律己，宽以待人，这就等于给自己的心理安上了调节阀。

乐观是心理养生的"不老丹"。乐观是一种积极向上的性格和心境。它可以激发人的活力和潜力，解决矛盾，逾越困难；而悲观则是一种消极颓废的性格和心境，它使人悲伤、烦恼、痛苦，在困难面前一筹莫展，影响身心健康。

淡泊是心理养生的免疫剂。淡泊，即恬淡寡欲，不追求名利。清末张之洞的养生名联说："无求便是安心法。"当代著名作家冰心也认为："人到无求品自高。"这说明，淡泊是一种崇高的境界和心态，是对人生追求在深层次上的定位。

有了淡泊的心态，就不会在世俗中随波逐流，追逐名利；就不会对身外之物得而大喜，失而大悲；就不会对世事他人牢骚满腹，攀比嫉妒。淡泊的心态使人始终处于平和的状态，保持一颗平常心，一切有损身心健康的因素，都将被击退。

【拓展活动一】

问与告诉

目的：让学生们看到，如何将问题行为作为教给他们希望自己所具备的品格和生活技能的机会。

步骤：

（1）让一名志愿者角色扮演一个学生，另外16名志愿者角色扮演老师。

（2）将"老师"们分成两列，8人一列。其中一列的8名"老师"告诉学生去做什么，另一列的"老师"问学生问题。

（3）让"学生"逐一走过告诉的"老师"队列。这个"学生"站在每位"老师"面前，听他或她说，而不做任何回应。这个"学生"只需注意自己的想法、感受和决定。

告诉的话：

①你知道你应该在上课前将你的书和家庭作业准备好。

②在课间休息时，别忘了带你的外套，一定要穿上——外面冷！

③如果你没有在课堂上完成作业，你课间休息时就不能出去，直到做完为止。

④在离开教室前，把你的作业收起来，把图书放到架子上，要收拾干净！

⑤你为什么就不能像某某那样安静地坐着呢？

⑥别再发牢骚和抱怨了！

⑦好啊！这是谁引起的？

⑧你因为在课堂上说话，得了个红卡。

（4）在听了这些话之后，让这个"学生"说说自己的想法、感受和决定。然后，让这个"学生"看看品格和人生技能的清单（见附件），并问他或她是否学到了这个清单上的任何品质。答案几乎总是"没有"。

（5）然后，让这个"学生"依次走过问问题的那一列"老师"。"学生"站在每位"老师"面前，听他或她说，而不做任何回应——只需注意自己的想法、感受和决定。

问话：

①为准备好上课，你需要带什么？

②如果你想在课间休息去外边时保暖，你要穿什么？

③你打算怎样在下课前完成作业？

④要在离开教室前收拾好你的课桌和教室，你需要做些什么？

⑤谁能让我看看当我们准备好上课时，应该怎么坐？

⑥你怎么对我说话才能让我听清你在说什么？

⑦你们两个怎么解决这个问题？

⑧我们是怎么约定在安静时间不能打扰别人的？

（6）在听了这些话之后，让这个"学生"说说自己的想法、感受和决定。让这个"学生"再看看品格和人生技能清单，问他或她是否学到了清单上的任何品质。答案几乎总是"学到了绝大部分"。

附：

品格和人生技能清单

- 健康的自尊　　　・合作　　　・共情　　　・同情心
- 勇于承担责任　　・善良　　　・自律　　　・有爱心
- 尊重自己和他人　・诚实　　　・快乐　　　・责任心
- 解决问题的技能　・终身学习者　　　・幽默感
- 自我激励　　　　・适应能力　　　・社会意识
- 对自己能力的信念

【拓展活动二】

犯错误是学习的大好机会

目的：

（1）帮助学生们意识到自己对错误的不健康观念。

（2）与学生们分享有关错误的健康观念。

步骤：

（1）回忆一下你的童年和你的学生时代（或者，让学生们想想他们现在的经历）。想想你听到的那些关于错误的信息，包括说出来的和暗示给你的。将它们写下来。以下是一些典型的信息。

①错误是不好的。

②你不该犯错误。

③如果你犯了错误，你就是愚蠢、坏、无能，或者是个失败者。

④如果你犯了一个错误，不要让任何人发现。如果有人发现了，就要编个借口，即使这个借口不是真的。

（2）基于这些信息，当你犯错误时，你对自己是怎么认定的，或者对该怎么做的决定是什么？一些典型的认定和决定如下。

①当我犯错误时，我就是坏人。

②如果我犯了一个错误，人们就会认为我很差。

③如果我犯了一个错误，就应该尽力不被发现。

④更好的做法是找个借口或者责备别人，而不是承担责任。

⑤如果我知道自己不能将事情做对或做完美，最好不要冒险去做。

（3）向学生们解释，所有这些决定都是关于"错误"的错误观念。跟学生们谈谈他们知道的一个因为试图掩盖自己的错误而使自己陷入困境的人。然后，讨论一下，当一个人承认自己的错误、道歉并努力解决所造成的问题时，别人是多么容易原谅他。

【拓展活动三】

他们知道你的关爱吗？

目的：

提供一种现实的检验，看看学生们多以何种方式互相传递关爱的讯息，传递的频率又是多久？

说明：

研究表明，学生成绩的好坏，很大程度上取决于他们对"老师喜欢我吗"这一问题的认知。

教具：

厚纸、记号笔、胶带。

步骤：

（1）将学生分成3~5人的小组，每组发一张大厚纸和一支记号笔。

（2）每组选一个人做记录。在3分钟之内，用头脑风暴想出向同学表达自己关爱的尽可能多的方式。要把想到的每个主意都记下来。

（3）在3分钟结束后，各小组用胶带将本组的厚纸挂在墙上。每组选一名志愿者，读出他们列出的主意。

（4）以讨论继续这个活动。

你有什么领悟？

对于你跟同学在一起时的行为，你注意到了什么？

对于如何向同学表明你的关爱，你为下周设定了什么目标？

（5）让一名志愿者把各个小组的全部想法在删掉重复的之后，打印成一份清单。发给每个同学一份，用来作为向同学们或亲朋好友表达关爱每天可做的事情的一个提醒。

【拓展活动四】

创作你自己的T恤

目的：

帮助同学们了解自己的独特性，以及别人的独特性。

教具：

胶带、T恤形状的纸片（每个学生1张）

写在黑板上或挂纸上的说明：

（1）在T恤的顶端写上你的名字。

（2）在T恤的中间位置，写一个能描述你的词。

（3）在T恤的其他地方，写上用来描述你的特点和兴趣爱好的话。

（4）在T恤的底部，写上一件大多数人可能不知道的关于你的事情。

步骤：

（1）给同学们10分钟时间来做自己的T恤。

（2）让同学们把自己的 T 恤贴在自己的衣服上。

（3）让同学们组成 3~5 人的小组，并在小组里分享自己的 T 恤。

（4）让同学们在教室里寻找与自己有相似特点和兴趣爱好的同学。

（5）然后，让同学们找出一个和自己没有相似特点和兴趣爱好的同学，并相互问与对方 T 恤上所写内容的有关问题。

（6）在这个活动的最后，问全体同学学到了什么。问一些类似下面这样的问题：

①你们从这项活动中学到了什么？

②你们有多少人发现了一个你想更多了解其兴趣爱好的人？

③你们有多少人找到了与自己有相似的兴趣爱好和特点的人？

④你们有多少人意识到了自己有一项能用来帮助别人的才能？

⑤你们有多少人发现了别人有可以帮助你的才能？

【拓展活动五】

倾听技能之一

目的：

与学生分享有效的倾听技能。

说明：

说通常要比做一个好的倾听者更容易。培养良好的倾听技能需要练习。

步骤：

（1）把学生分成两人一组。选一个话题，比如"我最喜欢的晚餐食物"，或"我喜欢学校的哪些方面"，或"我不喜欢学校的哪些方面"。让同学们在讨论中同时发言。

（2）示意他们停下来，然后，问他们有多少人感觉自己得到了倾听。当同学们表达自己的感受、了解到的东西或决定时，可能会出现热烈的讨论。

（3）问同学们怎么做才能解决所有人同时发言的问题。他们需要怎么做才能成为好的倾听者？

（4）把同学们的所有主意都记在标有"良好的倾听技能"的一张大纸上，可能会有以下几种主意（但是，重要的是让学生们总结出自己的主意）。

①用目光接触（不要眼神游移不定）。

②不打断别人说话。

③经常点一下头，表明你在倾听。

④对别人要说的话要有兴趣和好奇心。

⑤对说话的人保持全神贯注。

（5）把这张大纸挂在教室里。之后，如果同学们没有做到良好地倾听，就让他们从这张大纸上寻找改善的方法。

【拓展活动六】

倾听技能之二

步骤：

（1）让同学们分为两人一组。第一步，一个学生告诉另一个学生自己最喜欢的一个电视节目，而另一个学生拒绝进行目光接触。第二步，前一个学生还在说着时，听的那个学生站起身来走开。

（2）让同学们说说自己对这种体验有什么想法、感受和决定。让那些行为"粗鲁"的学生——即使他们只是在进行角色扮演——为自己不是一个好的倾听者而道歉，并且再试一次。这是同学们了解犯错误没关系，要改正并再试一次的一个很好的练习。这还能帮助那些感觉自己被怠慢的学生恢复自尊，为两人在这个活动的后半段更好地合作做好准备。

（3）两个人中负责说的学生再一次告诉他或她的搭档自己最喜欢的一个电视节目。这一次，在老师的指导下，搭档要认真倾听，并使用目光接触和表明自己感兴趣的身体语言（如身体向说话的学生靠近）。

（4）问同学们对这次经历的想法、感受和决定。

说明：

尽管这只是一次角色扮演，但这个活动的前半部分也会让同学们感到很沮丧。

当同学们表达他们从这些活动中学到了什么时，老师会发现每个人都知道了什么是拙劣地倾听。和同学们讨论倾听技能与班会的成功以及人生的成功有什么联系。

【拓展活动七】

"我"式句

目的：

当人们只谈自己的感受，而不是分析别人时，沟通就会得到改善。这个活动能帮助学生明确自己的感受，并坦诚地将其说出来，这会带来与周围的人更好的沟通。

步骤：

（1）良好的沟通在很大程度上需要用"我"式句。让同学们通过想一个非常开心的时刻来练习"我"式句。

（2）让同学们给下面这句话填空："当时我感到很开心，并且我希望_____。"

（3）然后，让同学们想一个他们很生气的时刻，并给下面这句话填空："当时我感到很生气，并且我希望_____。"

说明：

感受通常可以用一个词来表达。可能让学生们归纳一个感受词汇表，如开心、生气、尴尬、害怕、难过、兴奋等，或者可以制作"感觉脸谱"进行更多的练习。

一旦学生们学会了运用"我"式句的技能，在沟通出现问题时，他们就会有一个参照。例如，如果一个学生正在以指责或批评的方式进行沟通，老师或许可以问他或她："你愿意用'我'式句再试一次吗，或者你愿意寻求同学的帮助吗？"如果这个学生想要得到帮助，就让他或她从那些举手的同学那里选择一条建议。

【拓展活动八】

道歉

目的：

教给同学们如何真诚地道歉。

教具：

蜡笔或记号笔。

说明：

有时候，当人犯错时，他必须在可能的情况下进行弥补，在不可能弥补时至少要道歉。道歉会造成一种情感联结，以便人们准备好一起寻找解决方案。

步骤：

（1）教给学生们，重要的不是犯了错误，而是对所犯错误怎么办。任何人都可能犯错误，但是，只有有安全感的人才会说"对不起"，并在可能的情况下弥补。

（2）让学生们回想一次他们的情感受到了一个人的伤害，而对方毫无诚意地道歉，并言不由衷地说"对不起"的情形。

（3）在教室里，让学生们分为两人一组，相互给对方做出虚伪的道歉。然后轮换，让每个人都有机会给予和接受虚伪的道歉。

（4）用下面的 3S 示范一次真诚的道歉：

①看到问题（See it）；

②说出问题（Say it）；

③解决问题（Solve it）。

例如："我意识到我拿的铅笔是你的（看到问题）。对不起（说出问题）。给，拿我的一只铅笔吧（解决问题）。"

（5）让学生们练习真诚的道歉。

（6）重新分组，并让学生们分享各自的感受。

（7）提醒同学们，他们可以带着一种责任感而不是愧疚，承认自己的错误。

（8）给学生们留出时间，让大家把自己选择轮中的"道歉"部分涂上颜色。

【拓展活动九】

积极的"暂停"

目的：

教给学生和老师，暂停可以是积极的、具有鼓励性的，并且能赋予力量，而不是惩罚。

说明：

人们从哪里得到了一个荒唐的念头，认为为了帮助他人做得更好，先得让他们感觉更糟？学生们（也包括成年人）在感觉更好时做得更好，而不是在他们感觉更糟时。

步骤：

（1）问学生们认为在体育比赛中"暂停"的目的是什么。（他们或许会提到诸如喘口气、重新布阵和提出一个新计划。）

（2）解释每个人时不时都需要暂停一下，因为人们有时都会做出不良行为，并且犯错误。暂停可以帮助他们有一个地方梳理感受、平静下来，然后决定该做什么。要解释不是为了惩罚，而是为了平静下来，直到感觉好起来。一旦感觉好了起来（作暂停的人可以自己决定这个时刻），他便可以重新加入到群体中。

（3）请学生们来设计一个积极的暂停区。由于大多数人很难认为"暂停"是积极的，要让他们在作计划时给暂停区起个名字。（有些学生决定把他们的暂停区称为"冷静的地方"或"好感觉之地"。）

（4）让学生们分成6人一组，给每组一张厚纸和一支记号笔。给他们5分钟时间做头脑风暴，想出"暂停"的理想区域，这里将被设计成让他们感觉好起来的地方。很多暂停区都有软垫、书、填充动物玩具（即便是高中生也喜欢），以及一些播放舒缓音乐的设备。

（5）让学生们将纸翻过来，并用头脑风暴想出一个暂停的指导原则。要告诉他们，有些老师反对："如果学生们就为了去听音乐做出不良行为怎么办？"或者，"如果学生们想一直呆在'暂停区'，因为他们更愿意在那儿玩玩具或在豆袋椅上睡觉怎么办？"要鼓励学生在提出的指导原则中考虑解决这些担忧的办法。

（6）在5分钟头脑风暴之后，让每组大声读出各自的建议。与全班同学一起分析这些建议，以形成一个用于积极暂停区的计划，这个计划应该尊重每个人，并且对那些需要"暂停"的学生有帮助。

（7）和学生们讨论，哪种暂停（惩罚性的或积极的）更有助于激励他们改进行为。为什么？当他们被罚去做惩罚性的暂停时，他们会怎么想、有什么感受、会怎么决定？当他们去做积极的暂停时，他们会怎么想、有什么感受和决定？

说明：

老师们经常害怕学生会利用暂停去打盹、看闲书，或者只是凝视窗外。如果你的学生真这样做，那你就有另一个问题需要关注——课业压力大，人际关系出现问题，或者自暴自弃。如果是这种情况，你可能需要按照"错误目的表"（见附件）中的建议去做，问一个"什么""为什么"和"怎样"的问题，或者在一次班会上得到寻求解决方案的帮助。

附件：错误目的表

学生的目的	老师或父母的感觉	老师或父母想采取的行动	如果学生的回应	学生行为背后的信念	密码信息	父母或老师主动的、赋予学生力量的回应
寻求过度关注（让别人为自己奔忙或者得到特殊服侍）。	心烦；愤怒；着急；愧疚。	提醒；哄劝；替学生做他们自己能做的事情。	暂停片刻，但很快又回到老样子，或换成另一种打扰人的行为。	唯有得到特别关注或特别服侍时，我才有归属感。唯有让你们为我团团转时，我才是重要的。	注意我。让我参与并发挥作用。	通过让学生参与一个有用的任务，转移学生的行为。说你将怎么做；要避免给学生特别服侍；相信学生能够处理自己的感受（不要替学生解决或解救）；安排特别时光；帮助学生建立日常惯例；让学生参与解决问题；召开班会；设定一些无言的信号；把手放在学生肩上，忽略学生的行为。
寻求权力（我说了算）。	生气；受到了挑战；受到了威胁；被击败。	应战；投降；心想："你休想逃脱"或"瞧我怎么收拾你"；希望自己能做对。	变本加厉。虽服从，但藐视。看到父母或老师生气，而觉得自己赢了，即便自己服从了。消极对抗（说"行"但并不行动）。	只有当我说了算，或由我来控制或证明没有谁能指使我时，我才有归属感。你强迫不了我。	让我帮忙。给我选择。	通过让学生帮忙，转移学生的行为；提供有限制的选择；不要开战，也不要让步；从冲突中撤出；坚定而和善；只做，不说；决定你要做什么；让日常惯例说了算；离开并平静下来；培养相互的尊重；设立几个合理的限制；练习坚持到底；运用班会。

续表

学生的目的	老师或父母的感觉	老师或父母想采取的行动	如果学生的回应	学生行为背后的信念	密码信息	父母或老师主动的、赋予学生力量的回应
报复（以牙还牙）。	伤心；失望；难以置信。	反击；心想"你怎么能做出这样的事？"	反击；变本加厉；行为升级或换另一种武器。	我没有归属感，所以我在伤心时就要伤害别人。没人喜欢我，没人爱我。	我很伤心。认可我的感受。	承认学生伤心的感受；避免惩罚和还击；建立信任；运用反射式倾听；说出你的感受；做出弥补；表现你的关心；鼓励其长处；同等地对待学生；召开班会。
自暴自弃（放弃，且不愿别人介入）。	绝望；无望；无助；无能为力。	放弃；替学生做他们自己能做的事情；过度帮助。	更加退避；变得消极；毫无改进；毫无响应。	我没办法归属，因为我不完美，所以，我要让别人不对我寄予任何希望。我很无助，很无能。尝试是没有用的，因为我做不对。	不要放弃我。让我看到如何迈出一小步。	把任务分成小步骤；停止任何批评；鼓励任何积极的尝试；相信学生的能力；关注学生的优点；不要怜悯；不要放弃；设置成功的机会；教给学生技能，并示范怎么做，但不能替学生做；真心喜欢学生；以学生的兴趣为基础；召开班会。

【拓展活动十】

进行致谢和感激

目的：

在一种积极的气氛中开始开班会，并教给学生给予和接受致谢这一重要生活技能。

说明：

一开始，学生们可能会感觉别扭，或者认为向别人致谢很傻。如果教师对这个过程有信心，并给他们机会练习，学生们的技能就会提高，教室里的良好感觉也会得到增强。

步骤：

（1）向学生们解释，在他们还不习惯时，给予和接受致谢可能会让他们感觉很笨拙。可以用学骑自行车来类比。要问学生们，如果他们因为一开始感觉很笨拙就停下来，有多少人能学会骑自行车。

（2）给学生们讲一些暗含讥讽的致谢的例子，或听上去像致谢但实际上并不真正很鼓舞人的话语的例子，会对他们有帮助。例如，说："我要感谢你和我分享你的糖果，因为你通常都很自私。"然后，问同学们："这个致谢错在哪儿？"

（3）花一些时间练习如何以一句简单的"谢谢你"来回应致谢，以便致谢的人知道自己的致谢被听到了。只要你问："当有人为你做了一件事情时，怎样做才是有礼貌的？"学生们就会知道答案。

（4）让每个学生都想想自己做过的一件想得到致谢的事情。给学生们留出1~2分钟时间思考。问："有多少人能想到一些事情？"让想起来的学生举手。如果有的学生想不起任何事情，就问其他学生："有谁注意到小X（那位同学）为别人做过什么事情或取得了哪些进步，应该得到一个致谢？"直到每个人都想起一件事情。

（5）用一个发言棒、豆子袋，或者其他可以绕着圆圈传递的物品。要告诉学生们，当这件物品传给他们时，他们就要给大家说出自己想要因什么事情得到致谢。然后，他要把发言棒传给自己左手边的人，由这个人向他们致谢。例如，小惠说她希望有人因为她努力遵守发言次序而向她致谢。坐在她左边的同学小克就要说："我要因为小惠努力遵守发言次序而向她致谢。"然后，小惠回应说："谢谢你。"之后，小克在将发言棒传给左手边的同学之前，要说出自己想因为什么事情得到致谢。

（6）向学生们解释，他们最终会不用帮助也能轻松地找出值得致谢的事情。之后，致谢就会让人感觉更真诚了。这个活动只是为了帮助他们习惯于给予和接受致谢。

延伸：给予、得到致谢，或说"过"。

（1）一旦学生们对给予和接受致谢感觉自在了，就要告诉他们将来可以给予、得到致谢或者说"过"。要解释："当你手里拿着发言棒时，你既可以向别人致谢，也可以要求别人向你致谢，然后从举手的那些同学中迅速选择一个，你也可以说'过'并把发言棒传递出去。也就是说，你可以给予、得到致谢或说'过'。"

（2）让学生们将发言棒绕着圆圈再传递一次，练习给予、得到或说"过"。说"过"的学生太多了？那就将选择限制为给予和得到致谢。

说明：

见证过几个练习给予、得到和说"过"的班级后，看着那些在需要别人向自己致谢时就要求一个致谢的学生们，真是令人难忘。更令人难忘的是学生们的回应——那么多学生举手，表示自己愿意向要求致谢的任何一个同学致谢，甚至那些在班级边缘的学生也是如此。

【拓展活动十一】

生命价值辨析：9个人一组围在一起，每个人以生命为关键词说一句话，然后每个人说出自己的态度及背后的原因。说完后，每个人可以对自己关于生命的价值勾勒一幅价值图谱。在争论中个体态度可能有改变。活动结束每个人写出自己生命价值的图谱，并比较活动前后的不同。

【推荐书籍】

1.《我喜欢生命本来的样子》 周国平

2.《活出生命的意义》 弗兰克尔

3.《生命之书：365天的静心冥想》 克里那穆提

4.《你的生命有什么可能》 古典

5.《生命的重建》 露易丝·海

6.《热爱生命：汪国真经典诗文》 汪国真

7.《生命最后的读书会》 威尔·施瓦尔贝

8.《相约星期二》 米奇·阿尔博姆

9.《一日重生》 米奇·阿尔博姆

10.《你在天堂里遇见的五个人》 米奇·阿尔博姆

【课后反思】

（1）写一篇生活中感动人的大爱故事。

（2）荒岛生涯：假如有一天你坐船出海，突然遇上风暴，船只被巨浪吞没，你被抛到一个荒无人烟的小岛上，你将如何生存下去？

（3）以你生命的意义为题，访问几个你比较钦佩的身边人。

（4）大学生该如何度过四年的校园生活？

（5）模拟一个因高考失利（或因失恋）而站在楼顶欲跳楼的女生，其他学生设法说服让她放弃这个想法。每个同学都可以劝服她，看哪个学生劝服的效果最好？

（6）如何提升自己的生命价值的。

（7）找找自己有哪些不珍惜生命的不良习惯。

【参考文献】

[1] [美] 尼尔森. 教室里的正面管教 [M]. 北京：北京联合出版社，2014.

[2] [美] 马歇尔·卢森堡. 非暴力沟通 [M]. 阮胤华，译. 北京：华夏出版社，2009.

[3] [苏] 苏霍姆林斯基. 给教师的建议 [M]. 周蕖，译. 武汉：长江文艺出版社，2014.

[4] [日] 稻盛和夫. 干法 [M]. 北京：华文出版社，2010.

[5] 宋兴川. 生命教育 [M]. 厦门：厦门大学出版社，2016.

[6] 周国平. 生命的品质 [M]. 杭州：浙江人民出版社，2014.

[7] 唐卫国. 高校生命教育论 [M]. 北京：光明日报出版社，2015.

[8] 周红卫，朱括，郭晓强. 生命教育：理想与追求 [M]. 重庆：西南师范大学出版社，2012.

[9] 刘济良，王定功. 提升生命：生命教育的温情守望 [M]. 北京：中国社会科学出版社，2017.

[10] 郑晓江. 生命忧思录：青少年生命教育刻不容缓 [M]. 福州：福建教育出版社，2012.

[11] 周莉. 大学生心理健康教育 [M]. 北京：中国人民大学出版社，2010.